EXPLORER OF FINANCE

BIG DATA MINING AND APPLICATION IN COMMERCIAL BANKS

商业银行大数据挖掘与应用

孙杨 苗家铭 陈惠民 / 著

经济管理出版社
ECONOMY&MANAGEMENT PUBLISHING HOUSE

图书在版编目（CIP）数据

商业银行大数据挖掘与应用/孙杨，苗家铭，陈惠民著．—北京：经济管理出版社，2018.12

ISBN 978－7－5096－5811－6

Ⅰ.①商… Ⅱ.①孙… ②苗… ③陈… Ⅲ.①数据处理—应用—商业银行—经营管理—高等学校—教材 Ⅳ.①F830.33－39

中国版本图书馆 CIP 数据核字(2018)第 294110 号

组稿编辑：宋　娜
责任编辑：张　昕　杜奕彤
责任印制：黄章平
责任校对：陈　颖

出版发行：经济管理出版社
（北京市海淀区北蜂窝 8 号中雅大厦 A 座 11 层　100038）
网　　址：www.E－mp.com.cn
电　　话：（010）51915602
印　　刷：三河市延风印装有限公司
经　　销：新华书店
开　　本：720mm×1000mm/16
印　　张：13.5
字　　数：208 千字
版　　次：2019 年 9 月第 1 版　　2019 年 9 月第 1 次印刷
书　　号：ISBN 978－7－5096－5811－6
定　　价：98.00 元

前　言

众所周知，始于20世纪60年代的第五次信息技术革命，使大数据浪潮席卷全球。短短数年，大数据的概念和价值就得到了政府和社会的普遍认可，大数据的应用也遍及社会生活的方方面面。金融行业作为大数据挖掘和应用的行业先锋，在数据治理和应用方面都发挥着引领作用，而商业银行更是金融行业里的排头兵。笔者有幸在2013年下半年参与某商业银行总行层面以“EAST数据报送及应用”为主题的项目，亲身感知了商业银行大数据挖掘和应用的探索和成长之路。

在全球已进入信息化高速发展的时代背景下，商业银行在业务开展过程中每天都会产生海量的数据，如客户数据、业务交易数据、内部管理数据、外部数据、系统日志等。然而这些海量的数据对于商业银行而言，就像是一枚硬币的正反面，不单意味着海量的机会，也有可能成为巨大的包袱和负担。到底是机会还是负担，取决于商业银行是否具备一定的数据治理能力，是否有配套的系统支撑和人才储备等。

当前，数据资源决定未来商业银行核心竞争力的观点，已成为行业共识。但总体上看，商业银行普遍面临数据质量不高、数据治理能力不够、数据支持决策不足等问题，导致商业银行积累的存量数据如沉在海底的宝藏亟待挖掘和应用，以充分发挥其应有的价值。那么，如何开展数据治理和挖掘就成为商业银行信息化建设过程中需要破解的难题。《中国银行业信息科技“十二五”发展规划监管指导意见》指出：“商业银行要重点加强对数据治理的制度建设和流程建设，建立和完善数据治理制度体系，规范工作流程，理顺内部协作关系，提升数据质量和数据应用水平，提高数据价值创造能力。”

回顾项目历程，在银监会要求各商业银行按时向其报送符合监管

EAST 标准数据的大背景下，该商业银行投入大量人力、时间和资金，按照银监会监管 EAST 数据标准，对行内相关数据结构、数据字段、数据名称等一系列内容进行整合对接。基于这项常规报送标准化数据的工作现实，该商业银行决心以 EAST 标准化数据报送为契机，紧紧抓住行业提升数据治理水平和挖掘与应用能力的历史机遇，成立由科技、风险等部门和特邀行外专家组成的项目组来推动落实本行大数据平台系统建设。该大数据平台系统建设的目标定位为，通过接入行内标准化底层基础数据，为管理者和平台使用者提供界面友好、操作便捷的数据驾驶舱，实现对行内数据多层次、多维度、多视角、全方位的深度挖掘和应用。目前，该大数据平台建设已取得阶段性成果，使用者可轻松实现行内数据字段的任意拖拽、数据可视化、数据指标预警分析、模型代入检验等，发挥了在行内数据挖掘和应用方面的功效和作用。

基于笔者的实际参与经历，本书从商业银行数据治理实践出发，综合分析当前商业银行面临的时代背景和发展现状，重点阐述商业银行在数据挖掘和应用方面的经验做法，希望可以给读者提供帮助和参考。本书主要内容如下：第一章介绍了当前大数据变革的时代背景，国内数据治理和数据人才培养现状。第二章提出了当前大数据时代面临的安全形势及需要关注的数据安全问题。第三章列举了美国、日本、欧盟在大数据方面发展的情况，以提供可学习和借鉴的经验。第四章以 3 个具有代表性的互联网金融产品为例，阐述当前国内互联网金融发展的行业现状和总体趋势。第五章阐述了互联网金融以跨界、众筹等形式与大数据融合的方式，给当前商业银行带来的机遇和挑战，以及商业银行已积极主动与互联网平台合作，抢占数据资源的现实。第六章描述了当前商业银行大数据发展前景和应用场景，并对商业银行大数据发展路径选择提出了相关建议。第七章通过案例分析了商业银行大数据平台建设的具体流程和效果。第八章从商业银行的行业监管部门角度，分析大数据平台系统的建设和应用，可为商业银行的数据治理和挖掘应用提供参考。第九章介绍了几种具体的数据挖掘技术和算法。第十章采用理论和实践应用相结合的方法，以案例分析的形式介绍了商业银行大数据挖掘技术的实际应用情况。

本书系孙杨（南京审计大学）、苗家铭（中国银保监会宿迁监管分局）和陈惠民（南京银行总行）三人共同完成。孙杨负责全书的总纂，包括总体构思及研究框架的设计。苗家铭负责具体落实，对实际撰写工作起了至关重要的作用。陈惠民在大数据治理方面具有较高的理论水平和卓越的实践经验，系国内著名的大数据治理培训专家，主要负责对团队的研究指导及终稿的审定工作。

参与本书资料收集、数据处理等撰写工作的团队成员还有宿迁学院的戴佳俊老师、江苏银行的王嘉申先生，以及南京审计大学的王伟、颜羽、范贝蓓、高扬、王倩怡、郝茂林等同学。南京审计大学的马璇、夏戈奥及南京外国语学校仙林分校的孙琰同学对全文进行了非常细致的校对工作。同时，本书的编撰也得到了南京赛融信息技术有限公司总经理余小宁博士在数据挖掘技术等方面的指导，一并致谢。

此外，需要特别感谢经济管理出版社，由于笔者的拖延症，交稿比预订计划晚了近 2 年，顺致歉意。同时，本书出版得到了南京财经大学（昆山）花桥现代服务业研究院的资助，谨致谢意。

最后，本书在撰写过程中参阅了大量中外文献资料，笔者已尽可能地将这些文献列在了书后，以供读者延伸阅读。当然，也有少部分未能在参考文献中逐一列出。在此谨向这些文献资料的原作者表示衷心的感谢！由于笔者水平有限，再加上时间仓促，书稿难免存在缺点和不足，恳请广大读者批评指正！

孙　杨

2018 年 11 月 29 日

于南京审计大学润泽湖畔

目 录

第一章　大数据的时代变革

第一节　大数据诞生

一、数据大爆炸

19 世纪以来，每个时代都有划时代性的技术革命和标签：19 世纪的煤炭和蒸汽机，20 世纪的内燃机、石油和电力，21 世纪的信息革命和生命工程。如今，“大数据”是 21 世纪最闪耀的光环，反映的是规模大到无法在一定时间内用常规软件工具对其内容进行抓取、管理和处理的数据集合。“大数据现象”表现为人类社会累积的行为数据由于规模过于庞大，甚至大到已经超乎想象，起始计量单位已不能再用 G 或 T，至少要用 PB、EB 或 ZB。美国数据公司 IDC 和 EMC 的联合调查结果表明，2011 年全球生成的数据总量已经达到 1. 8ZB，而这个数值在过去的几年中又以每两年翻一番的速度增长，2015 年全球数据总量达到 8. 6ZB，2017 年全球数据总量更是达到了 21. 6ZB。目前，全球数据量的增长速度在每年 40% 左右。据 IBM 公司统计，全球每天生成的数据量已达 2. 5EB，换算成市面上一张存储容量为 25GB 的蓝光光碟，相当于 10 亿张光碟存储的数据量。同时，在从古至今人类社会形成的既有的存量数据中，有九成左右都是近几年内生成的，这种趋势还会不断延续。预计到 2020 年，全球将生成 35ZB 的数据量，相当于 2009 年的 44 倍，2011 年的 20 倍，具体如图 1 – 1 所示。在 35ZB 的数据总量中，我国生成的数据量约占总量的40%。

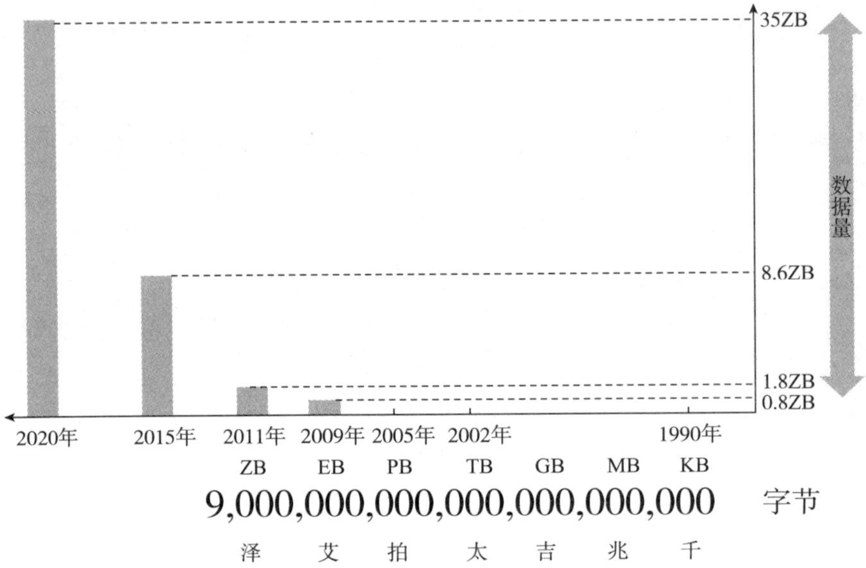

图1-1　全球生成数据总量及预测

"35ZB"究竟是多么庞大的数据量？1ZB相当于10的21次方，35ZB的数据，需要40000亿盘高清录像带才能收录得下，一个人如果日夜24小时、一年365天不间断地观看，需要94000万年才能看完；如果用64G内存的U盘来保存的话，需要5750亿个，如果把它们排列起来，其长度可以环绕地球904圈；还相当于中国全国人民每分钟发1条微信状态，连续发539520年的数据总量。如果将上述提及的单位换算成日常生活中较为常用的GB，那么1TB相当于2^{10}GB（千），1PB相当于2^{20}GB（百万），1EB相当于2^{30}GB（十亿）。除此之外，与大数据爆炸有关的预测还有很多，而且每隔几个月这些预测又会再更新调整一次。

大数据变革在各行各业掀起了轩然大波，恰如瓦特的蒸汽机在工业上引起的革命，大数据也成为一场革命，创造了一个行业，也迅速改造了众多行业。20世纪90年代互联网在中国兴起，经过十几年的发展探索，在当今大数据潮流的冲击下，也逐渐成为一个颇受关注的大数据领域。如微信现已成为国内最大的社交软件，使用智能手机的用户基本上都会注册使用微信。2017微信数据报告显示，2017年底我国拥有7.53亿的手机网民规模，微信已实现对国内移动互联网用户的大面积覆盖。2017 年微信登录人数达 9.02 亿，较 2016 年增长 17%，日均发送微信次数为 380 亿，这说明微信现已成为国内最大的移动流量平台。目前，微信已完全融入了国内网民生活，培养出用户高度的依赖性，占据网民上网 23.8% 的时间，排在第二位的腾讯视频仅占据 4.9% 的时间。《创新生态共同体助力经济新动能——2017 年微信经济社会影响力研究》显示，2017 年由微信驱动的信息消费达 2097 亿元，拉动流量消费达 1191 亿元，占行业流量收入的 34%。仅是微信 2017 年统计得出的数据量，就已大到让人难以想象和计量，所以据此可以认为，数据大爆炸催生的大数据时代已经来临，任何行业和个人都不能置身事外，如果不能适应 21 世纪这个数据时代，那就只能被淹没在数据的海洋里。

二、大数据特征

IBM 和 IDC 两家公司对大数据基本特征的概括——“4V”是业界最具代表性的，即海量化（Volume）、时效高（Velocity）、多样化（Variety）、价值化（Value）。海量化指数据量巨大，超出常规，需要用至少 TB 或 PB 单位来衡量；时效高强调的是数据增长速度快，在数据获取、传输、处理、利用等层面的高速高效；多样化指数据的来源丰富，不仅包括以往大量的便于存储的结构化数据，也包括像文字、图片、音频、视频、地理位置和点击流等非结构化的数据；价值化强调大数据价值密度低，从海量数据中提取和挖掘有用的微量信息如浪里淘沙，数据产生的速度越快，单位容量里的数据所含的价值就越低，但正是这些看起来价值密度很低的数据却能挖掘出意想不到的价值。

关于大数据特征的概括，有几点需要特别说明：

（1）大数据的“大”是相对的。“大”作为形容词具有相对性，如刘翔跑步跨栏的速度非常快，与他相比一般运动员的速度就是慢的。几十年后再谈大数据，会有更高的标准。在大数据概念普及之前，经济、金融、军事、气象、医疗等领域，早就使用了类似大数据的研究手段。

（2）大数据目前只是开端。大数据概念由被人们认知到熟识仅短短几年时间，有专家预测，未来 5 年内，全球每秒生成的数据量将会激增至现在的 8 倍，每个人平均拥有 7 件可穿戴设备连上互联网，那时候，大数据发展竞赛才进入正式阶段，目前是要建立大数据思维，做好充分的技术准备。

（3）八成数据都不适合分析。在每天生成的数据中有80%左右都属于非结构化数据。“非结构化数据”是指图片、音频、视频等信息，包括微信上发的状态和留言评论，爱奇艺视频网站上的声音、影像数据，淘宝网上的购物日志数据等。这些“非结构化数据”不适合分析，而与之相对的“结构化数据”则更适合用来分析研究，如图1－2所示。未来，计算机擅长处理的结构化数据量的增加幅度要远远低于非结构化数据量的增加幅度。

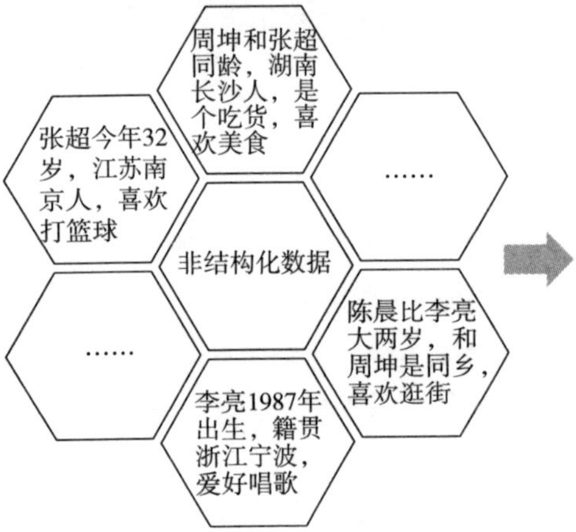

结构化数据

序号	姓名	年龄	籍贯	爱好	……
1	陈晨	34	湖南长沙	逛街	
2	李亮	31	浙江宁波	唱歌	
3	张超	32	江苏南京	打篮球	
4	周坤	32	湖南长沙	吃美食	
5					
6					
⋮					
⋮					

图1－2　非结构化数据整合结构化数据

（4）核心数据永远稀缺。大数据时代每天会生成海量化的数据，其中大部分价值不高的数据的长期积累不仅会造成数据泛滥，增加存储成本，还会耗费大量分析所需的时间成本。那么，如何巧妙地收集非结构化的数据、整合多种类型的数据，使海量数据背后的隐性知识显性化成为大数据时代的关键。其实，大数据的核心就是，收集到以往无法收集到的数据，看见以往看不见的事物。大数据从显性知识中提取隐性知识的过程如图1－3所示。

三、大数据问题

2008年谷歌公司通过分析500万条被美国人频繁搜索的词语，发

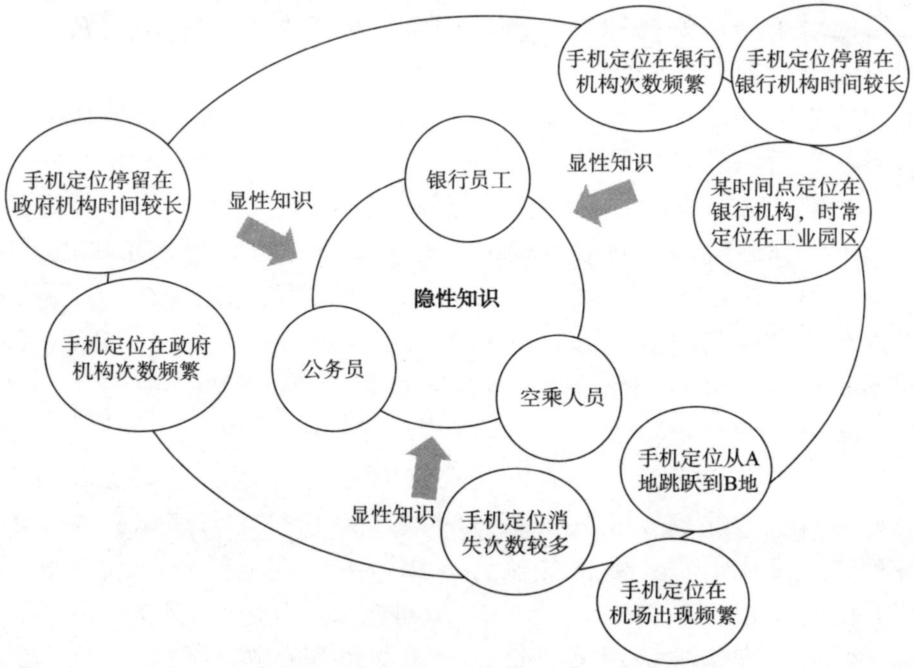

图 1-3 大数据从显性知识中提取隐性知识

现其与流感疾病关联度很高，谷歌公司后经对比 2003～2008 年美国疾病中心掌握的季节性流感时期的数据并建立数据模型，成功地预测了 2009 年冬季流感的传播趋势，具体到美国各州县。根据疾病防疫中心的事后评估，谷歌公司本次预测的准确度超过 95%，这项研究成果在 2009 年 2 月被发表在了《自然》杂志上。但这个成功的应用场景在 2013 年的流感预测中却出现严重错误。

大数据在信息获取、传递、处理、利用等功能应用上日益多样化，为人类生产方式、生活方式、思维方式的变革发挥了正向推进作用。如今，围绕大数据研究的课题堆积如山，人们在享用大数据便利的同时，也应注意到在收集、分析、利用大数据上会存在的各种问题，既要充分利用，又不陷入大数据思维定式。

（1）数据共享问题。日常生成的数据不仅量大，而且结构也很复杂，它们分布在不同的地理区域、行政部门或企业平台，整合起来较为困难。比如腾讯储存了人们在 QQ 和微信上通信、生活的数据，阿里巴巴记录了消费购物数据，百度记录了搜索数据，移动运营商记录了即时通信数据，医院记录了人们的健康数据，这些不同类型的数据被不同的主体存储和掌握，很难实现关联和共享，这种数据孤岛现象会阻碍数据价值的实现。

（2）数据割裂问题。生成的数据缺乏结构化，物理实体与虚拟实体及虚拟实体之间缺乏有效的映射，给多源数据整合带来了挑战。IDC报告中提出，2012 年全球数字信息中 80% 的信息都是视频、声音和图像文件等非结构化信息，这对数据转化和分析的手段提出了很高要求，只有不断更新技术手段，才能保证数据被处理过程中的真实性和完整性。

（3）数据安全问题。“数据就是财富”这种认识目前已成为政府部门和各行业的共识。在共享经济时代，企业和商家都积极主动地通过各种方式采集消费者数据并整合运用，人们在享受这些大数据带来便利的同时，也将自身的信息和隐私有形或无形地透露出去。另外，政府在社会管理宏观层面需要记录、采集公民的隐私信息，这本无可厚非，但如果这些涉及隐私的数据被不法分子获取，将给个人带来很大的安全问题。

（4）数据表象问题。过于依赖已获得的、能得到的数据容易引起对事件本质的错误判断。设想，如果人类数据的分析能力发展到可以预测个体犯罪何时发生，那时会产生一个可怕的伦理问题，即个人需要对即将发生的犯罪负责而不是对已发生的违法行为负责，这听起来非常荒唐，违背逻辑和法律精神。再如现在社会上的投诉问题，A 地由于经济发展水平落后，市民生活安逸简单，政府部门接到各方面信访投诉的案件较少；B 地经济发展迅速，市民生活节奏快、吸引外来人口多、各行业发展程度高，政府部门经常接到信访投诉。如果仅根据 B 地市民投诉的案件数量明显多于 A 地就得出“B 地政府施政能力不如 A 地，群众对政府满意度不如 A 地”的结论是很不严谨的。

（5）数据导向问题。数据是冰冷的，执迷于数据表面数值含义而忽略数据的内涵和实质这种情况一直都存在，而非专属于大数据时代。最常见的例子是地方政府官员的政绩考核，通过 GDP 的增长来评定一个官员的执政能力和水平，这种数据导向问题容易造成地方官员过分注重 GDP 数字本身，而忽略执政为民这一根本指引，无法做到真正为人民服务。

类似对大数据问题的思考还有很多，大数据虽是一个很重要的概念，代表了一个重要的趋势，但也绝对不是放之四海而皆准的万能钥匙。努力在适当的领域应用它、拓展它；不适当的领域就停下来，这应是所有人面对这个新概念、新领域和新思潮应有的负责任的态度。当下，大数据似乎成了“万金油”，但人们也应避免“当你手里有了斧头，看什么都像木头”这种倾向，时刻保持清醒头脑。

第二节　大数据变革

大数据时代的来临并不仅仅是因为数据大爆炸所表现的数据量的增加，更重要的是当下有关数据存储、传输、处理和分析的技术已经发展到了一个新的高度。正如 Intel 公司创始人戈登·摩尔的“摩尔定律”所描述的那样，“集成电路上能容纳的晶体管数量约每隔 18 个月翻一番”。直到现在，这种情况还一直在持续。之所以说现在是大数据时代，是因为各项技术的进步推动着大数据的发展，支撑着大数据的时代变革。

一、数据处理技术的发展

（一）处理器性能的提升

CPU（Central Processing Unit）中央处理器作为信息产品系统中必不可少的核心元件，在计算机运行过程中负责对指令的执行和数据的处理。计算机所有的操作都受 CPU 控制，对数据的算术运算、逻辑运算和其他信息的处理完全依靠 CPU 进行，CPU 性能的高低直接决定着数据处理能力的大小。CPU 的性能体现了计算机发展的程度，是信息社会发展的重要标志。可以毫不夸张地说，CPU 的发展支撑着整个信息产业的发展，CPU 技术的不断改进给信息产业创造了更多发展的机会。CPU 性能的发展过程如图 1－4 所示。

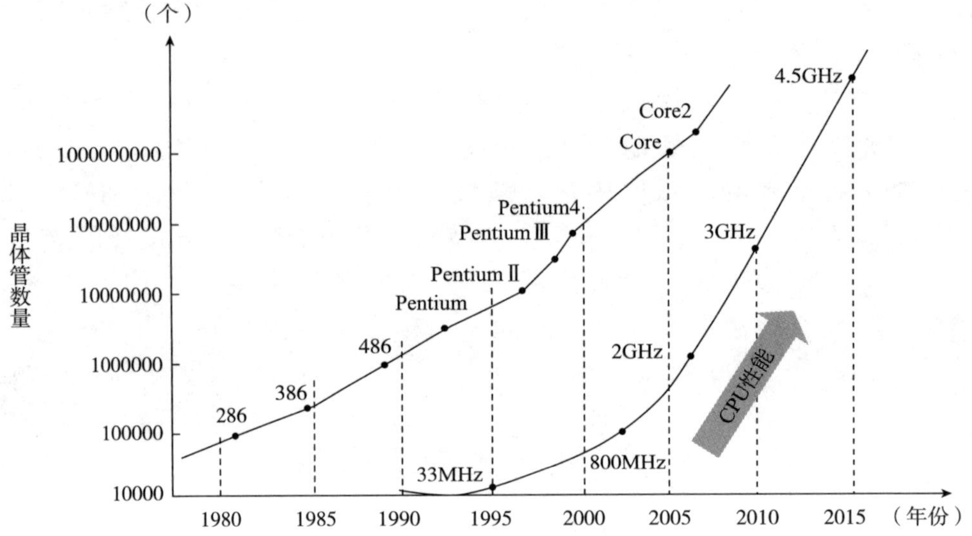

图 1－4　CPU 性能飞跃式发展

CPU 内部由数以亿计的微型晶体管共同组成控制单元、逻辑单元和存储单元，晶体管的数目及密度极大地影响着 CPU 的数据处理能力。如“摩尔定律”所描述的，“集成电路上可容纳的晶体管数量约每隔 18 个月翻一番”，性能也将提升一倍。虽然在当时这只是一个推测的理论，但根据 40 多年来 CPU 发展的历史看，理论基本和现实情况相一致。1971 年 Intel 推出世界上第一款微处理器 4004，包含 2300 个晶体管。1978 年 Intel 推出 8088 芯片，是第一块成功用于个人电脑的 CPU，内含 29000 个晶体管。1989 年 Intel 推出 80486 芯片，它的特殊意义在于这块芯片首次突破了 100 万个晶体管的界限，集成了 120 万个晶体管。1999 年 Intel 发布奔腾（Pentium）Ⅲ处理器，含有 950 万个晶体管。2005 年 Intel 第一个主流双核处理器奔腾 D 诞生，含有 2.3 亿个晶体管。2013 年酷睿 i7－4960X 问世，晶体管数量达到 18.6 亿个。2018 年酷睿 i9－7980XE 问世，晶体管数量直达百亿级。

（二）存储设备性能的提升

不仅是 CPU，数据存储设备的发展也是日新月异，表现在数据存储效率不断提升、容量不断增加、价格成本反而不断降低。目前，运用闪存技术的 SSD（Solid State Drive）固态硬盘逐渐普及，打开了高速处理海量数据的大好局面。SSD 作为一种存储器，是运用闪存技术的驱动装置，比起旋转轴式的 HDD（Hard Disk Drive）机械硬盘，其在读写速度、耗电量和稳定性等方面的优势更加明显，如图 1－5 所示。传统 HDD 读取速度的极限是 200M/s，一般写入速度很难突破 100M/s。SSD 不用磁头，几乎没有寻道时间，在传输速度上最高可达 500M/s，读取速度在 400～600M/s，写入速度同样可以高达 500M/s，下载一部容量为几个 G 的高清电影只需几秒。SSD 的快绝不仅仅体现在持续读写上，其随机读写速度的快最直接地体现在了绝大部分的日常操作中。同时，还有极低的存取时间，最常见的 7200 转 HDD 的寻道时间一般为 12～14ms，而 SSD 可以轻易达到 0.1ms 甚至更低。另外，在重要的数据安全方面，SSD 没有盘片，即使在高速移动甚至翻转倾斜的情况下也能正常使用，而且在发生碰撞和震荡时数据丢失的可能性较小，数据安全性高。传统的 HDD 是通过磁头读取盘片来完成数据读写的，在高速旋转过程中盘片和磁头碰撞容易造成数据受损，运输过程中颠簸也容易使盘片受损造成数据丢失。

数据安全	访问速度	其他方面
固态硬盘：没有盘片 使用条件相对宽松 机械硬盘：磁头读取盘片 不能运输颠簸、碰撞	固态硬盘：读取速度400~600M/s 写入速度500M/s 机械硬盘：读取速度极限200M/s 写入速度不超过100M/s	固态硬盘：体积小、质量轻 噪声小、功耗低 机械硬盘：体积大、会震动 有噪声、功耗高

图 1－5 固态硬盘对比传统机械硬盘

二、云计算技术的发展

云计算技术炙手可热，被认为是互联网行业发展的下一个风口，其发展和普及也为大数据变革刮来东风。简单地说，云计算可以实现把本地电脑上的工作任务，安排到远程电脑上去计算处理。它最早兴起于美国，微软、谷歌、亚马逊等公司都为云计算做过前期技术铺垫。近几年在阿里巴巴、百度等互联网公司的倡导下，云计算的概念慢慢在国内兴起。阿里巴巴作为最早引入和使用云计算的公司之一，在建设大数据的过程中，逐渐意识到云计算和大数据其实互为补充，没有大数据的地基，云计算技术将失去落脚点；同样，若没有云计算做技术保障，大数据就不能被高效整合，实现其价值。在目前的中国互联网市场上，云计算发展欣欣向荣，它不仅能提供基础软件、基础硬件，而且还包含丰富的网络资源，具有低成本的系统构建及管理能力。这对基础信息设施建设具有重要价值，在帮助科研院所、企事业单位解决信息技术难题的同时，还能大幅降低人工、能耗和维护所产生的费用。可以说，云计算的兴起创造出了巨大的产业推动力，在其推动下，完善的计算机生态系统正在逐步形成，新的商业模式和业态不断涌现，新的以云计算为核心的科技创新也正不断转化出市场价值。

云计算强大的数据存储和处理能力，随着其普及程度和应用深度的加大而逐渐凸显。依靠云计算，一些企业可以跨越信息系统在数据存储容量上的物理界限，无须考虑存储量上限和增设服务器等问题。尤其是主营软件业务的大企业，随着业务规模的不断扩大，企业内部的计算机及数据存储设备不能满足其需求时，云计算的强大计算能力就可以解决企业的难题。以滴滴打车和微信红包为例，2014 年滴滴遇到过一次生死攸关的考验，在最初与竞争对手抢占市场过程中，原本预期订单量会增加一成，结果却暴增了 5 倍，看似好事一桩，但对滴滴来说却是非常棘手的大问题。面对短时间内用户激增带来的大流量和高并发状况，滴滴自身的扩容和设备采购速度完全不能应对现实情形。最终，滴滴通过将后台系统整体搬迁至腾讯云，平稳承载和应对了数十倍的业务量增长，也在补贴大战中胜出。另外，具有金融属性的微信红包，它的每一分钱计算都不能差之毫厘。2017 年鸡年春节期间，仅除夕当天，微信用户收发红包个数达 142 亿个，是上年的 1.76 倍；凌晨 24 时左右，瞬时收发数达到峰值，为 76 万个/秒。从绝对数量上来讲，微信支付如此大的交易笔数在全球金融业中都屈指可数。可以说，云计算帮助储存“无限的数据”，成为大数据时代加速发展的催化剂。

三、数据传输技术的发展

从世界第一代电子计算机的诞生，到现在智能手机的广泛普及，通信技术发展日新月异。从 1G 到 5G，在互联网通信跨越发展的同时，大量数据也随之产生。2009 年，瑞典通信运营商 TELIA 发布全球首个商用 4G 的 LTE 网络，随后其他地区和国家争先建起 4G 网络。2013 年，中国向国内三大通信运营商——中国移动、中国联通和中国电信发放 4G 商用牌照，开启了中国移动通信的 4G 时代。中国移动 2014 年发布的报告数据显示，中国移动当时已经部署了约 40 多万个 TD-LTE 基站，用户约 4300 万户，到 2018 年 4 月，中国移动的 4G 用户增长到了 6.69 亿户，4G 网络的普及速度远远快于之前的 3G 网络。在 4G 网络全球覆盖范围不断扩大的基础上，全球移动通信行业正在加紧研发新一代 5G 网络。根据国际电信联盟发布的相关数据，下一代移动通信 5G 网络将在 2020 年正式推出，如图 1-6 所示。现阶段，各国政府都看到了下一代 5G 技术的巨大潜力和价值，制定了各种发展战略和政策，在 5G 发展愿景、应用需求、候选频段和关键技术指标等方面广泛磋商研究，使得 5G 技术已初见端倪。

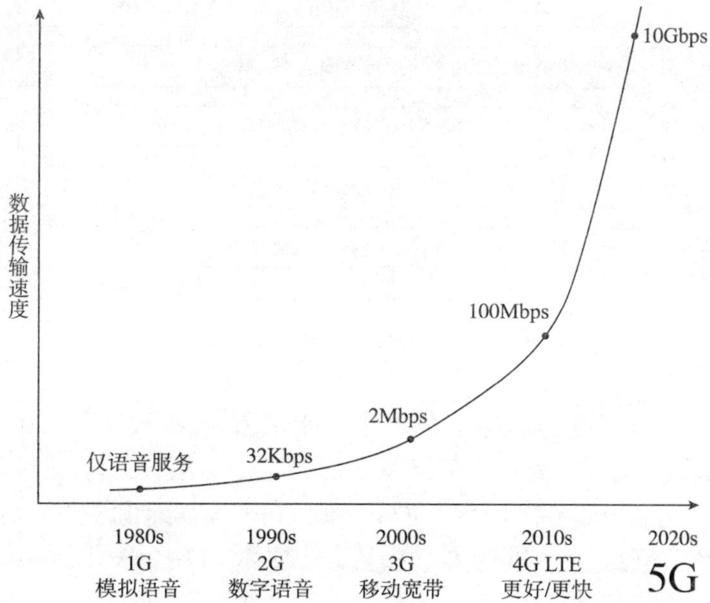

图 1-6 移动通信网络数据传输速度发展

智能手机的普及为人类社会提供了高效、自由沟通的平台，若只有信号而无充足的流量，智能手机的功能将大打折扣，无法实现更广泛的信息交流。从移动通信系统数据传输速率上看，第一代模拟式仅提供语音服务；第二代数位式移动通信系统传输速率只有 9.6Kbps，最高可达 32Kbps；第三代移动通信系统数据传输速率可达到 2Mbps；第四代移动通信系统传输速率可达到 20Mbps，最高可达 100Mbps，这种速度相当于 2009 年最新第三代手机传输速度的 50 倍。预计到 2020 年，5G 网络的传输速率可达 10Gbps，通信行业所需的总带宽将超 1000MHz，网络容量将达到 2015 年的 1000 倍，需要接入的终端设备数量也会发展到 1000 亿部。5G 网络就相当于一条刚刚投入使用的高速公路，想要在公路上安全行车就必须达到一些对应的技术指标，相关指标具体如图 1－7 所示。

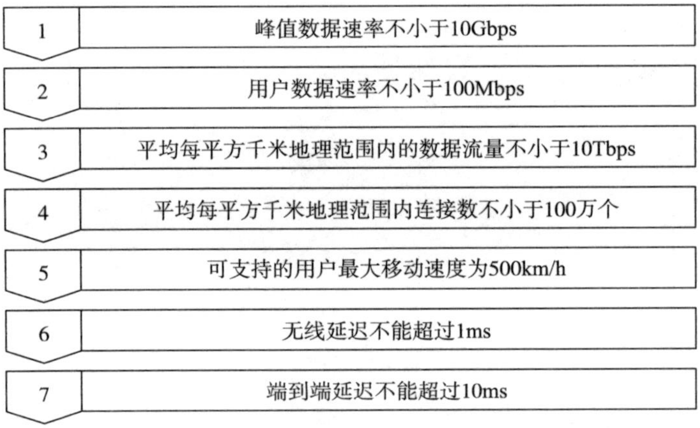

图 1－7　5G 网络的相关技术指标

5G 技术催生了许多相关技术，如能量效率及频谱效率协同设计技术、大规模输入输出技术、无线频谱共享及灵活使用技术等。除了移动通信硬件技术方面的聚集效应外，网络技术方面的突破也不胜枚举，如云化无线入网技术、网络功能虚拟化技术、超密集网络技术等。可以说，移动通信技术的发展和众多相关边缘技术的创新为大数据时代的到来铺平了道路。

在数据量不断庞大的时代背景下，收集、分析和预测数据的技术、产品和服务的出现，为大数据时代的真正到来提供了有力的技术支持，为大数据变革打下了坚实基础。

第三节　大数据治理

大数据作为时代新生事物，围绕其概念认知、实践探索的博弈一直没有停止过，随着其相关产业不断壮大，数据领域也成为大国之间竞争的重要战场。随着大数据的重要性日益凸显，大数据在政治、经济、文化、社会各领域的应用也逐渐深入，其为提升政府治理能力、优化民生服务、促进创新创业、加快产业转型升级带来的巨大机遇，成为推动经济转型发展的新驱动。“十三五”时期是我国全面建成小康社会的决胜阶段，也是从“数据大国”向“数据强国”转变的关键时期。在这样特殊的历史时期，全球新一代信息产业处在加速变革的风口浪尖，大数据技术应用及其相关产业面临着创新突破和重要的发展机遇。

一、大数据发展历程

由于历史原因，我国在计算机发明、因特网发明两个时间阶段的相关发展成果几乎一片空白。虽然在因特网广泛利用时期，我国取得了令世界瞩目的发展成就——拥有超过 8 亿网民、通信基础设施覆盖全国、4G 基站超过全球总数一半等，但由于起步较晚，多采取技术跟随策略，所以不可避免地错过了许多掌控行业发展主导权的机会（见表 1－1）。

表 1－1　大数据发展的时代机遇

开始年份	1940	1970	2000	2013
时代背景	第二次世界大战	冷战时期	单极霸权	人类命运共同体
时代特征	计算机发明	因特网问世	互联网普及	大数据热潮
中国面临的发展机遇	抗日战争	“文革”时期	错失主动	巨大机遇

面对大数据的历史发展新机遇，我国紧跟时代步伐。2011 年 12

月，在我国工信部发布的物联网“十二五”规划上，信息处理技术作为四项关键技术创新工程之一被提出，其中包括了大数据的重要组成部分，如海量数据存储、数据挖掘、图像视频智能分析等。2013 年被称为我国的大数据元年，在大数据发展方面，我国和世界上的其他国家站在了时代的同一起跑线上。同时，大数据概念从 2013 年开始在我国逐渐扩散开来，以势不可当的姿态进入人们的视野，社会各个行业都积极探索并不断实践。作为我国最早提出通过大数据来实现企业数据化运营的公司——阿里巴巴，于 2013 年 1 月推出转型重塑平台、金融和数据三大业务。2013 年 9 月 8 日，贵阳市人民政府与中关村科技园区管理委员会在贵阳签署战略合作框架协议，双方共同打造的“中关村贵阳科技园”揭牌，拉开了贵阳、贵州省乃至全国的大数据发展序幕。图 1 – 8 为近几年“大数据”一词在百度上的搜索指数情况，由此可以清晰地看出从 2013 年开始，大数据在国内被搜索的热度快速上升，受关注的程度不断提高。

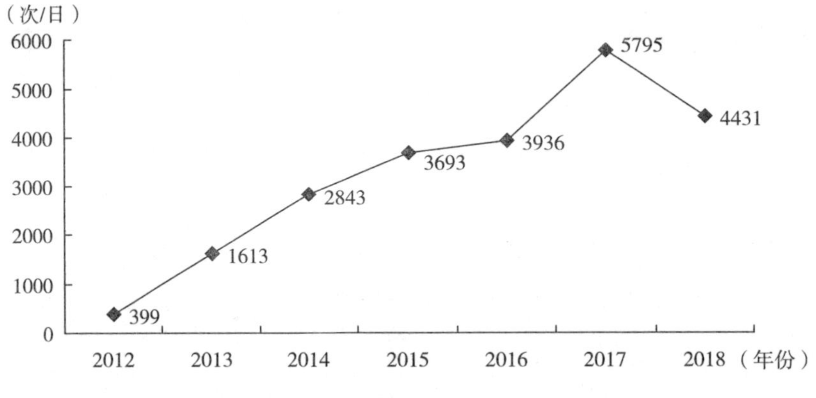

图 1 – 8　近几年“大数据”一词百度搜索指数情况

2014 年，“大数据”一词首次出现在当年的《政府工作报告》中。报告指出，要设立新兴产业创业创新平台，在大数据等方面赶超先进，引领未来产业发展。同年，国务院通过《企业信息公示暂行条例（草案）》，要求在企业部门间建立互联共享信息平台，运用大数据等手段提升监管水平。2015 年 8 月 31 日，国务院印发《促进大数据发展行动纲要》。同年 10 月，党的十八届五中全会提出要实施“国家大数据战略”，这是大数据第一次被写入党的全会决议，标志着大数据战略正式上升为国家战略。2016 年，大数据“十三五”规划出台。2016 年 12 月 18 日，正式印发《大数据产业发展规划（2016—2020 年）》。规划明确提出大数据产业的发展目标：“到 2020 年，技术先进、应用繁荣、保障有力的大数据产业体系基本形成，大数据相关产品和服务业务收入突破 1 万亿元，年均复合增长率保持在 30% 左右。”2017 年 12 月 8 日中共中央政治局就实施国家大数据战略进行第二次集体学习，中共中央总书记习近平在主持学习时强调：“实施国家大数据战略，加快建设数字中国，用好大数据，布局新时代。”

二、大数据战略布局

党的十八届五中全会提出“实施国家大数据战略”，国务院印发《促进大数据发展行动纲要》（国发〔2015〕50 号），强化顶层设计，全面推进大数据发展和应用，并在“互联网 +”“中国制造 2025”等国家战略中强化大数据的融合应用，推动大数据与云计算、“互联网 +”、智能制造、智慧城市等新技术新业务协同发展，推动供给侧改革，促进创新创业，将大数据打造成为推动经济社会发展的重要引擎。地方政府结合自身实际，依托大数据创新商业模式、推动传统产业转型升级，提升政府科学决策和管理的能力，积极尝试探索具有地方特色的大数据产业发展道路。北京市、上海市、广东省、贵州省等几十个省份相继发布了大数据实施规划和意见，为大数据产业发展创造了良好的政策环境。广东省、贵州省、辽宁省、四川省、湖北省、云南省等十多个省份积极整合地方资源，成立专门的大数据管理机构来统筹推动大数据相关工作，引导产业发展。另外，国家以大数据综合试验区模式促进地方先行先试，积极探索。2016 年，国家发改委、工业和信息化部、中央网信办三部门联合批复同意贵州省、京津冀、珠三角、上海市、重庆市、河南省、内蒙古自治区、沈阳市建设国家大数据综合试验区，发展定位如表 1－2 所示。

目前，全国大数据产业体系初具雏形，产业支撑能力日益增强，地区大数据产业集聚发展的效应逐步显现，京津冀区域、长三角地区、珠三角地区以及中西部地区和东北地区都形成了各具特色的发展优势。以京津冀区域和长三角地区为例，京津冀区域依托北京信息产业优势，

表 1－2　国家大数据综合试验区发展定位

综合试验区	类别	定位	相关措施
京津冀、珠三角	跨区类	促进一体化发展	围绕落实国家区域发展战略，注重数据要素流通，以数据流引领技术流、物质流、资金流、人才流支撑区域公共服务、社会治理和产业转移
上海市、河南省、重庆市、沈阳市	区域示范类	推进区域协调发展	引领东、中、西、东北四大区域发展，更加注重数据资源统筹和产业集聚，发挥辐射带动作用
内蒙古自治区	基础设施统筹发展类	实现地区跨越式发展	充分利用区域自然资源条件，优化资源整合，强化绿色集约发展，加强与东、中部地区在科技、人才、产业方面的合作

快速集聚和培养了一批大数据企业，继而快速将发展势能溢出到京津冀地区，建设成京津冀大数据走廊；长三角地区以上海为引领，吸引大批大数据应用企业入驻，将大数据充分应用到智慧城市、政务服务等领域，实现了创新发展。

三、大数据资源共享

党中央、国务院持续高度关注国家公共信息资源开放进程，目前已由点状探索进入面状辐射阶段。数据开放正由经济较发达的地区逐渐向周边省份辐射扩散，制定开放目录清单、自建开放平台都成为各地政府增强数据共享的重要方式。北京市、上海市、浙江省、山东省、湖北省、福建省、广东省、深圳市、青岛市、无锡市等数十个省市地区建立了数据开放平台（见表 1－3）。如北京市政务数据资源网从 2012 年开始运营起，已有 36 个部门公布了相关数据包，涉及交通、医疗、餐饮、住宿、就业等方方面面。

表 1－3　部分政府数据开放平台建设情况

序号	城市或地区	平台名称	开放时间
1	上海市	上海市政府数据服务网	2011 年
2	北京市	北京市政务数据资源网	2012 年
3	湛江市	湛江市政府数据服务网	2012 年
4	浙江省	浙江政务服务网	2014 年

续表

序号	城市或地区	平台名称	开放时间
5	贵州省	贵州省政府数据开放平台	2014 年
6	无锡市	无锡市政府数据服务网	2014 年
7	佛山南海区	数说南海	2014 年
8	重庆市	重庆大数据平台	2015 年
9	武汉市	武汉市政府公开数据服务网	2015 年
10	深圳市	深圳政府在线数据开放平台	2016 年
11	广州市	广州市政府数据统一开放平台	2016 年

数据资源交易流通是推动大数据产业快速发展的必要条件，可推动大数据交易平台建设。我国数据交易市场的形成始于 2010 年，后陆续成立了中关村数海、京东万象、浪潮卓数、聚合数据等一批数据交易平台。2014 年以来，北京市、上海市、江苏省、浙江省、武汉市、贵阳市等地纷纷成立数据交易机构，数据交易逐步从概念走向实践，部分省市和相关企业在数据定价、交易标准等方面开展了积极探索。贵阳大数据交易所 2016 年发布报告指出，可公开流通的政务数据包括：政府审批信息数据、财政预算决算和“三公”经费数据、保障性住房信息数据、食品药品安全信息数据、环境保护信息数据、安全生产信息数据、价格和收费信息数据、征地拆迁信息数据、以教育为重点的公共企事业单位信息数据。此外，贵阳大数据交易所还规划了 12 类“可交易的数据品种及类型”，具体如表 1－4 所示。

表 1－4　贵阳数据交易所可交易的数据品种及类型

序号	数据品种	核心数据类型
1	政府	政府统计数据、政府审批数据等
2	医疗	就诊数据、病历数据、药品数据等
3	金融	企业、个体户、个人数据等
4	企业	外资企业、中小微企业数据等
5	电商	商品交易数据、药品流通数据等
6	能源	石油、天然气等相关数据
7	交通	停车场、车辆位置信息数据等

续表

序号	数据品种	核心数据类型
8	商品	电子标签数据、商品物流信息数据等
9	消费	个人消费数据、个人征信数据等
10	教育	学习轨迹、教育消费数据
11	社交	与社交相关的数据
12	社会	与社会管理、政府管理相关的数据

四、大数据应用推广

目前，大数据应用领域不断丰富，逐渐从互联网、电信、金融等领域向医疗、交通、政府、工业等领域拓展。

（1）政务大数据应用方面。政府持续出台政策来推进治理现代化，如天津市、浙江省、广东省、贵州省等地积极与运营商、互联网公司及传统 IT 企业开展政务大数据应用合作，基于政务数据共享互通来简化办事手续；建设医疗、社保、教育、交通等社会民生大数据平台，提升便民服务水平；深入挖掘公共服务数据，促进大数据应用市场化服务。

（2）电信大数据应用方面。电信行业纷纷利用大数据技术提升业务水平和数据处理能力。如利用大数据技术加大对历史数据的分析，动态优化调整网络资源配置，大幅提高无线网络的运行效率；对全国 3G/4G 用户进行精准画像，形成大量有价值的标签数据，为客户服务和市场营销提供了有力支持。此外，电信行业通过向外出售脱敏后的数据，或者与第三方公司合作，为政府、企业或行业客户提供通用信息、数据建模、策略分析等多种形式的信息和服务，实现数据资源变现。

（3）工业大数据应用方面。北京市、上海市、广东省、浙江省、山东省、福建省、贵州省、江苏省等地陆续出台多项惠及工业大数据发展的措施。沈阳市以工业大数据作为突破点，依托工业龙头企业，在智能制造、关键技术研发、工业设计开发、工业数据交易等方面先试先行，积极探索建设工业大数据应用生态。随着智能制造步伐的加快，东北部地区、环渤海地区和珠三角等地区的智能制造装备产业集群化分布格局初步显现。

（4）金融大数据应用方面。大数据的应用可以提高金融领域客户行为分析、差异化营销、差别定价、产品设计、风险实时监测和预警等多方面的能力。上海、广州、浙江等经济较发达地区鼓励银行、证券、保险等金融企业加强内部数据积累和外部数据合作，开展精准营销、风控管理、智能决策、个性化推荐等大数据应用，开发基于大数据的新产品和新业务。

（5）医疗健康大数据应用方面。《国务院办公厅关于促进和规范健康医疗大数据应用发展的指导意见》指出福建省、江苏省等地为第一批试点省份，并启动了第一批健康医疗大数据中心和产业园建设国家试点工程。河南省、贵州省、云南省、宁夏回族自治区、沈阳市等地积极推动医疗大数据应用，在医院评价、医保支付、药品招标等行业管理中推进大数据应用，支持数字化健康医疗智能设备研发。

第四节 大数据人才

随着大数据和互联网技术的不断成熟，大数据从“可有可无”的边缘迅速演变成“必须获取”的核心，并成为学术界、企业界甚至各国政府关注的热点及企业竞争的核心力量。国外社交网站 Linked – In 曾对全球超过 3.3 亿用户的工作经历和技能进行分析，并公布了最受雇主欢迎、最炙手可热的 25 项技能，其中统计分析和数据挖掘技能位列榜首。分析显示，大数据时代对数据人才的需求已经排在首位。

一、大数据人才现状

2016 年 7 月 15 日，数联寻英发布首份《大数据人才报告》。报告显示，目前全国的大数据人才仅 46 万，未来 3 ~5 年大数据人才的缺口将高达 150 万。随着缺口逐渐放大，大数据人才的薪资将会水涨船高，而企业将会在很长时间内疯狂地抢夺大数据人才。报告对人才分布、人才流动情况、学历状况以及薪资等多方面进行调研，并给出了详细的数据。

（一）人才分布情况

就人才地域分布情况来看，全国大数据人才主要分布在经济发达的大城市及大数据行业发展优先的城市。北、上、广、深地区的人才垄断优势明显，集聚的大数据人才数量已远超全国半壁江山，其中北京地区占比28%，上海地区占比26%，广州、深圳占比21%；四川地区占比12%，西北地区最少仅占2%，其他区域占比11%。从地域分布情况看，各地想要吸引更多的大数据人才不仅要制定相关政策，同时也要大力发展与大数据相关的企业。

从行业人才分布情况看，互联网领域成为大数据人才的行业聚集地，占到33%；仅次于互联网的金融行业占比10%；O2O为8%，企业服务为7%，游戏行业为6%。从行业分布可以看出，互联网和金融行业对大数据人才需求最多，这种情况将长期持续。

（二）人才流动情况

报告数据显示，在2015~2016年，由北京流出的大数据人才数量为13300人，其中流入深圳2360人、流入上海5620人、流入成都5320人；由上海流出人数为13460人，其中流入成都6230人、流入北京7230人；深圳流入广州1130人；成都流入北京4360人、流入上海3740人。从行业流出情况看，在各行业流出的大数据人才中，互联网行业仅占3%，但流入互联网行业的大数据人才占15%（见图1-9），可见互联网行业深受大数据人才青睐。

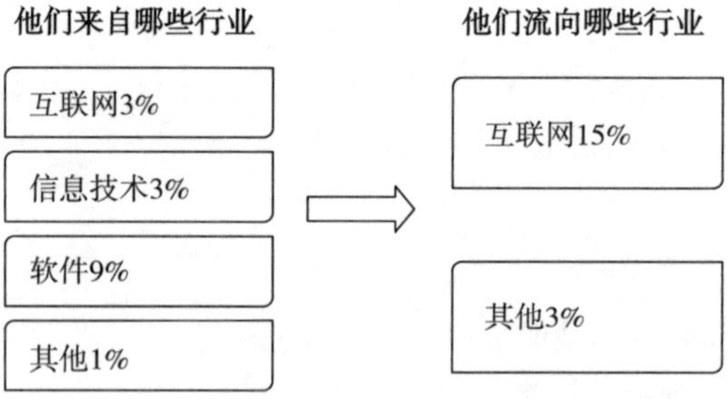

图1-9 大数据人才行业流动情况

（三）人才学历状况

2015~2016年全国传统行业人才学历分布如图1-10所示，大专占40%、学士占35%、博士占2%、MBA占1%、其他占22%；大数据人才学历分布，学士占40%、硕士占35%、MBA占7%、博士占4%、其他占6%。另外，大数据人才中有海外教育背景的占29%，传统行业人才中仅7%。可见，良好的教育背景和开阔的视野为大数据人才自身发展奠定了良好的基础。

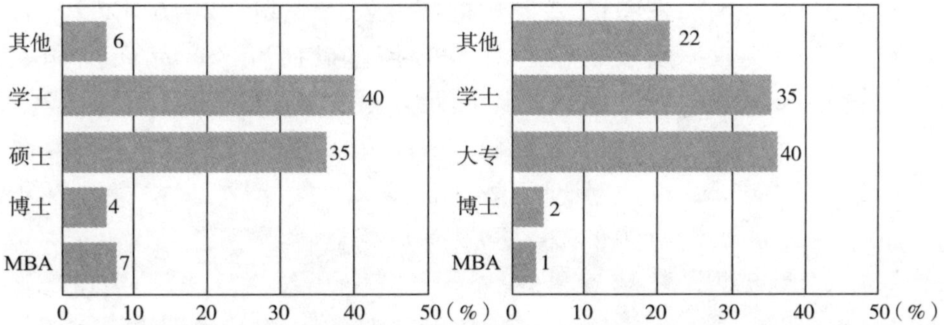

(a)大数据行业人才学历分布情况　　(b)全国传统行业人才学历分布情况

图1-10　传统行业和大数据人才学历分布情况

(四) 人才薪资情况

相比于人工智能行业的人才薪酬待遇，大数据领域的新人年薪没有那么高。在人工智能行业工作3年以下处于初级状态的新人，其年薪水平高出互联网行业普通技术人员的134%。但大数据行业人才争夺的重点是已工作5~8年的人员，其年薪比互联网行业普通技术人员高56.69%。8年以上进入高管行列的大数据人才的年薪，与同样年限的技术人员相比差距不算太大。

二、大数据人才培养

我国大数据产业对人才的需求呈高端化、多元化和专业化，主要集中在三个方面：一是熟悉大数据产业发展、实践经验丰富的高端人才和领军人物；二是具备IT技术能力、数学统计能力及本专业过硬的复合型人才；三是诸如数据规划师、数据工程师、数据架构师、数据分析师、数据应用师、数据科学家等IT领域的技术专才。基于产业结构、大中专院校的专业设置和培养方向、IT行业的发展状况，发现这三类人才目前还相对缺乏，相关人才培养工作的基础比较薄弱。从人才引进和发展效能来看，第一类人才主要依赖本地现有人才存量和向外吸收引进，第二、第三类人才可以通过建立本地化的培养机制予以发展。

目前，虽然我国大数据已经进入快速发展期，但大数据的学科和专业建设才刚刚上路。大数据应用在我国各行业还处于探索阶段，现行的人才培养机制存在与大数据快速发展不相匹配的问题。2016 年 12 月，工业和信息化部发布的《大数据产业发展规划（2016－2020 年）》中提到，我国大数据发展目前存在大数据基础研究、产品研发和业务应用等各类人才短缺的问题，难以满足发展需要。

其一，大数据人才培养规划尚需细化，少数院校、培训机构缺乏对大数据人才需求的认真梳理，既无法满足大数据产业发展的人才需求，又容易出现培训资源低效、重复等现象。

其二，大数据人才培养机构少、规模小，大部分院校尚未充分挖掘所拥有的潜在的大数据人才培养资源，其提供的教育资源覆盖面窄，难以满足大数据产业快速发展所提出的大规模人才需求。高校、培训机构与产业发展脱节这一长期存在的问题需要积极破解。

其三，大数据企业的目光当前仍聚焦在产业培育、市场开拓上，大数据人才培养与产业发展相融合的机制还未建立，还没有关注如何结合实际培养大数据人才。尤其重要的是，大数据人才的专业能力与创新能力，要在实践中检验和发挥。如果仍然按照传统学校教育与社会实践相脱节的模式培养大数据人才，既很难实现人才“落地”，也不利于教育培训资源的优势发挥。与大数据相关的职位需要的是复合型人才，即综合掌握数学、统计学、数据分析、机器学习和自然语言处理等多方面知识的人才。

当今全球最权威的 IT 研究与顾问咨询公司 Gartner 预测，“大数据相关人才的欠缺将会成为影响大数据市场发展的一个重要因素”。相关研究数据表明，2016 年我国大数据出现约 100 万的人才缺口，2025 年我国大数据人才缺口将达到 200 万，大数据人才缺失必然会制约大数据产业的发展，“大数据人才荒”亟待解决。

三、大数据人才教育

大数据行业目前面临着全球性的人才荒，致使世界各国纷纷制定大数据战略，致力于抢占大数据发展战略制高点，如美国制定大数据研究和发展计划、联合国制定数据脉动计划、欧盟制定数据价值链战略计划、英国制定数据能力发展战略规划、日本发布创建最尖端 IT 国家宣言、韩国制定大数据中心战略等。面对数据人才缺乏的严峻形势，我国先后出台了一系列政策。2015 年 8 月国务院发布《促进大数据发展行动纲要》，为我国大数据发展进行了顶层设计和统筹部署，这是我国促进大数据发展的第一份权威性和系统性的文件。在这之后，国家教育部、发展改革委等部门出台了一系列相关政策，推动该纲要的具体落实。同时，各大高校也被赋予了补充人才缺口的重任。2015 年 10 月，教育部新设了云计算技术与应用、电子商务技术专业，增设了网络数据分析应用专业化方向。2016 年 2 月，教育部发布的《2015 年度普通高等学校本科专业备案和审批结果》中首次增设“数据科学与大数据技术专业”，并批准了北京大学、对外经济贸易大学及中南大学的新增专业申请；同年 9 月，国家发展改革委发布《关于请组织申报大数据领域创新能力建设专项的通知》，推动了行业内资源集成与共享。2017 年 3 月，中国人民大学等 32 所（贵州占 5 所）高校出现在第二批次的新增专业获批名单中，进一步加强了大数据人才培养与供给，直接催热了大数据专业；2018 年 3 月 21 日，教育部发布第三批获批名单，又有 250 所高校新增了数据科学专业。

从目前国际上普遍采用的数据人才的教育体系来看，多以数据科学的教育为核心大纲，同时再辐射数据分析与数据科学。从国外高校普遍开设的课程来看，数据科学的人才教育大体可以分为三个阶段：以数据科学的基础学科为中心的教育；以数据科学的基础理论为中心的教育；以数据科学的应用为中心的教育。

（一）*以数据科学的基础学科为中心的教育*

这一阶段侧重于学习数据科学课程之前的必备知识储备，处于数据科学课程链的上游，一般不会涉及数据科学本身的知识，更加适合在本科低年级阶段开设。相比于其他课程，数据科学对统计学、计算机和数据可视化等基础理论的契合度要求较高，学习难度大。因此，此类课程应被设为先修课程，其意义在于为学生更好地掌握数据科学的知识奠定基础。

（二）以数据科学的基础理论为中心的教育

在学生完成基础学科的知识储备之后，需要学习数据科学本身的理念、理论、方法、技术、工具的实践应用技巧等知识，这正是数据科学课程链的核心。这一阶段的课程，往往安排在本科高年级或研究生阶段。

（三）以数据科学的应用为中心的教育

这一阶段主要讲解数据科学对某一学科领域的影响、应用方法论和最佳实践方式，处于数据科学课程链的下游。在这一阶段，学生需要在自己掌握的数据科学理论的基础上，通过科研项目、数据商业项目实践等方式不断增加行业领域知识，增强自身对各种复杂问题的理解能力，学会解决疑难问题的方法。如作为世界上第一所开设大数据相关课程（Introduction to Data Science，2012 年开设）的哥伦比亚大学，其目前在硕士阶段开设的数据科学专业（Master of Science in Data Science）就设置一系列课程去介绍数据科学的最新工具及其在金融、健康医疗、产品开发和市场营销等领域的应用状况。我国开设的数据科学与大数据技术专业，除以上列举的学习阶段外，各大高校还积极地将大数据与自身传统优势学科相结合，形成了自己的特色。比如中南大学聚焦医疗大数据和信息安全；对外经济贸易大学聚焦于金融大数据；中国人民大学将大数据与统计学相结合，提出“量化中国”的口号；复旦大学将大数据与新闻传播学结合，发展独特的社会媒体大数据等。

第二章　大数据的安全环境

第一节　大数据安全形势

大数据的安全与发展是一体两翼、行动之双足，如习近平总书记在网络安全和信息化工作座谈会上强调的："安全是发展的前提，发展是安全的保障，安全和发展要同步推进。"近年来，数据在互联网途径上传播迅速，且当前的技术手段和行政手段都无法对其实施有效监管，使得大数据安全问题日益凸显。

一、安全形势严峻

大数据时代是没有个人隐私的，这是一个耸人听闻的论断，但又是一个不争的事实。在家中，使用电脑或手机浏览了哪些网页，查看了哪些报道，都会被大数据一一记录在案；在大街上，无处不在的电子眼、大大小小的摄像头，随时随地地监视着人们的一举一动。由此来看，大数据在给人们带来便捷和高效的同时，也带来了隐忧。同时，互联网的出现，更令大数据供给者处境堪忧。廉价便捷的网络设施，催生了众多大数据企业，如淘宝、百度、腾讯等。这些企业利用自身的技术优势，时刻收集着用户的网络数据，人们的购物习惯、消费能力在淘宝内部均有记录；平时喜欢上哪些网站，搜索哪些内容，在百度服务器上都可以查到；令人更加恐惧的是，你的朋友或者爱人的聊天记录，在社交圈内的动态等这些极度隐私的数据，腾讯也都了如指掌。类似淘宝、百度、腾讯这样的数据大户，对大数据的潜在价值有着清醒的认识，这进一步刺激它们采集、存储和利用个人数据。随着存储技术的不断提高，数据存储的成本越来越低，大数据企业对个人数据的需求日益旺盛，个人隐私保护也越来越难。虽然这些数据大户都制定了不泄露用户隐私的多种规定，但在市场竞争日趋激烈的大环境下，难免会有心怀不轨之徒想要盗取和非法使用这些隐私数据。近年来，全球各地频繁爆发大规模数据泄露和网络攻击事件，带来的经济、社会损失令人震惊，数据安全形势严峻。

（一）数据泄露事件频发

2011 年 12 月 21 日，我国某著名网络技术社区逾百万用户的个人数据被泄露，由此我国互联网数据泄密事件受到广泛关注。此后，卓越亚马逊网、当当网、人人网、开心网、天涯社区等网站的用户资料信息均有不同程度的外泄。2016 年 4 月 26 日，北京市海淀区人民法院审结的一起不正当竞争的案件也涉及个人数据泄露的问题。该案件由微梦创科公司起诉淘友天下技术公司和淘友天下科技发展公司非法抓取、使用新浪微博用户信息，最后胜诉。

2017 年，大规模数据泄露事件和网络攻击层出不穷。道琼斯公司的数据泄露涉及风险管理部门 160 万客户，而该部门的数据库被美国各大金融公司用于反洗钱监控等，用户的个人信息、交易信息和政府敏感信息均遭窃取，影响恶劣，严重危害经济和社会稳定。9 月，连续爆发三起重大信息安全事件：美国征信巨头 Equifax 透露，1.43 亿美国公民的个人数据遭到泄露，包含 20 多万个信用卡信息；美国国家安全局承认超过 100GB 的政府敏感文件被公开在 Amazon Web ServiceS3（AWS S3）存储服务器上；德勤全球电子邮件服务器遭到黑客攻击，关键系统 RDP、VPN 及客户私人邮件等共计 500 万份内部邮件泄露。10 月，全球最大管理咨询公司 Accenture 因 AWS S3 存储服务器配置不当导致大量客户敏感数据暴露，这些客户包括全球 100 强企业中的 94 家及世界 500 强企业中超过 3/4 的企业，大大增加了黑客攻击这些跨国公司的可能性。11 月，中国金融科技公司——趣店近 100 万名学生的数据泄露，包含学生借款金额、滞纳金等金融数据和身份信息。不法分子通过黑市售卖信息牟利、冒用学生个人身份借贷，使众多学生受到电信诈骗或莫名追贷，带来财产损失和生命安全隐患。12 月，韩国虚拟货币交易所 Youbit 公布，该交易所继同年 4 月以来再度遭到黑客攻击，造成等同于其总资产 17% 的损失，申请破产处理。

（二）数据泄露影响巨大

IBM Security 和 Ponemon Institute 通过对 419 家公司、13 个国家和地区的研究表明，2017 年数据泄露规模较上一年平均增长 1.8%，泄露平均总成本为 362 万美元，每个丢失或被盗记录的平均成本为 141 美元。这一统计尚不包括知识产权、商业秘密和商业机密信息等高价值信息资产的数据泄露。

以 Facebook 泄密门为例，数据泄露事件损失大、持续时间长、影响广泛，给用户、企业和行业造成惨重损失。2018 年 3 月，美国社交网络巨头 Facebook 被曝有超过 8000 万用户的个人信息在未经用户同意的情况下，被剑桥分析公司用于心理测量、创建个人档案，并对这些用户进行定向宣传，以左右 2016 年的美国总统大选。这一数据泄露事件致使千万用户的隐私权遭受侵犯，也给股民造成巨大经济损失，使 Facebook 市值次日即蒸发 360 亿美元，跌幅超过 7%。对于公司信誉严重受损，美国联邦调查局（FBI）、美国证券交易委员会（SEC）、美国联邦贸易委员会（FTC）的调查激起了用户的严重担忧，使用户对 Facebook 的信任度和使用率急剧下降。同时，随着用户对数据安全关注度的提高及事件调查的深入，Facebook 数据泄露丑闻阴云不散，进一步升级。2018 年 6 月，Facebook 再次被爆料，名为“NameTests”的第三方智力竞赛应用让 1.2 亿用户的数据面临泄露风险，致使其整个在线平台行业业务受到牵连，面临来自用户的数据安全担忧和政府机关的严厉审查。

二、安全防护薄弱

处理数据的步骤繁杂，随着数据的进一步集中和数据容量的进一步扩大，对产业链中的数据进行安全防护就变得越来越困难。同时，数据分散、协作和开放的特征又会加大数据泄露的风险。在大数据的应用过程中，如何保障用户的数据资源安全，是企业需要重点关注的问题。而目前的数据安全性防护环节显得尤为薄弱。

（一）非授权访问

大数据的发展使得网络攻击变得更加频繁，非授权访问的情况时有发生。非授权访问是指访问者在没有取得数据主体或数据处理主体的同意下访问所存储的数据的行为。具体的方式包括利用非法手段绕过权限控制直接访问以及虽然具有访问权限但在访问时超出权限范围两种。例如仿造他人身份窃取信息、利用虚假身份对他人进行网络攻击、直接通过违法手段盗取数据以及权限持有者超出合理范围访问等。

（二）数据泄露或丢失

数据在收集之后，存在泄露或丢失的风险。数据存储技术的发展还有待时间的检验，其安全性能不能完全保障，且网络攻击也随着技术的发展而变得复杂，因此，大量数据的集合，很容易带来大规模的网络攻击，尤其是大数据时代下个人数据的社会经济价值日益凸显，也就使得风险更加频发。

（三）数据过度采集

当前的各种云端设备普遍存在对个人数据的过度采集的问题。网络社交平台强制读取用户个人定位、通信录、短信、通话记录等，且采集通知往往显得隐晦不明，或者在用户不知情的情况下后台允许。而这些数据的采集目的和最终用途，数据主体无从知晓，也无法分辨是否具有采集的必要，对于数据主体来说极易造成数据被过度采集。

三、安全风险多发

大数据引发的安全问题，并不仅限于技术方面。数据资源的开放、流通和应用会产生各种风险和危机，而人们风险意识和安全意识薄弱、关键信息基础设施的安全可靠性差、黑客攻击、管理漏洞及法律缺失等又会加剧风险的发生频度和危害程度。

（一）数据开放安全风险

数据开放中的风险是国家战略层面面临的主要威胁。数据开放让主权国家间的界限越来越模糊，大大降低了政府对数据的管控能力，影响了各国之间的交流与合作。数据开放使数据主权的争夺成为国家战略的制高点，给国家安全带来巨大风险隐患。金融、通信、交通、能源、电力等公共领域的信息基础设施是经济社会运行的神经中枢，是网络安全的重中之重，是各国网络战选择攻击的重点目标，也是安全隐患频发的薄弱环节。当前我国关键领域信息基础设施面临的网络安全形势不容乐观，党政机关网络系统、全国域名解析系统、金融机构网络系统等遭受攻击，多家电商平台数据遭泄露事件时有曝光，甚至有些系统长期被操纵。数据开放带来便利有目共睹，但安全风险也尤为值得关注。

（二）数据流通安全风险

在数据的传输过程中面临的主要安全问题的风险包括机密性、完整性和真实性等。数据在传输过程中存在被监听、篡改的问题，特别在无线网络环境下，网络传输中的数据安全问题尤为突出。任何一个互联网应用安装到云端产品时，都具备数据采集和传输功能，会将所采集的数据上传到云端，而在上传过程中就可能遭到非法入侵和账号数据泄露等。另外，数据存储的管理安全风险也不容忽视。数据的关联权限不确定、被访问控制问题以及存储能力不足等风险，在存储数据的管理过程中，如何保障数据的所有权和访问权得到合法保护，隐私保护、数据加密、备份与恢复等，都成为数据存储过程中急需解决的重点和难点。

（三）数据应用安全风险

网络应用的攻击和漏洞呈批量化、规模化发展，表现在账号、第三方托管平台、政府、企业信息、个人隐私被攻击和泄露呈快速增长的高发态势。一些传统犯罪类型也开始利用并针对数据应用实施攻击，通过各种手段从金融、教育、医疗、保险等重要部门和行业的数据应用平台窃取、贩卖公民个人信息，从事各种违法犯罪活动。数据应用管理人员的安全防范意识薄弱，安全管理环节常常形同虚设也会引起一些低级技术错误和人为失误造成的风险。

第二节　大数据安全问题

大数据虽然蕴藏着巨大的价值，给各行各业的发展提供了重大的机遇，但是随之而来的挑战也异常艰巨，尤其是大数据安全问题，它是我们在享受大数据时代带来的便利的同时无法忽视和回避的问题。若对大数据治理不当，会产生诸多问题，小到对个人生活带来影响，对企业造成威胁，大到危及社会稳定、国家安全等。

一、个人安全问题

随着互联网、智能手机、传感器等新科技的不断普及，愈来愈多的个人数据被采集和存储了下来，个人信息网络化和透明化已经成为不可阻挡的趋势。大数据时代，数据的价值更多地来源于其二次利用。当个人数据广泛地存在于政府、银行、医院、通信公司、购物网站、物流公司等众多组织中时，每个人的活动其实无时无刻地被不同组织的数据库记录和监视着。当这些数据被技术整合后，人的行为就会被进行放大分析，个人生活全貌逐渐还原，使个人隐私暴露无遗。在大数据面前，人类宛如透明人，毫无安全感可言。2013 年 2 月，中国人寿保险股份有限公司 80 万客户信息泄露事件引起轩然大波。经查，该公司由于合作网站存在漏洞，导致保险客户信息泄露，泄露的信息包括险种、手机号、身份证号、密码等，造成了严重的后果和不良影响。身为中国人寿保险股份有限公司客户之一的李某为核实自己是否也卷入其中，请求中国保监会进行信息公开，但得到的答复并不明确，故失去安全感的李某一纸诉状将中国保监会告上法庭。此次个人信息泄露事件，仅是太仓一粟。进入大数据时代，信息泄露事件层出不穷，中国 2000 万顾客酒店开房信息泄露并被下载 19 万次；圆通速递近百万条快递单个人信息不仅网上有售，且单号数据信息还能 24 小时更新；医疗、金融、房地产等行业的数据泄露事件也时有发生。大数据就像悬挂在人们头上的达摩克利斯之剑，使大家生活得胆战心惊，唯恐哪一天自己的个人信息和言行就暴露在全球人的面前。

二、社会安全问题

大数据堪称智能交通、智能电网、智慧城市等国民经济运行和社会发展高度依赖的信息基础设施血液，这些重要的信息系统、基础设施网络化智能化程度越高，安全也就越脆弱；速度越快，风险也就越大。若发生大数据安全问题，就会对社会安全造成无法估量的影响。据美联社报道，2013 年，以色列北部城市 Haifa 的全国路网系统遭到攻击，攻击者获得公路系统控制权，并在次日清晨关闭主干公路系统长达 8 小时，造成城市主干道路大规模交通拥堵和一系列后续问题，危及城市运行安全。大数据时代，数据的大量聚集，容易成为网络攻击的目标，亦会增加数据泄露的风险并增大大规模数据泄露事件发生的可能，进而演变为社会安全问题。现代企业往往拥有海量数据，在某些方面甚至超过政府，其极易成为黑客攻击的目标，数据一旦泄露，就会对企业的声誉和经济效益以及社会的稳定造成巨大影响。2013年，著名软件开发商 Adobe 公司发生数据失窃事件，从最初将近 300 万个用户的用户名、加密的信用卡或借记卡号、密码、用户订单到期日等信息被黑客窃取，发展到约 3800 万用户受到影响、美国联邦政府介入调查，Adobe 公司股票价格也随着此事件的持续发酵而下跌。同年，美国零售巨头 Target 公司储存有 7000 万顾客姓名、地址、电话、邮件、信用卡和储蓄卡等信息的数据库在美国购物季遭黑客攻击，大量数据泄露，该公司全美 1797 家商场全部受到牵连，社会经济受到影响。

此外，大数据时代，一方面是数据的快速、自由流动，另一方面也不断制造着信息的碎片化和歧义化。在数据传递过程中，事件出现多个版本或被扭曲的现象频频发生，不真实的负面数据产生聚集效应，极有可能导致社会矛盾丛生，引发群体事件和公共危机，增大社会维稳压力。

三、国家安全问题

大数据与国家利益密切相关，尤其是涉及国家政治、经济、文化等方面的数据。目前，许多国家对大数据这个“未来的新石油”的重视程度已上升到国家战略高度，开始在大数据这个无硝烟的战场上暗自较量。从华盛顿白宫、伦敦唐宁街、巴黎爱丽舍宫到柏林贝勒维宫、莫斯科克里姆林宫、首尔青瓦台等，都逃避不了此场暗战的角力。特别是美国凭借其强大的技术和资源优势，实现了对 CPU、根服务器、搜索引擎、操作系统等的垄断，肆意搜集、存取全球数据并监控数据传输，操纵网络内容，控制数据流动方向和传输速度，进行信息围攻。斯诺登所曝光的“棱镜门”事件折射出国家安全问题正经历着大数据的严峻考验。

随着科技的飞速发展，大数据所带来的挑战和威胁与日俱增，其引发的安全问题在很大程度上已经超越了传统安全领域，从格鲁吉亚、乌克兰、吉尔吉斯斯坦等先后爆发的“颜色革命”中可见一斑。海量数据的收集和传递，对在数字空间中创造出政治集会效应起到了推波助澜的作用，使矛盾不断聚集且持续发酵，最终导致国家政权的更迭。当今，大数据对一国的影响日益增大，已深深地融入人们的工作、学习和生活之中，在推动社会政治、经济和文化不断进步的同时，对国人的思想观念亦产生着越来越大的影响。

大数据关系国家文化安全，现代战争从争夺地盘转变到争夺文化，进而进军大脑控制思想。有的数据一旦被敌对势力获得，就会帮助他们在网络上与部分对现实不满的网民联系、沟通，或根据这些不满言论及人群有针对性地开展争夺人心的工作。掌握一种数据传播方式，就等于拥有一种传播某种思想文化的权力。特别是当数据进行跨国流通时，仰他人鼻息求生，数据输出国必然会以其特有的价值观念主导和影响数据输入国，从而威胁到该国文化主权，致使国家安全也岌岌可危。

第三节 大数据安全政策

大数据环境下数据的开放共享是大势所趋，但公共大数据作为涉及公共利益的数据信息，在采集、加工、存储和使用的每个环节都会产生信息安全管理漏洞。数据作为国家信息化建设和数字化经济发展的重要生产力要素，保障其安全应上升至国家战略高度，公共数据资源的立法及相关政策需要跟上社会变化并能够统筹全局，相关法律及政策的出台和落实步伐需进一步加快。

一、国外大数据安全政策

（一）个人数据保护

德国于2002年颁布了《联邦数据保护法》，该法制定的目的是保护个人隐私权，防止个人数据在使用过程中被侵害。该法明确了公共机构因自动处理数据而产生的赔偿问题，如因在《联邦数据保护法》或其他数据保护条例中规定不允许或认为不正确的自动收集、处理或使用个人数据而给数据主体造成了损害，则公共机构的支持组织应赔偿由此造成的损失，而不论其过错如何，对个人赔偿的最高限额为25万德国马克，如同一案件中涉及多人而超过了最高限额，则每人的赔偿额依据最高限额按比例减少。英国于2017年发布了《数据保护法案（草案）》以取代1998年的《数据保护法》。该法案旨在更新和强化数字经济和大数据时代的个人数据保护，使英国经济和社会最大程度上从数据创新中获益。法案规定为了营造安全的在线生活和商业环境，英国政府机构和有关部门在使用个人信息时应严格保密，公众需要知道其个人数据是安全且被合理地利用。从内容上看，该法案进一步强化了对个人信息的保护，给予了公民更多的信息控制权，如处理个人敏感数据时，个人的知情和同意是必须明确且易于撤销的；个人可以更加容易地要求数据控制者披露与其相关的数据等。还有一些国家直接用保护个人信息作为法律名称，如加拿大的《个人信息保护法案》、韩国的《个人信息保护法》、新加坡的《个人数据保护法》。值得一提的是，欧盟于1995年颁布的《数据保护指令》对全球个人数据信息安全立法产生了深远影响。

（二）政府信息公开

日本于2001年实施的《信息公开法》以国民主权理念为基础，通过规定请求公开行政文件的权利等事项，使行政机关拥有的信息进一步公开化，以此使政府就其从事的各种活动对国民承担责任。该法对个人信息保护问题作出了全面规定，成为政府信息公开中保护隐私权最重要的法律依据。其中，明确了个人信息保护的实施机关、不公开个人信息的界定、可以公开的个人信息及其公开程序和个人信息公开的法律救济等。美国于2002年修正的《信息自由法》是一项旨在以促进本国政府数据信息公开和共享的行政法规。该法案1966年颁布，用以限制公权力利用信息不对称的优势对个人信息权利的侵害。在此基础上发展而来一系列法律，如1991年出台的《全球变化研究数据政策》、2009年颁发的《开放政府指令》及2012年颁布的将美国国家安全考虑在内的《美国信息共享与安全国家战略》等，都在一定程度上对数据信息共享的流程、标准和技术方案进行了细化，提高了政府数据公开和对个人信息的保护力度。

（三）数据跨国流通

欧盟于1995年颁布的《数据保护指令》对计算机处理个人数据作

出规定，禁止向欧盟以外的其他国家或地区转移含有个人信息的数据。只有当其他国家或地区通过相关国内法或国际承诺，保障公民个人数据安全时，才允许将欧盟境内的个人数据信息转移、存储到境外国家进行处理。2018 年起，被称为史上最严的个人数据保护条例——欧盟的《通用数据保护条例》开始正式实施，它取代了 1995 年的《数据保护指令》。根据《通用数据保护条例》，企业收集、存储、使用个人信息必须经过用户同意，用户对自己的个人数据有绝对的掌控权。如果发现企业有严重违法行为，相关机构最高可罚 2000 万欧元或企业上一财年全球营业总额的 4%，以较高者为准。2013 年，俄罗斯发布《关于信息、信息技术和信息保护法》，该法对境内信息出境和境外保存作出了相关限制和要求。韩国《信息通信网络利用促进与信息保护等相关法》规定，应制定信息通信网络安全保护措施指南、保护集成信息通信设施、禁止信息通信网络侵害行为，数据拥有者和使用者有防止任何重要数据信息通过互联网或物理途径流向国外的责任。此外，加拿大、澳大利亚、印度、印度尼西亚等国也立法要求数据信息不允许转移至境外。

二、国内大数据安全政策

（一）总体战略指导

全国人大常务委员会于 2012 年发布的《关于加强网络信息保护的决定》中表示，国家将对涉及公民个人身份信息、隐私信息的电子信息进行保护，并要求网络服务提供商、相关企事业单位有责任确保在业务活动中收集的公民电子信息不被泄露、损毁、丢失，保障公民个人信息安全。2015 年，国务院颁布了《促进大数据发展行动纲要》，意在推动和解决进一步深入发展信息化的问题，主要包括：经济活动中各类数据和信息孤立、不统一，同一时空对象所属的各类数据和信息的割裂和遗忘，政府政务数据开放、共享程度低等体制制约的弊端，数据和信息服务水平不高。在涉及公共信息安全的部分，《促进大数据发展行动纲要》提出应加快建设数据强国和释放数据红利，加快政府数据开放共享，以提升治理能力；网络空间数据主权保护是国家安全的重要组成部分，要求不断完善安全密保管理规范措施，提高管理水平，切实保障数据安全；要切实加强对涉及国家利益、公共安全、商业秘密、个人隐私、军工科研生产等信息的保护等；但并未就安全立法提出要求。2017 年，《中华人民共和国网络安全法》正式实施，该法是我国第一部网络安全法律，明确了网络数据概念，鼓励网络数据安全技术的发展和公共数据资源的进一步开放，同时强调了加强公民个人信息的保护、跨境数据的安全评估和审核等。这类战略指导性文件对推动公共大数据安全立法具有引领作用。

（二）部门规章制度

2005 年，公安部发布的《互联网安全保护技术措施规定》中明确，互联网服务提供者、互联网使用单位负责落实互联网安全保护技术措施，并保障互联网安全保护技术措施功能的正常发挥，包括防范计算机病毒、网络入侵和攻击破坏等危害网络安全事项，记录、跟踪网络运行状态，监测、记录网络安全事件等。2010 年，工业和信息化部出台的《通信网络安全防护管理办法》要求，通信网络运行单位应按照电信管理机构的规定和通信行业标准开展通信网络安全防护工作。通信网络运行单位新建、扩建通信网络工程项目应当同步建设通信网络安全保障措施，并与主体工程同步进行验收和投入运行。2013 年，工业和信息化部发布了《电信和互联网用户个人信息保护规定》，明确了互联网信息服务提供商、电信服务商等收集使用公民个人信息等行为的规范和要求。2016 年，国家互联网信息办公室发布《国家网络空间安全战略》，明确提出建立大数据安全管理制度、推动新型信息技术的创新应用等，以推动国家大数据战略的实施、保障国家网络安全等。2017 年，工业和信息化部发布《信息通信与信息安全规划（2016－2020 年）》，从建立健全网络与信息安全法律法规制度、构建新型网络与信息安全治理体系、全面提升网络与信息安全技术保障水平、加快构建网络基础设施安全保障体系、大力强化网络数据和用户信息保护等方面进行了详细规划和说明。

（三）地方政策法规

2016 年以来，各地方政府积极响应国务院《促进大数据发展行动纲要》提出的政府数据开放等号召，纷纷制定了服务于地方的促进大数据发展的行动政策。贵州作为我国第一个国家级大数据综合试验区，于 2016 年 3 月正式颁布实施了全国第一部专门的大数据地方性法规——《贵州省大数据发展应用促进条例》，内容包括大数据发展应用、共享开放、安全管理等。在安全管理方面，条例规定了大数据采集、存储、清洗、开发、应用、交易、服务单位应当建立数据安全防护管理制度，制定数据安全应急预案，并定期开展安全评测、风险评估和应急演练；采取安全保护技术措施，防止数据丢失、毁损、泄露和篡改，确保数据安全。2016 年 4 月，广东省政府发布《广东省促进大数据发展行动计划（2016－2010 年）》，在加强大数据环境下的网络安全防护、加强关键信息基础设施安全防护、提升重大网络安全和风险识别的大数据支撑能力、推动大数据相关安全技术研发和产品推广等方面作出了明确要求和部署。2016 年 9 月，上海市政府印发《上海市大数据发展实施意见》，要求加强数据安全防护，完善大数据安全评估机制，如建立覆盖数据采集、处理、流通、应用等环节的安全评估机制；组建数据安全功能机构，开展数据应用安全风险评估等。

第三章 国外大数据发展借鉴

第一节 美国企业领跑

目前，大数据蕴含的战略及商业价值已引起了全球各个国家政府及企业的重视。不同国家和地区的大数据产业具有不同的经济结构特征，在产业竞争力方面的表现也不尽相同。美国作为大数据产业的发祥地和全球大数据产业中心，于20世纪80年代率先提出了“大数据”的概念，又于2012年将促进大数据产业发展上升为国家战略，将其视为“未来的新石油”，重视程度可见一斑。当下，大数据在美国已进入大规模商用阶段，一些新兴信息技术企业不仅开启了大数据时代的大门，也在世界上占据了主导地位，领跑整个大数据行业发展。

一、购物平台 Amazon

在大数据的应用实例中，最日常化的应用要属购物网站的商品推荐。在美国 Amazon（亚马逊）上购买商品时，页面上会显示“购买此商品的顾客同时也购买其他某某品种商品”这样的引导提示信息。这是网站后台在累积了用户大量前期的购买记录数据后，将最适合顾客的信息作为商品推荐显示在网页上。商品推荐的功能在市场营销领域发挥着极其重要的作用，既能保持网站人气商品的长久热度，还能引导买家关注销量较少的商品。这样，即使热度不高的商品，只要借助商品推荐功能，也能实现市场关注度的逆袭，而这些都要归功于大数据的应用，相关做法具体如下：

（1）收集分析顾客各类信息。收集和分析顾客在网站上产生的即时数据、行为数据、社交数据及属性数据四种数据。即时数据包括顾客搜索的关键词、访问的商品页面等；行为数据包括顾客购买的商品数据、顾客关注或收藏的商品数据以及顾客的浏览行为偏好等；社交数据包括顾客的兴趣爱好、观点态度等；属性数据则包括顾客的性别、年龄、职业以及地域分布等。对于上述数据，重点是对顾客在网站上从搜索关键词开始一直到完成购买全流程的数据进行采集与分析，包括顾客的观点态度、浏览倾向偏好及兴趣爱好等。

（2）建立细分顾客群体类别。大数据分析技术帮助亚马逊实现了对特定顾客群体独特又精准的营销。在对每一位顾客的行为数据进行分析的基础上，为对相似购买群体的顾客进行分类，亚马逊开发聚类模型对顾客群体进行细分。目标是把每一个顾客分配到与他最为相似的已有顾客细分群中，结合该群体的购买历史与商品评价，生成商品推荐列表，并将其推送给顾客。

（3）分析推荐商品匹配组合。在利用细分顾客群推荐商品时，考虑到相同属性的顾客可能不是最相似的顾客，产生的推荐相关性还有待提高，亚马逊进一步对商品协同过滤，对于某一特定商品，通过分析商品的各种属性，基于大数据的算法找出与之最为匹配，也即顾客倾向于一起购买的商品，从而建立起一个一揽子的商品购物列表。

（4）打造网上个性商店。亚马逊基于用户的兴趣大数据信息，根据顾客以往的购买历史和商品信息，利用算法寻找相似商品，生成顾客可能感兴趣的商品推荐列表。用户在登录个人账户后，设置“为我推荐”链接，关联生成的推荐列表，点击后就会被引入一个特定区域。

基于亚马逊的商品推荐模式，大数据还可以通过与其他技术或服务相结合，在战略性市场营销中发挥作用。如结合人脸识别技术实现门店服务前置和个性化营销，打造超级会员。通常的情况是：顾客进店他认识你，你不认识他，尴尬；顾客的消费偏好销售员一概不知，想推荐却没有方向可寻，尴尬；销售员不停地推荐而顾客不感兴趣，尴尬；搞不清顾客的消费能力，价格高的嫌贵，价格低的嫌差，尴尬。但是，通过商品橱窗内安装智能标签，如图 3－1 所示，在标签内安装摄像头和传感器，运用最先进的 AI 人脸识别智能分析技术，实现快速的用户人脸画像，不仅可以感知顾客性别和年龄，还能进一步辨别此人是否是店铺会员，实时将到店用户的消费信息精准推送至导购。接下来，只要将这些信息与顾客的购买记录、消费频次、购物喜好等信息综合起来，就可以获取适合该顾客的个性化商品推荐或优惠信息，实现为顾客提供精准个性化服务。

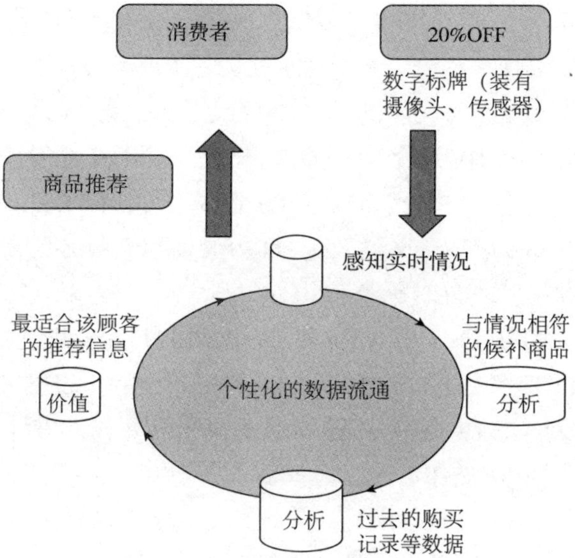

图 3-1　个性化数字标牌应用

二、社交媒体 Facebook

2010 年以来，社交媒体开始流行起来，比起用邮件和短信息沟通，对话交流的方式更受欢迎。社交媒体的普及推动着社会变革，而处在社交媒体业务中心的，正是 Facebook（脸书）。马克·扎克伯格于 2004 年创立了脸书，创立之初仅面向学生提供社交媒体服务，但发展到现在全球已拥有数十亿名用户。在脸书上，用户不断地更新状态、传照片、发视频、写评论，每天要浏览 20 多亿份内容，点 40 多亿次“赞”，上传 3 亿张照片状态，产生的数据量超过 500TB，有超过 100TB 的数据被单独存储在一个磁盘簇中，利用 Hadoop 技术可对这些数据进行分散处理。脸书以这些海量数据为基础，研究分析用户行为。

在脸书上发布的链接、浏览的页面、在由脸书所有或与其有联系的网络上的许多其他行为，如 Instagram、WhatsApp 或使用脸书登录的其他网站，都可以被加入一个巨大的算法体系。这个过程使得脸书能精确定位用户，确定他们喜欢吃哪些食物、上班通勤时间长短、孩子的年龄等情况。研究表明，通过分析用户的脸书喜好，可以准确地预测一系列高度敏感的个人属性数据，如用户年龄、性别、种族、性取向、智力、宗教、吸毒，以及对生活的满意度、情绪稳定性、政治观点等。

许多企业看准了脸书广泛的用户群及其海量的用户数据资源优势，纷纷与其建立合作关系，通过脸书的社区、服务代理等功能来实现广告营销、产品服务和用户管理。如迪士尼乐园通过社交媒体调查人气景点及它受欢迎的原因；运动饮料制造商佳得乐用社交媒体收集顾客的反馈信息，进而为产品改良提供良好的建议来源。谷歌搜索引擎的关键词广告模式是用户在搜索关键词时，如果这个关键词与广告商竞价购买的那个词相吻合，那么有关这个词的广告就会出现。脸书模式并不是用关键词来找目标消费者，而是利用用户的基本属性、粉丝群特征、兴趣来找出潜在的用户群。这种广告模式之所以可行，是因为后台有强大的数据系统作支撑。基于这样的广告模式，脸书的广告下单系统也基本上以自助式为主。投放广告的广告主都由自定义受众开始，然后脸书再一步步地带领客户设定一系列的参数，主要有三种方式：第一，根据人口统计特征进行筛选，即受众的基本属性，包括所在地、年龄、性别、性情对象、感情状态、语言、教育程度和学校、工作场所等；第二，根据粉丝群特征进行筛选，即具体到哪类关系的人；第三，根据兴趣进行筛选，根据每个用户在开设脸书时设定的自身喜好，包括宗教、喜欢的事情（唱歌、游泳、阅读等）、喜欢的品牌等。系统会根据广告主设定的受众条件，运算出目标受众群的人数，然后根据广告主选择的广告方式给出建议的费用范围。

三、搜索引擎 Google

提起大数据的时候，都会提到 Google（谷歌）公司。作为大数据的行业先行者，谷歌一直为用户提供以获取信息为目的的检索服务。最近几年，谷歌公司因开发了面向智能手机和平板终端的操作系统——安卓系统、收购了 YouTube 后拥有的视频服务及提供社交媒体

“Google +” 而家喻户晓。在大数据发展应用领域，谷歌提供的大数据分析智能应用包括客户情绪分析、交易欺诈风险分析、产品推荐、客户流失诊断预测、法律文案分类、电子邮件内容过滤、政治倾向预测、物种鉴定等多个方面。据统计，大数据应用服务每天可以给谷歌带来2300 万美元的收入，一些典型应用如下：

（1）基于 Map Reduce，谷歌的传统应用包括数据存储、数据分析、日志分析、搜索质量以及其他数据分析应用。

（2）基于 Dremel 系统，谷歌推出其强大的数据分析软件和服务——BigQuery，这也是谷歌自己使用的互联网检索服务的一部分。谷歌已经开始销售在线数据分析服务，试图与市场上类似亚马逊网络服务（Amazon Web Services）这样的企业云计算服务竞争。这个服务，能帮助企业用户在数秒内完成万亿字节的扫描。

（3）基于搜索统计算法，谷歌推出搜索引擎的输写纠错、统计型机器翻译等服务。

（4）谷歌的趋势图应用，通过用户对搜索词的关注度，迅速了解社会热点。对广告主来说，它的商业价值就是很快地知道现在用户在关心什么，他们应该在什么地方投入一个广告。据此，谷歌也开发了一些大数据产品，如“Brand Lift in Adwords”“Active GRP”等，以帮助广告客户分析和评估其广告活动的效率。

（5）Google Instant。在输入关键词的过程中，Google Instant 会边打字边预测可能的搜索结果。

毫不夸张地说，谷歌作为大数据时代的领跑者，其大数据技术发展模式一直都是全球互联网企业争相学习和研究的重点，为行业大数据技术发展树立起了标杆。谷歌的主要做法如下：

第一，投资建设数据中心。谷歌大规模投资建设自己的数据中心，这些数据中心所使用的服务器都为谷歌公司独有。它的 8 个主要数据中心都远离其加州总部，分别位于美国南卡罗来纳州、爱荷华州、乔治亚州、俄克拉荷马州、北卡罗来纳州、俄勒冈州，另外 2 个在美国境外，分别在芬兰和比利时。此外，谷歌公司还在中国香港和中国台湾，以及新加坡和智利等地投资建设了数据中心。

第二，更新搜索引擎平台。在谷歌新一代搜索引擎平台上，每月40 亿小时的视频，4.25 亿 Gmail 用户，150000000 GB Web 索引，却能实现 0.25s 搜索出结果，靠的就是不断用具有更强计算能力的系统来替换原有系统。目前最新一代的搜索引擎平台有几个核心技术系统：一是索引系统，用基于 Percolator 的增量处理索引系统来取代 Map Reduce 批处理索引系统，它比 Map Reduce 批处理索引系统搜索更快；二是列存储数据库 BigTable，能更好地支持大数据集的互动分析，提供更强大的分析性能；三是分布式存储 Colossus，也被称为二代谷歌文件系统，它专为建立搜索索引系统而用；四是实时搜索引擎存储和分析架构，为 Google Instant 提供服务。

第三，提供用户云服务。基于 Colossus，谷歌为用户提供计算、存储和应用的云服务。计算服务包括计算的引擎（Compute Engine）和应用 APP 的引擎（APP Engine）；存储服务包括云存储（Cloud Storge）、云 SQL（Cloud SQL）、云数据存储（Cloud DataStore）、永久磁盘等服务；云应用服务包括 BigQuery、云终端（Cloud Endpoints）、缓冲、队列等。

第二节　日本政府主导

大数据产业的发展，由美国政府率先推动，日本等国紧随其后。早在 1999 年日本就颁布了被称为 IT 基本法的《高度情报通信网络社会形成基本法》，确定将 ICT（信息、通信、技术）作为日本未来发展的重心。从 2012 年起，日本总务省、文部科学省、经济产业省等部门先后推出多项战略计划，投入近 100 亿日元推进大数据技术研发与产业发展，为推广大数据的应用提供了资金支持及良好环境。总的来说，无论是大数据技术还是企业实际应用方面，日本都在亚洲占据领先优势。

一、大数据市场规模及发展趋势

日本著名的矢野经济研究所的报告显示：2011 年日本的大数据相关行业的市场规模为 1900 亿日元，2012 年约为 2000 亿日元，同比大约增长 5%，2013 年以后，每年度增长 20%，2015 年为 4200 亿日元，

2017 年达 6300 亿日元，预测到 2020 年约为 1 兆 500 亿日元。目前，把数据应用于产品销售及新产品开发的 IT 投资占其总额的半数以上。2015 年以前，企业数据内部利用占主导地位，而 2017 年以后，能源管理系统等维护社会基础设施的系统需求将会推动大数据市场的发展。另外，日本大数据市场在其国内 IT 市场总额中所占的比重，2011 年为 1.7%，2015 年为 3.8%，2017 年为 5.7%。如果今后日本的 IT 投资增长率保持稳定，那么到 2020 年，大数据市场在日本 IT 市场总额中将约占 10%。

虽然大数据市场发展方兴未艾，但目前日本大数据专业人才储备严重不足的情况值得关注。由于日本的大学并没有设置与大数据相关的统计学科，因此无论是人才培育还是人才使用都远远落后于美国。“数据科学家”不足 1000 人，而美国则超过 1 万人，即便从现在开始设置相关学科，要达到美国那样的人才培育和使用的良性循环，还需要 2 ~ 3 年。面对上述问题，日本政府积极制定大数据人才培养战略。2014 年提出《大数据时代的人才培养》倡议，指出了大数据时代人才培养需要面对的课题及关键技术——大数据处理、数据可视化、数据分析法等，明确了适应时代发展的统计学科设置要求，以及成为数据科学家的必要条件和数据科学家的培养方法。在此基础上，其又进一步提出“设置以数据为中心的科学专业教育机构、在骨干研究机构内常设数据分析部门、尽快制定日本版数据透视研究员计划和制定数据科学家资格标准”四项倡议，为日本大数据人才培养提供了保障。

此外，日本在大数据产业发展中，将修改和进一步完善个人信息保护法规提到了日程上来。目前，日本已有多名专业人士指出，在当前发展大数据产业的新形势下，要制定新的保护个人隐私的法规。比如，日本政府内阁总务省官房审议官（政府副部长级）谷协康彦和知名律师牧野二郎都认为，应当修改日本个人信息保护法。当然，这两位也谈到修改个人隐私法规的“前提条件”，即要进一步充分利用匿名化技术，并制定合理的活用大数据的规则。

二、政府重视及国家战略

日本政府将发展大数据纳入国家发展战略，包括建立强有力的基础设施、规划设备、提供大数据市场服务和成为全球 IT 领先者。为此，日本政府开始投资大数据研发，包括开发400Gbps的新的、高速网络基础设施和试验床，高效的数据中心运营系统，数据分析应用项目，以此增加日本工业竞争力、拓展新的行业和实现创新。同时，日本政府认识到带头使用大数据，建立推动大数据使用的环境是非常必要的。因此，推出电子政府，对政府管理进行计算机化。此外，政府还考虑使用匿名技术，对私人部门的数据进行二次利用，建立详细的数据集成。为此，日本政府推出了 data. go. jp 网站，这是数据分类网站，目的是向数据提供者和数据使用者提供不同政府部门和机构的开放数据。日本政府鼓励使用开放数据，帮助收集数据使用的样本，根据反馈意见，对数据分类网站进行建设和完善。数据涉及各类白皮书、地理空间信息、人群运动信息、预算、年终财务和流程数据等，这些都是由电子管理开放数据促进路线图确定的，需要优先开放的数据。

值得一提的是，2013 年日本第二次安倍内阁正式公布了新 IT 战略——创建最尖端 IT 国家宣言。宣言全面阐述了 2013 ~ 2020 年以发展开放公共数据和大数据为核心的日本新 IT 国家战略，提出要把日本建设成为一个具有“世界最高水准的广泛运用信息产业技术的社会”，并且将其发展成就扩展到国际范围内，具体包括以下几方面：

（1）向民间开放公共数据。2013 年启动居民可浏览中央各部委和地方省厅公开数据的网站（试用版），2014 年正式实施。

（2）促进大数据的广泛活用。促进个人数据的流通与运用，明确个人数据的活用规则，确定改革相关制度方针。

（3）活用 IT 技术，实现农业及其周边相关产业的高水平化。使农业经营体共享经过积累并分析的农业现场的相关数据及新技术，实现农业的知识产业化。

（4）构筑医疗信息联结网络。2016 年之前，根据门诊数据及处方笺，确立地区和企业的国民健康管理对策。于 2018 财政年度前，在全国普遍建立医疗信息联网体制，以便使医疗、护理及向居民生活提供支援服务等机构共享医疗信息。

（5）活用 IT 技术，对社会基础设施进行维护管理。2020 年之前，通过使用传感器的远程监控，对全国 20% 的重要基础设施进行检修。

（6）改革国家及地方的行政信息系统。2018 年之前，将目前 1500 个政府信息系统减半。2021 年之前，原则上将所有的政府信息系统云计算化，减少三成运行成本。

三、主要企业及相关服务

（一）NEC

NEC 公司认为，大数据时代有 5 个关键点，即“实时”“个性化”“预测”“预防、行动支援”和“能在任何地方使用”。要做到上述 5 点，就必须在数据分析技术上有过人之处。NEC 公司的过人之处在于拥有世界顶级的数据分析引擎。具体来说，将 NEC 公司独有的不变量分析、人脸识别、行动分析、文本含义识别、图像解析等先进技术组合起来，开发出能够编辑、加工、积累、分析数据的大数据平台，构成 NEC 的数据中心。

NEC 独自开发的脸部验证技术——Neo - Face，曾获美国国立标准技术研究所新发明奖第一名。运用该技术，可以从摄像头拍摄的影像中实时识别特定人物对象并自动登录数据库。由于可以从以往的影像中锁定可疑人物，因此也就可以预测案件的发生，并采取事先警告等预防措施。其检索出的信息甚至可以在平板终端上显示和操作。

NEC 公司运用独创的行动分析引擎，可依据积累的探测器数据分析每一个用户的行动模式。通过与时间及用户所在位置等信息相结合，不仅可以预测用户的行动模式，还可以结合汽车发来的有关踩踏油门、刹车方式等的原始数据，提供安全、环保的驾驶评级服务。

（二）日立制作所

2012 年 6 月，日立开始向用户企业提供“Data Analytics Meister Service”，通过活用大数据，创造出新的商业价值。此项服务包括：“构建活用大数据的企业形象、选定活用大数据实施方案、具体运用验证及安装工作等。”此项服务可对不同的用户企业提供最适合于该企业的系统分析方式及活用大数据的具体实施方案。

2013 年，日立公司宣布建立日立全球创新分析中心（Hitachi Global Centre for Innovative Analytics，HGC - IA），加速大数据全球商业的扩展。HGC - IA 侧重的大数据领域包括：为健康医疗行业提供相关解决方案和服务，加大对病人的关爱力度、提高组织效率和降低成本；为通信和媒体行业提供相关的解决方案，帮助企业更高效地存储、管理、搜索、分析和使用数据、图片和影像；为能源行业提供相关解决方案，改善能源传输和分配的效率；为交通服务行业提供相应的解决方案，使用大数据为铁路设备提供积极和高效的维护服务，使运行更安全和可靠。此外，HGC－IA 还将大数据用于社会创新、物流、制造业、商业智能等诸多领域。

（三）富士通

2013 年，富士通公司推出了大数据战略，对产品和服务进行重组，依赖先进技术和综合数据分析能力，以数据使用支持用户和社会创新。此外，公司建立了大数据中心，可为用户提供大数据支持，为用户、合作伙伴和新建企业提供一站式服务。中心由 800 人组成，其中核心的用户支持人员有 30 人，用户在此中心可接受大数据使用咨询，参与相关的研讨会、使用实际数据进行试验和分析，选择适合自己的大数据平台。

今后，富士通将强化社交网络服务（SNS）上的数据分析服务，因为目前用户企业强烈要求以更快的速度、更高的准确度发现社交网络上可用的信息，以便企业能够实时地开展市场营销活动，加强商品规划和顾客支持。除了数据分析服务，富士通还计划提供构建顾客关系管理系统和云计算服务。目前，富士通利用其数据中心和云计算服务方面的优势，积极拓展由专业数据分析小组所提供的活用大数据的咨询服务，2012 年实现 600 亿日元的大数据关联营收，2013 年达到 1000 亿日元，2015 年达到 2000 亿日元。

第三节　欧盟机制驱动

一、制定发展战略

（一）数据价值链战略

欧盟委员会研究制定数据价值链战略计划，以实现数据的最大价值。重点是通过一个以数据为核心的连贯性欧盟生态体系，让数据价值链的不同阶段产生价值。数据价值链的概念为数据的生命周期，即从数据产生、验证到进一步加工，以新的创新产品和服务形式出现的利用和再利用。数据价值链战略计划遵循的主要原则是：高质量数据的广泛获得性，包括公共资助数据的免费获得；作为数字化单一市场的一部分，欧盟内数据的自由流动；寻求个人潜在隐私问题与其数据再利用潜力之间的适当平衡，同时赋予公民以其希望的形式使用自己数据的权利。这一计划的重点是培育一个连贯的欧洲数据生态系统，促进围绕数据的研究和创新工作的推进，采纳数据服务及产品，采取具体行动，改善数据价值提取的框架条件，包括基础能力、基础设备、标准以及有利的政策和法规环境。目前欧盟委员会正在单一战略框架下制定一系列重点行动，以解决数据价值链中大量与价值创造相关的问题。数据价值链战略计划包括开放数据、云计算、高性能计算和科学知识开放获取四大战略。

（二）资助研究和创新战略

欧盟委员会除在资助“大数据”和“开放数据”领域进行研究和创新活动外，还启动“连接欧洲设施”计划，采取权益和债务证券及补助相结合的形式促进数字基础设施的建设。在 2014 年 1 月 15 ~ 16 日的信息和网络日上，欧盟委员会确定了“地平线 2020”连接欧洲设施计划的 2014 ~ 2015 年工作内容。另外，欧委会认为，欧盟大数据契约的合同制公私伙伴（cPPP）是目前欧盟提高研发创新效率的最有效机制。2015 ~ 2020 年，欧盟 2020 地平线将提供 5 亿欧元资助，其余 20 亿欧元将由 cPPP 工业合作伙伴自筹。欧盟大数据 cPPP 几乎囊括欧洲所有与数据相关的大型企业，并联合科技界、学术界和利益相关方组成大数据技术价值链利益共同体。2015 年初，其正式启动第一轮研发创新项目对外公开招标，明确任何项目必须有至少 20% 的创新型数据中小企业参与。

（三）数据开放战略

欧盟开放数据战略在原有法律、政策的基础上，对以下三方面进行修订与补充。一是建立适应信息再利用的法律框架，对公共部门信息再利用指令进行修订的决定。通过法律和政策安排，减少执行过程中的障碍和不确定性，确保战略目标的实现。二是动用金融工具，将支持开放数据和行动作为建立欧洲经济数据门户的部署。三是促进各成员国之间的协调与经验交流，为数据开放与共享提供平台。2012 年开放数据门户网站，提供委员会和欧盟其他机构的数据，使公共数据易用可用；2013 年建立泛欧洲的数据门户网站，允许公众访问整个欧盟自 2011 年起成员国的数据，保证它们可以自由获取这些数据资源。促进会员国之间交流经验，尤其是成员国专家小组之间的交流，使成员国科学家之间共享重要的科研基础数据和公共部门的重要信息。鼓励研究人员、利益相关者分析、讨论网络提供公共信息的法律问题，制定指引政府开放数据和数据再利用的政策。

二、发布议程规划

2014 年 4 月，欧盟软件与服务技术平台（NESSI）与欧盟第七框架计划“Big 项目”的合作者联合发布了《欧盟大数据价值战略研究和创新议程》草案，旨在描述欧洲未来 5 ~ 10 年推进大数据价值主要研究的挑战和需求，并征求意见。2015 年 1 月，欧盟大数据价值联盟正式发布了该议程。其从七个方面指出了在欧盟建立良好的大数据生态系统所需要面对的主要挑战，包括保证数据可用性、可访问性，培养数据专家和数据分析工程师，发展欧盟范围内的数据相关法律，开展大数据相关技术研究与突破，研究新的大数据应用解决方案，挖掘大数据商业模式，发挥大数据在社会各领域的作用等。议程设立了明确的发展目标，并对提出大数据发展目标的影响进行了研究，设定了关键绩效指标，以评估预期影响。

为实现欧盟大数据契约的合同制公私伙伴的目标，《欧盟大数据价值战略研究和创新议程》提出了四大应对机制，包括创新空间、灯塔项目、科技项目和协作项目。创新空间即通过建立跨组织、跨部门的创新环境，用跨学科的方式应对各种挑战，是开展其他研究与创新活动的枢纽和基础平台。其将推动对先进的大数据技术、应用和商业模式的研究，并将技术和非技术活动结合起来，从而形成最佳实践。灯塔项目即开展大规模数据驱动的示范项目，其主要目标是推动大数据的应用和解决方案。其将利用现有技术或非常接近市场的技术，通过创新的方式展现大数据价值，可为其他领域提供可复制的经验，促进业务增长和创造就业。科技项目即关注大数据技术，为创新空间和灯塔项目提供技术支持。协作项目即致力于具体的研究创新活动，确保实现大数据契约的合同制公私伙伴目标过程的协调性和一致性，为技能、业务、政策、监管、法律和社会领域内的活动提供支持。

欧盟大数据发展目标和实现机制将共同确保欧洲在世界大数据发展中的领先地位，议程明确要通过对一些技术和非技术领域的优先支持来达到这一目标。该议程确定了九大优先创新发展领域，包括五项技术领域和四项非技术领域。技术优先领域为深度分析、优化架构、隐私和匿名机制、可视化和用户体验、数据管理工程。非技术优先领域包括技能培养，商业模式和生态系统，政策、法规、标准化，社会感知和社会影响评估。

三、聚焦数据驱动

欧盟在 2014 年发布了《数据驱动经济战略》，大力推动“数据价值链战略计划”，通过一个以数据为核心的连贯性欧盟生态体系，让数据价值链的不同阶段产生价值。数据价值链的概念为数据的生命周期，即从数据产生、验证到进一步加工，以新的创新产品和服务形式出现的利用与再利用。2017 年，欧盟委员会发布《打造欧洲数据经济》报告，对数据驱动型经济的潜力、面临的障碍、解决方案等进行了分析总结。

（一）基于数据的数字化改革

数据作为经济财产的一种新形式，在全球经济中日趋重要。近几年，经济活动多依赖于数据开展，这也为很多行业（包括健康产业、食物安全、资源效率、能源管理、智能城市、智能交通、智能农业、公民保护等）提供了更多发展的机会，如获取智能电表的数据以理解能源消费模式、利用工业传感器数据来预测维修需求等。

（二）数据驱动型经济的潜力

报告指出，大数据是经济增长、就业和社会进步的重要资源，2015 年欧盟数据经济的价值是 2720 亿欧元，接近于欧盟地区生产总值的 1.9%。如果有适当的政策和法律解决方案，数据经济的价值将会在 2020 年翻一番。

（三）创新空间环境的建设

欧洲创新空间与环境是打造数据经济的核心要素，是汇集技术与应用发展的枢纽。创新空间与环境将作为允许对技术、应用与商业模式进行测试和比较的孵化器，提早发现潜在问题，避免后期商业化部署出现错误，并为标准化和监管提供参考。创新空间与环境建设的重点将是开发大数据技术、工具及应用数据驱动。

（四）面临的障碍及解决方案

欧盟数据经济面临的障碍主要体现在以下两个方面：第一，不合理的限制导致欧盟数据流动性降低；第二，法律上的不确定性，如共享数据缺少明确的规则，限制了各成员国访问由新技术生成的数据的权限。

第四章　互联网金融的兴起和发展

第一节　第三方支付

近年来，互联网金融的蓬勃兴起成为金融领域引人瞩目的潮流之一，并深刻影响着银行竞争格局。互联网金融是借助于互联网技术和移动通信技术实现资金融通、支付和信息中介功能的金融模式，其业态包括第三方支付、网络借贷、互联网理财等。从发展历程上看，互联网金融离不开大数据、云计算、社交网络、搜索引擎等互联网技术的突破和运用，是伴随着电子商务而迅速发展起来的。其是一种新的参与形式，不是传统金融技术的升级，它完全互联网化，遵循“开放、平等、协作、分享”的互联网精神，为小微企业和普通客户提供普惠金融服务，解决传统的信息不对称问题，是一种金融服务模式的创新。

一、第三方支付的相关概述

第三方支付是互联网金融中最主要的模式，具有中介性、虚拟性、信用担保性。在我国，第三方支付发展的时间相对较短，没有太多的基础。1999 年，随着电脑技术的初始普及，理论意义上的我国第一家第三方支付企业——首信易支付成立，但受多方面因素的影响，其并没有在第三方支付上取得大的成功。直到 2008 年，第三方支付才真正开始发力。到 2016 年底，第三方支付中，单移动支付的交易规模就已达到惊人的 58 万亿元。从最初的摸爬滚打到成为一个真正的创新行业，第三方支付的发展可谓是历尽艰辛。从信息不对称和安全性等问题受制，到现在成为正规和被认可的支付方式，第三方支付的进步有目共睹。截至2018年1月底，中国人民银行已经针对第三方支付下发了第九批次的金融牌照，共发放271张支付牌照。经过行业洗牌后，市场上目前有243家企业可以从事此项业务，业务内容包括网上支付、移动互联网支付、银行卡代收代付等，详情如表4－1所示。

表4－1　我国第三方支付牌照审批及续展情况

发布时间	到期时间	发布批次	数量（家）	续展情况
2011.5	2016.5	第一批	27	27家全部续展后6家注销
2011.8	2016.8	第二批	13	12家续展后2家注销
2011.12	2016.12	第三批	61	53家续展，1家不予续展，2家合并
2012.6	2017.6	第四批	96	93家续展，9家不予续展，4家注销
2013.1	2018.1	第五批	19	21家续展，4家不予续展
2013.7	2018.7	第六批	26	
2014.7	2019.7	第七批	27	
2015.4	2020.4	第八批	1	
2015.12	2020.12	第九批	1	

资料来源：中国人民银行。

2010年中国人民银行颁发的《非金融机构支付服务管理办法》规定，第三方支付的业务范围包括网络支付、银行卡收单、预付卡发行和受理以及央行规定的其他支付服务。从目前的发展情况来看，第三方支付的核心业务为支付业务。一方面，第三方支付积极融入各大网络平台，开展线上支付业务。另一方面，第三方支付积极开展移动支付业务，为广大小微商户和个人用户提供支付服务，同时也提供行业解决方案。当前，我国的第三方支付主要有两种模式：支付网关模式和信用中介模式。在支付网关模式中，第三方支付充当支付网关，不具有系统内部交易功能，其同合作银行的网银系统对接，为广大用户提供统一的支付结算服务。在信用中介模式下，第三方支付企业通过自身平台同合作银行建立联系，为交易双方提供信用担保，维护双方利益。

从图4-1中可以看出，支付网关模式的基础通道是电子商务，或者是其他的应用需求场景，基于此会产生大量的固定使用客户，并且很大程度上集中于使用互联网支付。使用此支付模式的典型平台有“支付宝”和“财付通”，在淘宝网或者其他购物平台上，第三方支付作为支付渠道提供服务，在其发展壮大之后，还能进行其他方式的营销和宣传。理论上来说，信用中介模式适用于频繁交易的公司，其存在大量的结算业务，这种方式能够提供便捷的支付方式，节省时间、提高企业交易效率。

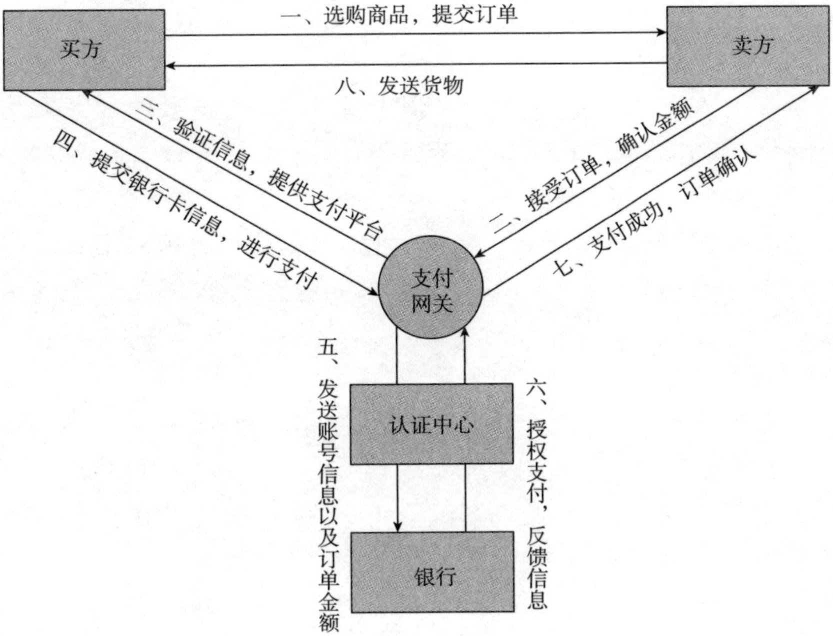

图4-1 第三方支付支付网关模式的流程

二、第三方支付的特殊优势

（一）交易费用相对较低

第三方支付的基础是大型互联网公司，具有良好的开发优势和规模效应，能够在两个维度对成本进行降低，减少开支。第一，其与上千家银行建立的直接合作关系，能够使用户的选择成本降低，省去一定的认证费用，同时第三方支付的操作简单可大大提高支付效率。第二，在转账业务和结算业务上，第三方支付因其手续费低，转账快捷而被大量使用，再加上集聚规模，也具备了一定的议价能力。总之，不同服务的价格差别，即使是很微小的差别，作用于庞大的用户群，也会产生一定的成本优势，从而使使用费用相对较低。

（二）操作方式方便快捷

一般来说，第三方支付产生于电子商务网站或者是社交平台，账号是“一体化”的，当然也可以独立进行申请，总体还是非常简单的。使用时只需将银行卡与手机号码绑定，不需要用户专门开通某个银行的网上银行等业务。交易时可直接在智能手机或平板上使用，基本上是随时随地，操作十分方便快捷。

（三）满足用户多种需求

因为第三方支付的蓬勃发展，其扩展的应用场景已经不仅仅满足于用户网络购物支付，更存在和应用于线下场景，比如生活缴费、业务充值等。随着信息化程度的进一步加深，第三方支付已经涉及金融领域。比如日常的保险购买、基金销售、信用卡还款等业务，第三方支付因其庞大的用户群，开展这些金融业务时不仅满足了其需求，而且增加其依赖性。

（四）安全性保障

第三方支付平台背靠强大的互联网公司，拥有先进的支付安全技术。同时，第三方支付平台以自身的优势，吸引着广大的技术和创新人才，保证了交易的安全性。不仅如此，第三方支付在平台上直接将用户绑定的银行卡号转交给银行，安全性又增加了一重，且银行的安全措施更是首屈一指。得益于技术的先进性和良好的警惕精神，第三方支付以其安全保障性强深得使用者的信赖。

三、第三方支付的发展现状

（一）市场规模不断扩大

20 年来，第三方支付为我国电子支付市场的发展做出了巨大贡献。据统计，我国第三方综合支付交易规模在 2016 年超过万亿元，达到 107.3 万亿元，同比增长 105.16%。从图 4－2 可知，我国第三方支付交易规模逐年增加，尤其在 2016 年，交易额较 2015 年增加了一倍多。从 2011 年开始，我国第三方支付的交易规模一直以年均超过 50%

的速度不断扩张，发展势头不容小觑。比达咨询（Big Data - research）发布的《2016 中国第三方移动支付市场发展报告》表示，2016 年我国的移动支付交易额约为美国的 50 倍，第三方支付总交易额较上年产生 85.6% 的增长。

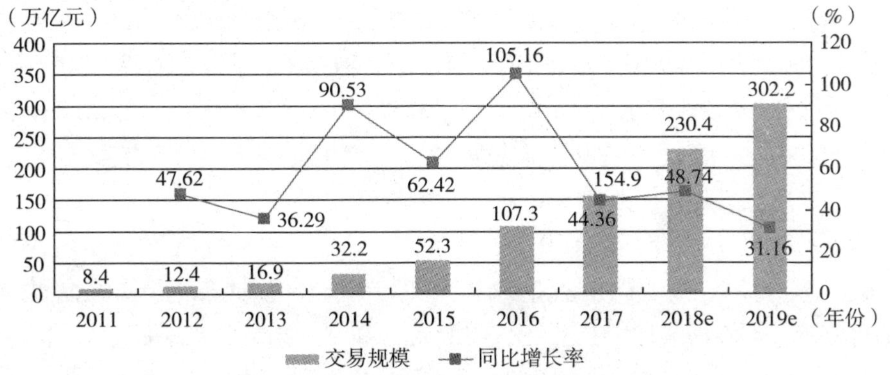

图 4-2　2011~2019 年第三方支付交易规模及预测

资料来源：比达咨询（BDR）数据中心。

（二）业务种类不断增加

业务种类趋于多样化、细分化。我国第三方支付在发展初期的业务主要集中于网络购物领域，不过随着互联网技术的快速发展，我国电子支付也呈现出多样化发展态势，第三方支付业务种类不断丰富。除了传统的网络购物、网上缴费等，还出现了创新产品和服务。如证监会批准腾讯和支付宝从事的基金销售和支付结算业务，支付宝的余额宝吸收资金的业务，京东的京东金条、支付宝的蚂蚁花呗等小额贷款业务。随着我国第三方支付的快速扩张，市场竞争也十分激烈，因而众多第三方支付企业开始根据自身业务特点向细分行业拓展业务。如支付宝深耕网络购物、线下微商支付，财付通则在彩票行业独领风骚。今后，我国第三方支付的发展将进一步朝着细分化和专业化发展。

（三）监管机制不断完善

我国对第三方支付的监管经历了一个从无到有、从宽松到严格的过程。在 2010 年以前，我国没有出台针对第三方支付的法律，诸如《中华人民共和国电子签名法》等规定都属于指导性意见。直到 2010

年，我国出台了《非金融机构支付服务管理办法》，才正式展开对第三方支付的监管。2014 年以前，我国出台的一些政策措施都以推动第三方支付的大力发展为目标。但随着第三方支付的不断扩张，其对银行造成了较大威胁，且前期的快速发展带来的风险也显现出来，影响了我国金融系统的安全。因此，2014 年后出台的政策措施，主要是为了进一步规范第三方支付业务发展，防范金融市场支付风险，集中在备付金管理、账户限额、风险管理和对违法违规行为的整治四个方面。2016 年后，央行终止了对新支付牌照的审批，且严格审批之前批复的支付牌照的续展情况。从目前态势看，今后我国对第三方支付将进行更加严厉的监管。

（四）市场份额高度集中

虽然我国第三方支付企业众多，但市场份额比较集中。在此领域中占据较大市场份额的主要是支付宝、腾讯金融、银联商务和快钱。根据央行数据统计，2018 年第一季度，支付宝、腾讯金融、银联商务和快钱四家企业占据了市场九成以上份额，其中支付宝 53.76% 的市场份额领跑市场。在高集中度的第三方支付市场上，那些客户资源稳定、经验丰富、创新能力强的大企业往往有着绝对的优势，而众多创新不足的小企业只能在夹缝中求生存。

第二节　互联网金融理财

一、互联网金融理财的相关概述

随着互联网金融的快速发展，以余额宝为代表的互联网理财产品冲击着传统金融理财产品，迅速成为研究的热点问题。近几年，余额宝在国内的大力运用和发展壮大，以及一些其他的金融理财产品也如雨后春笋般在金融市场中涌现，使得广大消费者在选择金融理财方式时，不再局限于传统的银行理财方式，有了更多的选择机会。对比商业银行理财业务，互联网金融理财以其便利性和灵活性，吸引了更多的用户。

当前，互联网金融理财产品主要有两类，一类是传统金融机构结合互联网技术推出的理财产品，例如工商银行的“工银灵通快线”、中国银行的“中银日积月累”等；另一类是互联网企业凭借自身强大的云计算能力、先进的移动互联网技术推出的互联网金融理财产品，如余额宝、财付通等。银行等金融机构推出的互联网金融理财产品具有安全性高、申赎方便等优点，虽然其有政府信用作支撑，且多年合规经营也塑造了良好的口碑和形象，但起购金额较高将一部分用户拒之门外。虽然互联网公司依托强大的技术力量，推出的理财产品购买门槛较低且使用方便，余额宝等更可以被直接作为支付手段，但互联网企业涉足金融行业难免存在对资本市场理解不足，风控合规等环节不到位等问题。互联网企业的互联网金融的理财产品与传统金融机构的互联网金融理财产品的比较具体如表4－2所示。

表4－2　两类互联网金融理财产品比较

产品	产品名称	预期收益率（%）	期限（天）	申购起点（元）	申赎时间
互联网企业的互联网金融理财产品	余额宝	4.24	活期	1	随时申购和赎回
	零钱宝	6.53	活期	1	随时申购和赎回
	百度百赚利	4.26	活期	0.01	随时申购和赎回
	京东小金库	4.14～4.51	活期	1	随时申购和赎回
	电信添益宝	4.39	7～15	0.01	指定日期可赎回
传统金融机构的互联网金融理财产品	活期储蓄	0.35	活期	0.01	随时申购和赎回
	一年定期存单	1.5～2.1	365	50	随时申购和赎回
	江苏银行聚溢融	5.88	91	500000	指定日期可赎回
	中信银行乐赢黄金结构	7	90	50000	指定日期可赎回
	交通银行得利宝	8.4～12	35～182	300000	指定日期可赎回
	中国银行博弈睿选	8	35～105	100000	指定日期可赎回

资料来源：根据公开数据整理而得。

二、互联网金融理财的产品特征

（一）操作便捷高效

互联网理财产品的运作基本上都在线上完成，相对于传统的银行理财业务省去了柜台咨询、领号排队等复杂的手续。理财产品的消费者可直接通过网站或手机移动 APP 查询各种理财产品的情况，绑定原有的网络账户及支付账户进行实名认证，在得到个人账号安全保障后选择购买理财产品，不仅操作简单，而且可在有网络的情况下随时操作，充分利用碎片化的时间理财。

（二）投资门槛低

以余额宝为代表的互联网理财产品不仅操作便捷而且参与门槛较低，相对于传统商业银行理财产品 50000 元的认购起点以及传统开放式基金 1000 元的认购起点，互联网理财产品的认购几乎没有门槛限制。目前，国内绝大部分的互联网理财产品可满足消费者 1 元起购的要求，部分互联网理财产品的认购额甚至低至 0. 01 元，能够为各个规模的投资者提供平等服务，在一定程度上具有普惠金融的特点，可满足普通居民的理财需求，尤其是那些受传统金融体系高门槛阻挡的用户群。使用余额宝之类的产品后，不仅可获得一定的收益，还不会影响平时个人资金的流动性。这是一种懒人理财的方式，一些人平时手里有一些闲散的资金，但又懒得去管理，可以将这部分钱暂时存入余额宝，经过简单的操作就可以进行互联网理财。

（三）收益率高、流动性强

2013 年，以余额宝为代表的互联网理财产品刚一出现就以高于商业银行存款利率数倍的收益率吸引了海量客户，之后受央行监管政策与货币政策的影响，收益率逐步下滑，但目前市场上货币基金的总体收益率仍能达到4%，不仅高于银行系统 1 年期的定存利率水平，而且远高于活期存款利率。同时，票据理财、保险理财及短期理财债券型基金等定期理财产品的收益率都在 5% 以上，与银行存款相比更具优势。此外，消费者购买的互联网理财产品在一定额度内能够实现快速变现，与传统商业银行理财产品在认购期限内不能交易变现相比，互联网理财产品不仅收益率相对较高而且流动性较强，基本上满足了理财产品消费者随用随取的要求，而相对于传统商业银行的理财产品繁杂的变现等待过程，互联网理财产品不仅满足了消费者对流动性的需求而且降低了交易费用。

三、互联网金融理财的发展现状

2015 年底，我国的互联网理财用户规模已突破 1 亿人，当时互联网理财市场的资金规模达 65662. 3 亿元。余额宝上线后，各类互联网理财产品的竞争促使我国互联网理财市场逐渐形成了综合性理财平台，但与基金对接型的货币基金类理财产品仍占市场主体。在货币基金类理财产品中，余额宝的规模一家独大。互联网理财集聚了巨大的客户群，逐渐成为提供理财服务的理想平台。在此背景下，传统的金融机构，包括商业银行都先后进入互联网理财市场，开始围绕自身的核心竞争力在客户分层、优势业务、互联网理财产品设计等方面走差异化的发展路径。

2018 年，国家金融与发展实验室联合腾讯金融科技智库、腾讯理财通共同发布《互联网理财指数报告》，报告展示了我国财富管理市场的现状与未来发展趋势，并公布了最新的互联网理财指数。这一报告显示，2017 年底中国互联网理财的规模为 3. 15 万亿元，并预测 2018 年底互联网理财规模有望达到 5. 36 万亿元，按照 5 亿多互联网理财客户计算，人均约 1 万元。就绝对规模而言，2013 ~ 2017 年我国互联网理财规模由 2152. 97 亿元增长到 3. 15 万亿元，其中 2017 年互联网理财规模的同比增幅达到 52. 39%。如果以 2017 年的规模为基准，将 2015 年、2016 年和 2017 年互联网理财规模增长率的均值作为 2018 年的互联网理财规模增速，可测算得到 2018 年的互联网理财规模为 5. 36 亿元。以此类推，预计到 2020 年，中国互联网理财规模将达到 15. 5 万亿元。总之，在财富管理市场 2. 0 时代，我国互联网理财规模增长迅速，发展前景巨大。

第三节 互联网消费金融

一、互联网消费金融相关概述

互联网消费金融主要是指金融机构利用互联网和相关信息技术为

消费者提供消费金融产品和服务的方式。其主要表现为将以往的消费金融业务过程网络化、电子化、信息化，并对放贷、风控流程和业务模式等方面进行改造和创新。在电子科技的帮助下，消费金融运营效率递增，服务模式得到更新，传统消费金融模式的痛点得到解决，互联网消费金融被许多年轻用户接受和青睐。其主要具有以下特征：

一是额度比较小，具有普惠金融的特性。与传统消费金融模式对比，互联网消费金融的额度更小，一般在3000～30000元，其针对的对象一般为大学生、刚入职工作的白领和新时代的农民等低收入群体，在受众群体上更具有普惠性。同时，提供的消费场景多样，如购物、租房、旅游、教育等。

二是高效性。高效性主要表现在两个方面。一方面，传统消费金融在发放小额贷款时往往需要抵押和担保，流程较为复杂，而新型互联网消费金融无须任何抵押和担保，电商平台、银行及P2P公司可根据消费者的消费信息及人民银行的征信报告迅速放贷。另一方面，客户只要在手机上下载一个APP或者在平台上注册自己的信息，点击申请就可以得到贷款，无须在线下到消费金融公司或者银行签订纸质合同。

三是广泛运用大数据。银行、大型互联网金融公司及消费金融公司依据平台中消费者的行为数据对客户进行分类，针对性地推出适合消费者的信贷产品。同时，对客户大量的消费数据进行分析，可以迅速得出放款的额度，有利于自身风险的控制。

二、互联网消费金融运营模式

虽然互联网消费金融发展的时间并不长，但由于网购交易市场的火爆，居民消费需求的强烈，许多互联网消费金融公司已经形成了较为成熟的模式。从目前互联网消费金融行业的参与者来看，其运营模式主要可以按三种方式进行分类：线上线下组合的方式、融资方式、风险管理方式。

（一）按线上线下组合方式分类

目前，国内互联网消费金融企业普遍采用线上的方式为客户提供金融服务。大型互联网消费金融公司一般具有自建的电商平台，用户的数据比较丰富，因此一般采取线上审批模式。单笔金额小、审批速度快、贷款无担保是互联网消费金融公司线上服务客户的特点，这体现了新型互联网消费金融公司用流量覆盖风险的思路。但也有一些互联网消费金融公司为大的零售平台和银行投资建立，因为公司消费金融业务的发展需要使用零售平台或银行的大型客户群，所以这些互联网消费金融公司通常在银行网点或零售店设立驻点。总的来说，按照线下和线上服务的方式可将互联网消费金融运营分为：纯线上模式、线上与线下相互组合的模式。

（二）按融资方式的分类

国内的消费金融公司大多数并不具有发行债券和同业拆借的资质。部分消费金融公司的母公司为大型集团或者银行，其融资的渠道主要为母公司资金的注入、股东的资本注册及自身的资金留存。但是近两年来，随着国家政策对消费金融行业的支持及资产证券化业务的放开，京东、阿里巴巴等一些优秀互联网消费金融企业纷纷创新性地采取资产证券化的手段进行融资。具体按融资方式可将互联网消费金融运营模式分为以下两种：

1. 内部融资模式

目前，国内资本市场发展并不成熟，大部分消费金融公司会选择采取内部融资的方式。内部融资的模式主要是指企业不从外部融资，仅在公司内部融通资金。我国的消费金融公司大部分都是大型金融机构的子公司，还处于发展的阶段，业务范围、数量都比较小，难以在资本市场进行融资，同样，业务规模小也对应着较小的资金需求量，其资金的需求暂时可以通过母公司资金拆借进行满足，所以其融资渠道往往为公司成立时股东资金的拆借及日常资金的盈余。

2. 外部融资模式

虽然国内金融市场发展尚不完善，融资门槛高的现象仍然存在，许多小型但资产优良的公司无法在资本市场进行融资。但一些大型的互联网消费金融公司如京东、阿里巴巴业务模式成熟、基础资产优良，符合证监会要求的条件，已经可以选择进行资产证券化融资。资产证券化融资成本低、速度快可以有效解决公司流动性困难等方面的问题。

（三）按风险管理方式进行分类

风险控制是所有互联网消费金融公司的业务核心，大型互联网消费金融公司不仅能够控制业务的风险，并且可以在贷款审批、贷款管理和贷后催收等方面综合提速。在互联网背景下，提高消费金融公司的风险控制能力需要完善的大数据风险控制模型并辅以大量人力支持。根据公司商业模式的不同，一些具有互联网背景的消费金融公司更倾向于寻求多维度的数据支持，减少人工流程，从而实现完全的线上化。但另外一些消费金融公司由于缺乏用户数据，为把控风险往往采取线上与人工相结合的方式，会让用户在线上提交自己的基本信息，公司在前期审查用户的信息，并在线下对用户贷款所得的资金进行实时追踪及贷后催收。因此，按风险管理方式可将互联网消费金融运营模式分为：线上一体化模式、“线上 + 人工”分段模式。

1. 线上一体化模式

互联网背景下，采取线上一体化的风控模式将是互联网消费金融公司未来的发展方向。线上一体化的风控模式主要是指互联网消费金融公司运用大数据风控模型进行线上审批，用户信用方面的数据将是未来消费金融公司最重要的资产。大数据和风控模型将是消费金融公司未来发展的核心工具，其应用的重点将在用户洞察、市场洞察及运营模式的洞察等方面。以后，国内仍需持续推进个人征信体系的建设，逐步完善金融市场制度，为线上一体化风控模式的发展奠定环境基础。

2. “线上 + 人工”模式

目前，大数据与云计算技术还不够成熟，加之用户数据不足，所以国内大多数消费金融公司都选择线上与人工相结合的风控模式。线上和人工相结合的风险控制模式主要是指消费金融公司在保证大数据风险控制模型把好第一道防线的前提下，增加人工审查阶段以弥补数据支持的不足。由于公司的业务范围小，技术不成熟，所以许多消费金融公司没有全面的数据提取计算模型。另外，我国的金融市场存在严重的信息不对称问题、各个金融机构没有将有关用户信用的数据进行共享，导致许多消费金融公司为增强自身的风险管控能力，选择在线上审批流程后增加人工审批。此种模式虽然提高了人力成本，但能帮助公司降低坏账率，保证公司良性发展。

三、互联网消费金融发展现状

2014 年 2 月，“京东白条”在京东商城上线运营，这是业内第一款互联网消费金融产品，拉开了互联网消费金融的序幕。此后，消费金融公司、电商、互联网消费金融平台三类供给方纷纷涌入，三者虽各有特色具有显著差异，但共同推动了互联网消费金融的发展。

（一）消费金融公司供给方发展状况

2017 年，招联消费金融公司营收 41.63 亿元，同比增长 171.56%，净利润 11.89 亿元，同比增长 253.87%；苏宁消费金融公司营收 3.8 亿元，同比增长 282.26%，净利润 2.17 亿元，上年同期净亏损 1.89 亿元；马上消费金融公司收入 46.68 亿元，是 2016 年的 13.4 倍，净利润 5.78 亿元，是 2016 年的近 90 倍。截至 2017 年底，共有 22 家消费金融公司获得银监会批复开业。总体上看，消费金融公司供给方数量增长缓慢，发展规模仍然很小，但收入及净利润增速较快。

（二）电商供给方发展状况

2014 年 2 月，京东立足于京东商城，最先推出了互联网消费金融产品——“京东白条”，可以选择 3 ~ 24 个月分期付款或 30 天免息延后付款。2014 年 7 月和 12 月，阿里巴巴紧跟着推出了两种互联网消费金融产品——“天猫分期购”和“花呗”，利用商城巨大的用户流量入口将消费贷款限定于自身商城的特定消费客户群，服务渠道畅通。2015 年 1 月和 6 月，另一电商巨头苏宁易购推出的两款互联网消费金融产品——“零钱贷”和“任性付”也先后上线。

2015 年“双 11”当天，各大电商纷纷推出优惠活动，全力展示了互联网消费金融这一新生事物的巨大潜力。当日数据显示，蚂蚁花呗首次参与“双 11”一共支付 6048 万笔交易，占支付宝整体交易量的 8.5%，抢购活动的前 30 分钟就达到了 45 亿元交易额。与其产品、服务功能类似的京东白条用户数比上年同比增长 800%，白条交易额占京东商城交易额的比例大幅增加，同比增长 500%，其中白条客平均单价达到 800 元，白条分期客平均单价达到 1500 元。“苏宁 818 购物节”数据显示，任性付交易额环比增长 576%，分期消费金额更是同比增长 836%。

2017 年“双 11”当天，一个小时内，京东白条支付交易额比上年同期增长 450%，蚂蚁花呗为 80% 的用户临时提高授信额度，苏宁任性付免息券量同比增长达 600%。单就蚂蚁金服来看，2017 年前三季度“借呗”实现净利润 44.9 亿元，同比增长 193.5%，2017 年上半年花呗实现净利润10亿元，较2016年末增长1050.5%。电商供给方的发展一方面得益于场景丰富，平台流量大；另一方面则是消费者数据完整，风控质量高，在三类供给方中发展优势巨大，前景十分广阔。

（三）互联网消费金融平台供给方发展状况

2016年4月，分期乐注册用户超过800万，2015年全年销售额突破100亿元人民币，趣分期与分期乐用户量基本持平，趣分期成交量约是分期乐的两倍；2017年上半年，易鑫资本交易平台业务收入3.2亿元人民币，收入同比增长449.9%，自营租赁业务收入同比增长209.6%，为12.3亿元；2017年，宜人贷净收入达到55.43亿元，同比增长71%，实现净利润13.72亿元，同比增长23%；2016年，拍拍贷净利润仅5.02亿元，2017年上半年实现净利润10.49亿元，盈利能力飞速增长。

分期购物平台供给方目标客户群数量小且收入波动性大，线上线下征信获得性有限，发展存在瓶颈；垂直细分平台供给方由于面向客户群单一，收入结构清晰，发展潜力大；P2P网贷平台供给方借助上市的资源，有充足的资金来源，发展规模及增长速度占绝对优势。总的来说，互联网消费金融发展迅速，2014年交易规模共计183.2亿元，增速超过200%，2015年交易规模共计1183.5亿元，2016年整体市场规模高达4300亿元，2013～2016年交易规模平均复合增长率为317.5%。虽然在发展过程中存在一些问题，但互联网消费金融行业依然是一片蓝海，2017年我国互联网消费金融总交易规模高达43847.3亿元，同比增长904.0%，交易规模呈现爆发式增长态势。

电商巨头把互联网消费金融推向了一个高潮，广阔的市场让各类供给方纷纷涌入，使得互联网消费金融平台供给方逐步涵盖了租房分期、装修分期、购物分期、教育分期等各个垂直领域及细分市场，商业银行供给方自建电商平台，开发基于互联网的消费金融产品，消费金融公司供给方也在实施“互联网+”的跨越。与传统消费金融服务商相比，这些供给方在效率、风控、运营、用户体验上更加互联网化，更具有创新性和灵活性。

第五章　互联网金融对商业银行的影响

第一节　互联网金融背景下商业银行的经营情况

一、互联网金融带来的冲击

2009～2017年，我国商业银行金融机构总体资产负债规模仍持续逐年上涨趋势，然而相应的年增长率较2009年却下降巨大。由2009年总资产增长率的26.25%、总负债增长率的26.85%分别下降至2017年的总资产增长率的8.68%、总负债增长率的8.40%，具体如图5-1所示。在银行业金融机构的基础上，对大型国有商业银行和中小型股份制商业银行的资产负债规模增长趋势进行分析，发现这种下降趋势更明显。其中，大型国有商业银行的总资产增长率与总负债增长率由2009年的25.92%和26.86%降至2017年的7.18%和7.05%；股份制商业银行则由2009年的33.72%和34.09%下降至2017年的3.42%和2.72%，降幅巨大。

银行业资产负债规模增速减缓，一方面是受宏观经济下滑、通货膨胀及利率市场化的影响，另一方面则是由于非银行金融体系的金融创新，其中互联网金融的迅速发展和扩张对传统商业银行的冲击尤为明显。这种冲击主要体现在其提供的投融资产品相比银行的产品创新性、便捷性、收益性更高，因而也更具吸引力，对传统商业银行的资产负债业务发挥替代和分流作用，直接导致商业银行利润受损。数据显示见图5-2，从2011年开始，传统商业银行的净利润增长率逐年大幅减少，如2015年，商业银行的净利润仅增长了378亿元，同期增长率仅为2.43%，创近年来新低。

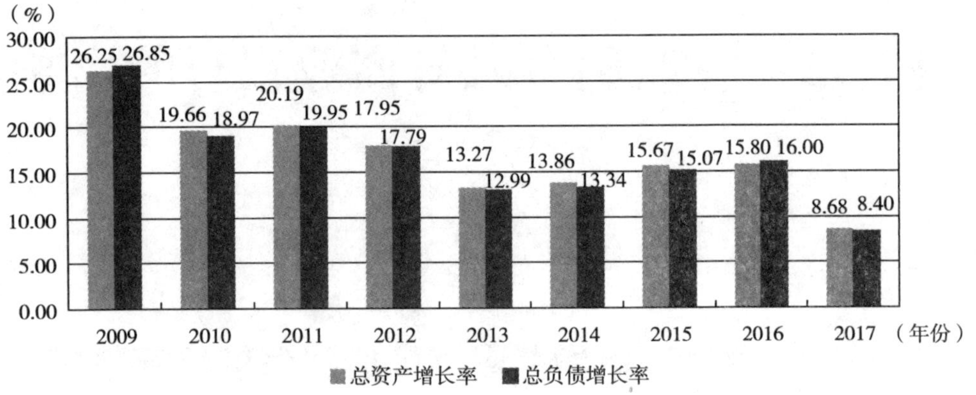

图5-1　2009~2017年商业银行金融机构总体资产负债增长率

资料来源：中国银监会。

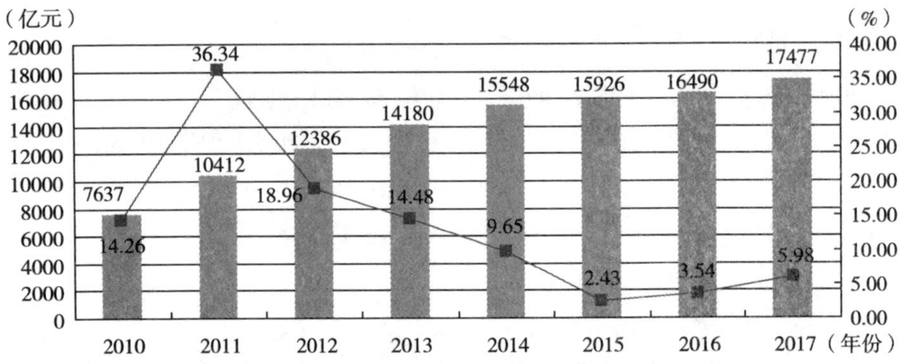

图5-2　2010~2017年商业银行金融机构净利润及增长情况

资料来源：中国银监会。

随着互联网金融在我国快速发展，互联网企业开始向金融领域渗透，选择向银行没有服务到的领域或者不敢也不想自我颠覆的领域提供服务，全面介入支付、资产、负债、投资理财，对传统金融产生了重要影响，作为传统金融的代表，商业银行首当其冲。以阿里金融为例，阿里巴巴的金融业务目前已基本全面覆盖商业银行业务。尽管阿里巴巴金融目前仅能提供标准化程度高的金融产品，但其以客户为中心、立足普惠金融的理念，让广大中小企业和小微客户享受到了比传统银行业更为丰富和实惠的金融服务。可以说，互联网金融不仅对商业银行的盈利状况和营运成本产生了一定影响，也间接改变了传统金融的竞争格局和金融中介地位，给商业银行的经营管理模式带来影响。

（一）客户消费习惯发生转变

在网络客户时代，大众消费者的行为习惯和消费心理都在一定程度上发生了转变，具体体现在两个方面：首先，随着生活节奏的加快和互联网技术的日新月异，大多数客户不再喜欢花费长时间到银行网点排队办理业务，网银、手机银行及第三方支付的用户基础不断扩大，效率和时间节约成为客户的首要诉求。其次，金融消费者不再满足于传统银行单一、基础的金融产品，开始追求多样化、个性化及差异化的服务，注重参与和体验成为客户选择产品的重要标准。对此，商业银行只有不断简化和改进支付结算业务等操作流程，不断拓展网银、手机银行的附加功能，不断提高效率，完善客户体验，才能在与网络平台的竞争中获得先机。

（二）金融脱媒现象加速

传统的商业银行在开展业务时，扮演着资金中介与信息中介的双重角色。互联网金融的出现，使网络平台开始挑战商业银行的这种中介角色，导致银行中介功能逐渐被弱化。从支付结算角度看，第三方支付切断了银行与客户的直接联系，将客户从银行体系剥离出来，形成了支付脱媒。从融资方面来看，资金供求双方的匹配需求均可以在网络平台上进行，由双方自己确定进行交易。这种模式既可以减少中介费用，又能提升融资效率，直接导致银行信贷资金收缩，净利润不断下降，融资脱媒现象不断深化。此外，互联网金融能够代理理财销售业务、缴费业务、充值业务等，且服务范围已扩张至线下，这些全方位、多角度的业务应用将会逐步造成商业银行的中间业务脱媒。

（三）利率市场化双重压迫

2015 年 10 月，央行宣布取消我国商业银行与农村合作金融机构的存款利率浮动上限，这标志着我国的利率市场化进程已基本完成。存款利率上限的取消，意味着商业银行低息负债吸储的模式将难以为继，存款垄断定价的格局被打破，在传统非银行金融机构及新兴互联网金融的市场化竞争下，商业银行存款利率存在上升趋势。也就是说，随着利率市场化进程的加深，互联网金融背景下的商业银行不仅要面临存贷款业务的流失，同时还要背负融资成本上升的压力，银行净利差很可能不断收窄。这也意味着，商业银行需要在付出更多吸储成本的前提下承担高风险，才能赚取更高的回报，这对于中小型商业银行来说，形势甚至更为严峻。

二、互联网金融造成的影响

（一）改变商业银行竞争格局

互联网金融为我国现有的金融体系带来了更开放的市场，提供了更好的客户体验，实践了普惠的金融服务。随着互联网金融企业涉足的业务不断增多，其业务越来越贴近人们的生活和工作需求，如日常购买、生活支付、快捷融资等。其便捷的交易方式带来的结果是对商业银行传统业务的替代性越来越大，商业银行客户流失、基础业务与中间业务收入不断受到挤压。市场份额的竞争不断加剧，便商业银行现有的优势不断受到挑战，所面临的竞争格局更为多元。商业银行不再是管好自己一亩三分地就能高枕无忧的垄断性金融机构，不仅要面临激烈的同业竞争，还要应对来自飞速发展的互联网金融企业的挑战和冲击。商业银行如何在现存形势下发展和突破，如何扩大非利差业务以满足监管对资本充足率的约束并降低业务风险，以及如何发展更多的中间业务以吸引更多的客户来增加中间业务收入，已经成为银行现阶段亟待解决的问题。

（二）弱化商业银行中介地位

过去，商业银行是资金流与信息流的汇集中心，因而在金融市场体系中扮演着重要的金融中介角色。但随着互联网技术的发展，依然基于传统方式获取信息的商业银行，开始落后于借助信息技术获取信息的互联网平台。同时，互联网平台的开放性，也决定了其在信息获取的广度与深度方面优于传统商业银行，导致商业银行的传统金融中介地位被削弱。

首先，网络时代人们获取信息的成本大大减少，这就降低了人们对商业银行信息中介的服务需求。一方面，互联网平台在信息获取度上要优于商业银行；另一方面，借助网络融资平台、在线理财产品销售网站以及社交网络、搜索引擎等，资金供求双方能够很便捷地自主进行信息交流，商业银行信息中介的地位由此被弱化。其次，互联网企业向金融范畴的跨界发展，也在一定程度上削弱了传统银行资金中介的功能。从投资角度看，在线理财产品销售平台为资金盈余者提供了更多元化的投资选择；从融资角度看，P2P 网贷、众筹融资、电商网贷等网络融资平台为资金需求者提供了更便捷、高效的融资通道；从支付角度看，第三方支付平台已经可以利用自身支付手段来独立完成资金支付清算活动。也就是说，资金流在由资金盈余方流向资金需求方的过程中，已经可以不再仅依靠商业银行来进行资本配置。

（三）促进商业银行改革进程

互联网金融的迅猛发展，在一定程度上冲击了商业银行的经营利润和经营管理模式，但也对商业银行产生了“鲶鱼效应”，即刺激商业银行进行改革创新。传统商业银行为客户提供的是技术复杂、管控严格的金融服务，而互联网金融平台则基于高度发达的信息科技水平，为客户提供简单、快捷、成本低的金融产品，进而从支付、贷款、理财等多个领域对银行核心业务产生冲击。第三方支付、网络融资、互联网理财的快速发展，在一定程度上分流了商业银行的客户，切断了银行与客户的直接联系，这将对银行形成非常大的冲击。如果银行失去了与客户的联系，就难以知晓客户的真正需求，未来推出新的金融产品时就可能存在障碍。面对存款和客户的流失，商业银行并非消极等待，它们采取了许多积极的应对措施，如在余额宝等产品出现后，许多商业银行迅速推出了类似的理财产品，以此来增强客户黏性，防止客户资源大幅流失。一些商业银行也在积极探索建立银行 P2P 模式，以及推进直销银行、银行电商平台等互联网渠道的发展。因此，互联网金融的发展对于商业银行而言，促使其迅速做出调整，以适应互联网金融时代的新格局。

第二节　互联网金融对商业银行盈利状况的影响

一、分流商业银行部分存款业务

在传统金融体系中，商业银行的存款业务是中国家庭主要的理财投资选择，尽管银行存款业务收益率非常低，但投资者尤其是中小储户，为获得流动性便利，也只能被动接受而无更好的选择。随着互联网金融时代的到来，同时具备活期流动性、定期收益率和消费便利性的“余额宝”“活期宝”“收益宝”等在线理财产品大量涌现，为中小投资者提供了更多元化、选择更丰富的投资渠道。在这些互联网理财产品中，阿里金融推出的“余额宝”最为典型。一经推出，就受到了无数投资者的关注，产品规模更是呈指数级增长。截至2017年末，余额宝基金规模已达15798亿元，余额宝的成功推出除了为投资者提供了一种兼具理财与消费双重功能的新型理财产品，更重要的是，它还在一定程度上分流了商业银行的存款，尤其是活期存款，对商业银行的负债业务构成直接威胁。

首先，就余额宝净资产规模变动详情来看，创立之初的余额宝规模仅有约42亿元。半年后，整体规模突破1853亿元，半年内增长超过40多倍。2014年后，余额宝进入爆发式增长期，净资产规模急速扩张，于2014年底达到5789亿元，较2013年同期增长了约3936亿元。之后，随着年化收益率的逐步下降，余额宝净资产规模进入平缓增长阶段，但仍保持着逐步上升的趋势。考虑到货币市场基金对银行存款业务的替代作用，可以认为余额宝的这种飞速扩张趋势对我国银行业拉响了警报。据统计，2012年我国16家上市商业银行的人民币存款总额为64.03万亿元，年增长率为12.47%。2013年余额宝推出后，存款总额增长为70.42万亿元，比上年少增长7086亿元，年增长率降至9.98%。2014年末这种下降趋势更为明显，存款总额年增长率更是降至5.88%，下降幅度接近一倍，详情如表5－1所示。

表5－1　2013～2017年大型银行储蓄存款与余额宝每年变化情况比较

时间	储蓄存款（亿元）	储蓄存款增长率（%）	余额宝（亿元）	余额宝增长率（%）
2013年12月	281655.84	1.17	1853.42	4267.15
2014年6月	299324.72	6.27	5741.6	209.78
2014年12月	298203.54	－0.37	5789.36	0.83
2015年6月	278873.19	－6.48	6133.81	5.95
2015年12月	279260.45	0.14	6206.81	1.19
2016年6月	285429.06	2.21	8163.12	31.52
2016年12月	290925.74	1.93	8082.94	－0.98

续表

时间	储蓄存款（亿元）	储蓄存款增长率（%）	余额宝（亿元）	余额宝增长率（%）
2017年6月	295320.92	1.51	14318.05	77.14
2017年12月	292806.82	-0.85	15798.32	10.34

资料来源：根据公开资料整理而得。

2013年下半年银行的储蓄存款整体增长势头乏力，而余额宝在这6个月迅速增长，在发展初期阶段就展示出了很强势的增长劲头。在2013年末至2014年6月这半年时间里，银行储蓄存款和余额宝的资金都呈现出增长态势，但是余额宝的增长幅度要比银行的增幅高出许多，高达209.78%。2014年下半年到2015年上半年，银行的储蓄存款出现了下跌趋势，而余额宝依然保持增长趋势，只是增长幅度变得很缓慢。2016年上半年及2017年上半年，银行储蓄存款与余额宝都呈现出增长趋势，但余额宝的增幅要比银行快。从整体上可以分析出，银行储蓄存款与余额宝的增幅呈反方向，是负相关关系。也就是随着余额宝的出现，其吸收资金的同时，银行的储蓄存款在减少。从表面上看，余额宝对银行的冲击力度并不大。因为迫于互联网理财产品的竞争压力，商业银行相继推出"宝宝"类理财产品，使资金以理财的方式回流至银行，而银行支付给理财客户的收益率远高于同期存款利率。同时，客户投资余额宝和央行推行货币紧缩政策，银行缺乏流动性，这必将引起同业拆借利率的走高。因此，银行理财产品虽使客户资金回流，但付出的代价是商业银行利润空间的极大压缩。

二、打破商业银行信贷垄断格局

信贷业务是商业银行的基本资产业务，商业银行通过存款与贷款错期搭配的方式来获取利差，利息收入也是商业银行的主要收入来源。为了满足不同人群的贷款需求，商业银行逐渐开发了多种贷款品类。出于风险管控的目的，多数商业银行在贷款审核的过程中严格遵循"审慎经营原则"。企业或个人在进行贷款申请时，需要提交大量的资产证明和还款能力证明，如果遇到银行信贷资金的收缩，那么放贷条件会更加严格。尽管近年来许多商业银行开始关注并将发展战略转向小微金融业务，但银行小微金融业务并没有突破原有的信贷模式，不仅信贷流程、管理体系及授权环节繁杂，甚至设置了很高的贷款利率和门槛，无法满足小微企业期限短、额度小、使用频率高的融资需求，将许多小微企业拒之门外。如A银行小微贷款产品“小额贷”，单户贷款设计额度最高为500万元，要求企业有不动产、国债、定期存单等抵押或质押财产。主打小微金融战略的B银行推出的“商贷通”单笔贷款规模为1万~300万元，贷款期限最长为1年，主要用于小微企业短期资金周转和个体户的经营贷款需求。但B银行在贷款条件上设置了家庭实物净资产不低于50万元的门槛。

银行小微金融服务的不亲民和高门槛导致小微企业、个体商户和创业者无法从银行获得贷款，银监会2018年第一季度贷款投向统计报告显示，小微企业贷款余额占企业贷款余额的32.7%、占全部贷款余额的20.08%。而我国目前小微企业和个体商户的数量却占到企业总体数量的95%以上。这种资金需求与供给的“错配”在一定程度上催生出了“最高额度50万，无抵押无担保，一天到账”的更适合民间的P2P融资平台和满足电子商务平台企业融资需求的电商网贷。阿里金融旗下的阿里小贷便是电商网贷中的代表。

以阿里小贷为例，网络融资之所以能对商业银行的信贷业务产生影响，主要有两个方面的原因：

首先，网络融资平台的产生使小微企业拥有更多可选择的融资渠道，打破了原本由商业银行垄断的信贷格局。传统商业银行倾向于对大企业进行放贷，对中小企业较少关注。这是因为，一方面，银行与中小企业客户间存在高度的信息不对称，银行无法确切掌握其真实的财务状况，只能通过要求其提供抵押物等方式提高门槛。另一方面，小微企业由于自身资产规模和经营管理的劣势，一般难以达到商业银行的放贷门槛，拒贷率较高。而且小企业的借贷金额要比大企业小得多，相应地单笔收益更小。从商业银行角度看，大企业与小微企业的单笔放贷成本相差不多，但收益却要小得多，其自然会选择更为“有利可图”的大企业进行放贷。商业银行这种“趋利避害”的选择使中小企业的生存环境越发艰难，但也为网络融资的产生留下了发展空间。诞生于2010年的阿里小贷作为网络融资的典型代表，依托于已经形成了较大用户规模的淘宝电子商务平台，通过对平台上的卖家与中小企业的经营业绩、交易行为等相关信息进行计算分析，并将得出的结果作为贷款的审批标准，有效地解决了资金供求双方信息不对称的难题，同时也大大降低了信贷交易成本，这为阿里金融开展信贷业务奠定了良好的基础。凭借着在大数据和交易成本方面的优势，阿里小贷针对性地开发了信用贷、网商贷、订单贷等最高不超过200万元的小额贷款产品，直接面向小微企业群体，这在一定程度上打破了原本由商业银行垄断的信贷格局，也为小微企业融资提供了便利的渠道。

其次，网络融资在满足小微企业融资需求方面还具有得天独厚的优势。这是因为互联网时代，资金供需双方完全可以借助虚拟网络进行沟通交流，资金需求者的信用状况也可以通过大数据来分析完成，摆脱了传统金融模式下需要通过商业银行物理网点进行信息交流、资信评估的限制，有效地提高了信贷业务的效率。此外，传统的商业银行发放一笔贷款的周期一般为一至两个月甚至更久，而阿里小贷利用大数据分析技术，根据平台上的数据积累，事先就可以评估好资金需求者的信用水平和可贷额度。贷款申请者，尤其是淘宝、天猫和聚划算的卖家，更是可以直接申请支用。与传统商业银行相比，阿里小贷具备了流程简单、放款速度快、业务办理效率高的绝对优势。

总结来看，银行小微金融的不亲民是催生网络融资的重要因素，网络融资的快速发展又反过来打破了商业银行的信贷业务垄断格局。尽管目前双方的主要服务群体存在差异性，商业银行主要关注的是资信皆优的大企业融资，网络融资针对的是小微企业的融资需求，但如果网络融资平台凭借大数据积累、信息处理技术、信贷效率高等方面的优势先进入和拓展小微信贷领域，那么势必会对银行业未来的贷款业务开发战略形成冲击。

三、使商业银行中间业务边缘化

第三方支付通过设置独立支付端口使商业银行的支付结算业务边缘化，减少了商业银行的潜在客户。第三方支付在最开始推出时，仅仅是作为银行网关的支付中介，只提供付款的通道，无法获得相关用户的信息。然而随着我国电子商务市场的快速发展，以支付宝为代表的第三方支付平台逐步开始通过自设虚拟网关的方式来获取客户的资料，这就导致原本与客户直接联系的商业银行，变成通过第三方支付平台链接客户，商业银行开始处于被动地位。除了商业银行现有的客户资源，第三方支付还借助互联网以移动通信技术为媒介大力开发和拓展各类支付业务应用场景，将原本商业银行没有覆盖到的客户群体吸引到自身平台上，大大减少了商业银行的潜在客户。据统计，2014年底支付宝的个人客户已超4.9亿人次，超过了五大国有商业银行个人客户的数量。

2017年，互联网支付交易规模较快增长，如图5－3所示，季度环比增长率均超过20%。2018年第一季度继续保持规模增长，从交易份额具体排名来看，中国移动支付市场“双寡头”格局依然稳固，支付宝和腾讯金融（含微信支付）仍然占据前两名，且市场份额远远高于其他几家。其中，支付宝再度巩固领先优势，以53.76%的市场份额占据移动支付头名，腾讯以38.95%的市场份额位居第二。总体上看，支付宝和腾讯金融二者的市场份额达到了92.71%，仍然占据绝对主导的地位，银联商务占比微乎其微。可以说，互联网金融第三方支付业务的发展大大削弱了商业银行的支付中介地位。

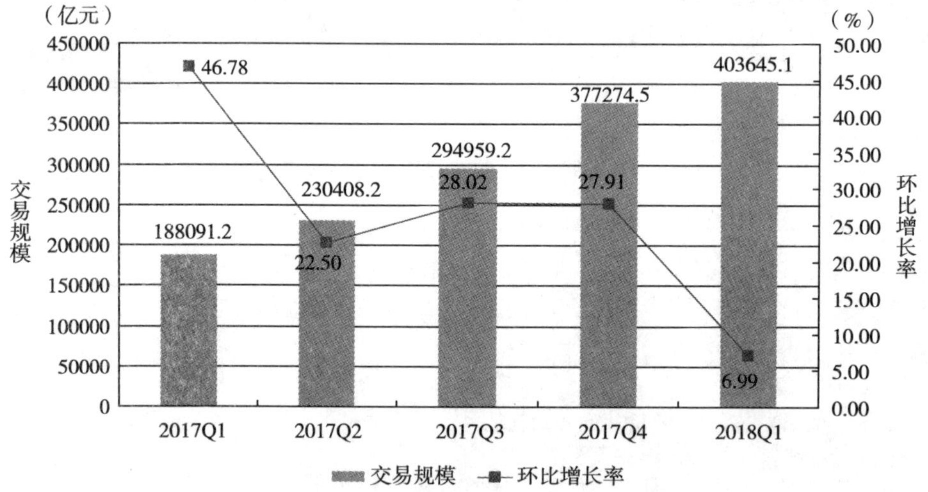

图5－3　互联网支付交易规模及增长情况

资料来源：比达咨询（BDR）数据中心。

此外，第三方支付平台之所以能如此迅速地对商业银行的支付结算形成挤压效应，很大程度上是因为它几乎是以免费的价格来提供与商业银行相同或相似的支付、结算、转账等业务。尽管自2015年以来，商业银行陆续开始宣布对网银、手机银行转账免除手续费，但第三方支付平台凭借着优先占领市场的优势，以便捷、到账快速、应用场景丰富的特点，未来仍将对商业银行的支付结算业务产生长期的影响，对商业银行支付结算、转账汇款业务的分流和相关手续费收入的降低起到促进作用。以工商银行为例，其 2016 年全年手续费及佣金收入为 1647.14 亿元，比 2015 年仅增长 30.44 亿元，同比少增长 119.88 亿元，增长率创历史新低，仅为 1.9%。

除了在支付结算业务方面与商业银行形成正面竞争之外，第三方支付平台还大力发展基金、保险、理财等销售业务，过去商业银行作为投资者购置理财产品主要选择的垄断局面正在逐步被打破。以基金销售为例，尽管目前第三方支付机构参与基金销售的交易量较小，仅仅是发挥基金销售渠道的补充作用，对银行暂未构成实质性威胁。但是，目前支付宝旗下蚂蚁聚宝的股票型基金申购手续费率最低仅为 0.15%，而商业银行手续费率一般是 1.5%，为蚂蚁聚宝的 10 倍。费率低廉成为互联网金融企业抢占市场的一大战略优势，随着交易量的逐步扩大，这将会在一定程度上冲击商业银行传统的代理业务收入。

第三节 互联网金融对商业银行营运成本的影响

一、增加商业银行吸储成本

互联网金融的出现分流了商业银行的部分存款客户，尤其是活期存款客户，使得银行储蓄增幅下降。尽管大部分被分流出去的银行存款最终会回流到银行体系内，但通常都是以高于活期存款利率的形式。以支付宝和余额宝为例，2014 年 6 月阿里巴巴赴美上市时公开的招股说明书显示，2013 年淘宝和天猫的合计成交额为 1.54 万亿元，而淘宝和天猫绝大多数的交易都通过支付宝进行，从买家通过支付宝付款、卖家通过物流发送货物到买家收货确认、支付宝向卖家转账付款，预计平均交易周期为 7 天。折算下来，平均每天暂时滞留在支付宝上的货款大概为 300 亿元。根据相关的监管政策，这些巨额的沉淀资金必须托管在商业银行。一般来说，支付机构都采用协议存款的方式。同样地，余额宝的资产配置状况显示，占余额宝资产规模大部分的是现金资产，而这些现金资产也是以协议存款的方式存放到银行内。因此，尽管第三方支付平台上的巨额沉淀资金和余额宝货币基金的大部分资产均会以协议存款的方式回流到银行体系内，但却改变了银行的存款结构，由原本的活期存款转变为其他利率更高的存款形式，这大大增加了银行的负债成本。

二、挑战银行理财的议价能力

余额宝之类的产品相比于银行理财产品，具有起点低、收益高、方便快捷的优势。余额宝无购买门槛，而商业银行理财产品一般起购金额为 5 万元，低于 5 万元就无法购买，这样就将那些拥有少量闲散资金的客户拒之门外。余额宝集理财和消费于一体，灵活性高，可随时进行消费，虽与商业银行周期为一天的超短期理财产品性质相近，但其收益要远高于银行超短期理财产品的收益。

商业银行针对余额宝带来的威胁，也做出了调整，不仅推出了新的收益较高的理财产品，而且理财产品的数量也在不断增加。2013 年至 2017 年，商业银行的理财规模总体上呈现上升趋势，截至 2017 年末，全国共有 591 家银行金融机构发行了理财产品，共计 25.77 万只，累计募集资金 173.59 万亿元。理财产品数量增加的同时，兑付给客户的收益也在增加。就 2017 年而言，理财产品累计兑付客户收益 11854.5 亿元，较 2016 年增长 2081.8 亿元，增幅 21.30%。2015 ~ 2017 年，银行发行的理财产品客户实际年化收益率基本都在 3.5% ~ 5.0%，同时期余额宝的收益基本上维持在3.0% ~4.0%，在收益上差距不是很大，但是银行理财产品的收益与银行相同期限的存款收益率相比要高出许多。例如，A 银行理财产品期限为两年，预期最高收益为 5.6%，而该行两年期的存款利率仅为 2.25%；B 银行理财产品期限为三个月，收益率为 4.8%，相比该行 3 个月的存款利率 1.35% 要高出 3.5 个百分点；C 银行专属人民币理财产品的期限为 7 天，收益率为 4.5%，而该行的活期存款利率仅为 0.3%。这些产品都反映出，商业银行在面对余额宝的冲击时以推出新产品来适应市场行情变化，但是新产品推出的价格要远高于以往，支付给客户的收益增多，成本增加，代价增大。值得注意的是，商业银行在推出众多理财产品提高收益率的同时，其起购金额并没有降低，基本上理财产品最低的起购金额仍都在5万元以上，也很少有专门针对小资产客户的理财产品。

随着互联网金融的发展，许多互联网平台开始代理代售基金、保险等产品。和传统银行销售渠道相比，它们拥有维护成本低、客户面广、传播速度快的特殊优势。资产管理公司在与互联网平台的合作中，还可以直接面向客户，获取客户的关键信息，从而深入挖掘客户真实需求，开发出更合理且更具吸引力的理财产品。以著名的天弘基金为例，其原本在基金业内表现并不突出，但借助支付宝的线上渠道推出互联网理财产品“余额宝”后，资产管理规模在短短半年内从原有的100亿元跃升至数千亿元，一举超越华夏基金成为资产管理规模最大的基金公司。因此，理财产品的互联网化对商业银行来说，除了倒逼银行投入更多产品研发成本以设计出更具“吸引力”的理财产品去争夺客户资源外，还得与第三方销售平台争取基金、保险、券商、信托等资产管理类金融机构的代销代理权，商业银行在理财产品方面的议价能力和话语权受到极大冲击和挑战。

第四节　国有银行与互联网平台巨头的战略合作

1994年，比尔·盖茨出席美国银行管理协会年会，席间接受《新闻周刊》采访，抛出了一个著名的“黑色预言”，他认定传统零售银行将在21世纪成为“灭绝的恐龙”。在华尔街的大鳄们收到极客发来的“科技战书”时，中国的银行业还在密集“孵化”中，这一年，国家开发银行呱呱落地，中国银行业黄金时代的帷幕徐启。之后的20年，尽管“金融+科技”化学反应不断，但比尔·盖茨本人一直被隔绝在国际银行业的官方聚会之外。直到2014年，盖茨露面于由环球同业银行金融电讯协会召开的年度国际会议，其与银行业才算公开“和解”。此时的中国，阿里巴巴、腾讯两大互联网巨头布局金融激战正酣，先是借打车软件点燃移动支付大战，后又各自列入5家民营银行股东名单中。互联网巨头们推动的一系列事件更是被视作搅局传统银行业，如蚂蚁金服成立、百度钱包上线、京东热推消费金融、小米力投 P2P 等。虽然当时金融和科技两方巨头在美国已经握手言和，但中国银行业还是选择了“对抗”。标志性事件即 2014 年，四大国有银行联手下调支付宝快捷支付限额，刺激马云提笔质疑联合封杀的合法性。

然而，全球新金融的滚滚浪潮势不可当，仅仅 3 年后，四大国有银行就先后放下偏见，正式与互联网四大巨头缔结“姻亲”。其中，阿里巴巴、蚂蚁金服最早于 2017 年 3 月 28 日与中国建设银行签署了三方战略合作；6 月 16 日，中国工商银行与京东金融达成了金融科技、零售银行、消费金融、校园生态、个人联名账户等金融领域的战略合作协议；6 月 20 日，百度也宣布与中国农业银行成立“金融科技联合实验室”，着重共建金融大脑及客户画像，以及智能投顾、智能客服等方向的具体应用；随后，发起微众银行的腾讯在 6 月 22 日宣布与中国银行挂牌成立“中国银行—腾讯金融科技联合实验室”。至此，中国银行业的发展迎来了崭新的时代。四大银行与国内互联网平台合作的内容具体如表 5－2 所示。

表 5－2　四大银行与国内互联网平台的战略合作

与国内互联网平台合作	中国建设银行 & 阿里巴巴	中国工商银行 & 京东金融	中国农业银行 & 百度	中国银行 & 腾讯集团
合作内容	线下线上业务 电子支付业务 打通信用体系 信用卡线上开卡等	金融科技 零售银行 消费金融 企业信贷 校园生态 资产管理 个人联名账户等	金融大脑 客户画像 精准营销 信用评价 风险监控 智能投顾 智能客服等	搭建金融科技云平台 持续输出技术能力 客户需求洞察 风险管理体系建设 金融效率提升等

一、中国建设银行与阿里巴巴、蚂蚁金服集团的战略合作

2017 年 3 月 28 日，中国建设银行与阿里巴巴（中国）有限公司、浙江蚂蚁小微金融服务集团股份有限公司签约仪式在浙江省杭州市举

行。中国建设银行行长王祖继与蚂蚁金服首席执行官、阿里巴巴董事井贤栋分别代表双方签署了《战略合作协议》。中国建设银行副行长章更生与蚂蚁金服副总裁樊治铭分别代表双方签署了《合作备忘录》。中国建设银行王洪章董事长、阿里巴巴马云董事局主席及双方有关人员参加会谈并共同见证了签约。按照协议和业务合作备忘录，双方将共同推进建行信用卡线上开卡业务，以及线下线上渠道业务合作、电子支付业务合作、打通信用体系。未来，双方还将实现二维码支付互认互扫，支付宝将支持中国建设银行手机银行 APP 支付。

中国建设银行既是最早与阿里巴巴及蚂蚁金服开展合作的银行之一，也是十几年来共同成长的合作伙伴。2007 年，中国建设银行与阿里巴巴率先开展网络银行信贷合作；2011 年，中国建设银行成为第一批与支付宝开展快捷支付合作的银行；2016 年，中国建设银行在“双11”单日受理支付宝交易金额超过 270 亿元，创历史新高，位同业之首。同时，双方在备付金存管、电子支付、实时代发、跨境电商、资产托管等方面的业务全面开花，合作不断深入。阿里巴巴及蚂蚁金服在全世界范围内树立了中国新实体经济的标杆，其业务的飞速成长为传统金融提供了互联网式的思维和解决方案。蚂蚁金服将自己定义为 Techfin（科技金融）公司，用技术和数据能力助力金融机构，去服务好那些曾经没有被服务好的 80% 的群体，即普通消费者和小微企业，共同打造一个更加平等、普惠、透明、开放的新金融。目前，蚂蚁金服已涉足支付、微贷、基金、保险、理财、征信等多个业务领域，旗下拥有支付宝、余额宝、招财宝、小贷业务、众安保险等多个品牌。投行机构 Pacific Crest Securities 2014 年 12 月披露的一份报告显示，支付宝估值大约为 600 亿美元，而整个蚂蚁金服估值大约为 700 亿美元。

作为传统商业银行的领头羊，中国建设银行所拥有的客户基础与资金沉淀都是阿里巴巴不可企及的。随着互联网金融的发展，互联网货币基金的不断推出，众多门槛低、收益高的互联网理财产品的出现，使银行业的资金沉淀受到了影响。小众资金被诸如余额宝、零钱宝等互联网货币基金吸纳，且随着这些产品的发展，其资金吸纳范围从零散的用户逐渐扩展至中层资产用户。但随着中国建设银行与阿里巴巴的合作，中国建设银行的理财产品将出现在阿里巴巴平台中，同时双方的合作将覆盖整个资产层面客户，不再存在理财门槛，不再出现客户流失，大大巩固客户基础、实现资金的沉淀。

二、工商银行与京东金融的战略合作

2017 年 6 月 16 日，中国工商银行与京东金融集团签署了金融业务合作框架协议，中国工商银行董事长易会满与京东集团董事局主席兼首席执行官刘强东见证了协议的签署。双方将在金融科技、零售银行、消费金融、企业信贷、校园生态、资产管理、个人联名账户等领域展开全面深入的合作。中国工商银行选择与京东金融达成全面合作，是看中京东金融在服务实体经济过程中形成的金融科技能力，包括产品创新能力、大数据风控能力以及互联网运营能力等，全面深入的合作有利于双方实现各自业务的快速成长与迭代，为双方的客户都创造更好的服务与体验。京东金融选择与工商银行携手，将利用在大数据、人工智能、云计算等科技方面的优势，与工行在获客与用户运营、智能风控、产品服务创新、流程优化等各核心业务层能力上优势互补，为京东和中国工商银行既有的数亿用户提供更好的服务与体验。

未来，双方将会合作开发新的服务模式或创新产品，对整个中国金融行业创新起到推动作用。除金融业务领域合作外，双方还就京东集团层面与工商银行的整体合作进行了探讨，未来双方将在物流及电商领域积极展开合作，为广大消费者提供更优质的服务。

三、中国农业银行与百度集团的战略合作

2017 年 6 月 20 日，中国农业银行与百度战略合作签约仪式在北京举行。中国农业银行董事长周慕冰，百度董事长兼首席执行官李彦宏，中国农业银行副行长郭宁宁，百度高级副总裁朱光等双方高管出席签约仪式，并为双方共建的“金融科技联合实验室”进行揭牌。金融科技的飞速发展，将带来金融行业的深刻变革，在当前的市场环境下双方确立以金融科技为主要方向的战略合作正当其时，按照优势互补、各取所长的原则，共同孵化创新型的产品和服务，打造数字化的技术支撑能力。中国农业银行是中国规模较大、布局较为完善的金融企业之一，也是普惠金融最坚定的践行者。百度则拥有全球最领先的人工智能技术。金融作为人工智能最重要的应用领域，双方通过 AIFintech 的联合创新，将推动银行业进入智能金融时代，促进银行业数字化经

营的深度转型。

按照双方战略合作协议，此次的合作主要围绕金融科技领域开展，包括共建金融大脑以及客户画像、精准营销、客户信用评价、风险监控、智能投顾、智能客服等方向的具体应用，并将围绕金融产品和渠道用户等领域展开全面合作。在发布会上，双方为共建的“金融科技联合实验室”进行揭牌。该实验室落地在中国农业银行总行网络金融部与百度金融服务事业群组，未来将在智能金融服务领域展开深度研究。现场，中国农业银行副行长郭宁宁和百度高级副总裁朱光还共同演示了百度金融科技能力在未来农行掌银 APP 上的应用，AI 与金融业务的深度融合将带来智能、安全、便捷的金融科技新体验，人工智能正驱动金融科技进入智能时代。朱光在现场公布了百度金融“三步走”的战略规划，即夯实金服业务、搭建金服平台、输出金融科技。

四、中国银行与腾讯集团的战略合作

2017 年 6 月 22 日，“中国银行—腾讯金融科技联合实验室”挂牌成立。中国银行与腾讯集团将重点基于云计算、大数据、区块链和人工智能等方面开展深度合作，共建普惠金融、云上金融、智能金融和科技金融。近年来，随着数字化技术的蓬勃发展，客户金融需求发生了深刻变化。用户需求更加多元化，注重产品内涵的有趣、个性化、定制化元素。在科技金融领域，大数据、区块链、人工智能等逐步从概念走向成熟，并开始商业化，正带动全球新一轮生产效率变革浪潮，未来将深刻改变金融行业格局。为此，中国银行与腾讯集团达成深度合作共识，以开放的生态体系在业务、流程、技术上全面启动创新试点。经过数月努力，双方初步在云计算和大数据平台以及人工智能应用方面取得突破，建立了统一的金融大数据平台，持续输出技术能力支持业务发展。

未来，双方将继续深化金融科技领域的合作，逐步搭建总对总的金融科技云平台，充分发挥中国银行的业务资源优势与腾讯集团的先进科技优势，在客户需求洞察、风险管理体系建设、金融效率提升等方面进行深度合作，助力业务发展。

第六章　商业银行大数据的应用概况

第一节　商业银行大数据行业环境

伴随着以物联网、社交媒体和智能手机为代表的移动互联网的快速发展，企业结构化数据和半结构化数据呈几何级数增长，并且网络日志、文档以及遍及各地的传感器网络的发展，也在广度上拓宽了数据的来源渠道。大数据风暴在席卷全球的同时也掀起了金融大数据浪潮。数据资源是未来商业银行的核心竞争力，已成为整个银行业的共识。传统的数据分析是基于结构化数据而展开的，这也是商业银行的优势所在。但这种分析与数据挖掘技术相脱离，缺乏非结构数据的补充，无法对多方面信息进行综合分析，从而造成“信息孤岛”的格局。

近些年来，包括关联分析和聚类分析等在内的数据挖掘技术得到飞速发展，给金融数据的挖掘与应用提供了强力支持。数据治理水平的不断提高和数据信息的分析表达给传统银行带来了新鲜的血液，在盘活数据存量的基础上，进一步从海量的非结构化数据中挖掘重要信息，将碎片化信息化零为整，综合分析与客户有关的一切项目。互联网金融的发展为传统金融提供了数据基础，数据挖掘技术的兴起为金融业提供了技术支撑，双重机遇之下，金融业的经营效率、产品创新和风险管理模式正在悄无声息地发生改变，也预示着商业银行进入大数据时代。

一、行业数据特征

（一）数据容量大，涵盖范围广

在大数据时代，银行业数据迅速膨胀并呈现出几何级数的增长态势。由于行业特性，银行业在长期业务开展过程中积累了海量数据。从数据涵盖范围来看，数据类型包括以工资、公积金、消费贷款等为代表的结构化数据和以文档、图片、音像和地理位置信息等种类繁多的非结构化和半结构化数据。波士顿咨询公司曾指出，银行业每创收100万美元，会平均产生820GB的数据，数据强度高踞各行业之首。而在相同创收条件下，电信、保险和能源行业数据强度分别为490GB、150GB和20GB，比较之下银行业在大数据应用方面具备天然优势。

（二）数据处理复杂，充分挖掘困难

商业银行数据体量庞大，在数据处理过程中存在很多问题，主要包括：①数据治理体系化建设匮乏。现阶段商业银行尚未形成系统的数据治理方法和体系，缺乏有效的数据分类、整理和加工。②数据资源管理整合度不高，内部可用信息使用率低下。当前商业银行的数据在组织内部处于割裂状态，缺乏顺畅的共享机制，难以实现数据的有效整合和使用。③数据内容复杂多样，难以充分挖掘数据资源潜在价值。造成这一现状的原因在于商业银行非结构化数据占比不断上升，数据构造方法重复率高，且关系复杂（见图6－1）。

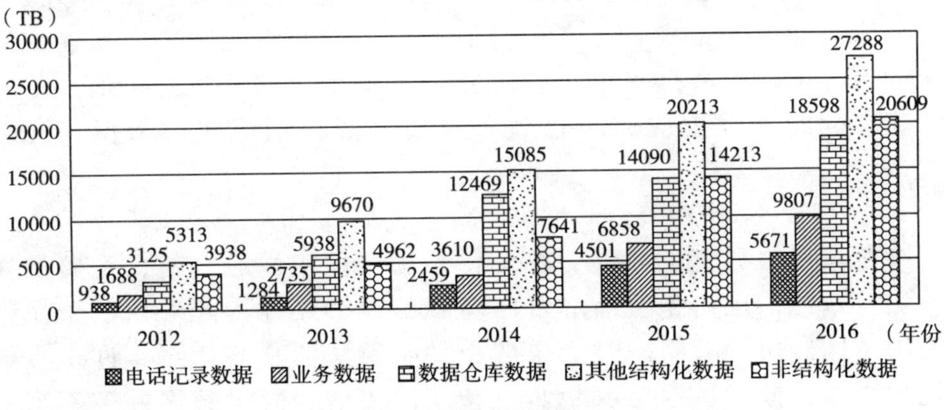

图6－1　2012～2016年中国银行业数据规模

资料来源：智研咨询。

（三）数据资产化，应用场景丰富

国内商业银行现处于数据资产化、产业化的起步阶段，且银行运用大数据技术以描述性数据分析为主，预测性数据建模为辅，以自身交易和客户数据为主，外部数据为辅。数据资产目前最主要的作用是趋势预测和决策支持，典型的应用场景集中在营销分析、内部运营和风险管控等方面，具体应用案例包括交叉销售、客户群体划分、信用评分及违约监测等。当前我国商业银行大数据应用深度、广度和频度都与国际先进银行存在着巨大差距，迫切需要拓宽数据应用层面，实现数据资产增值。

（四）数据应用难度大，制约因素多

1. 大数据技术框架

大数据技术框架的组成部分包括处理系统、平台基础和计算模型。首先，处理系统必须稳定可靠，同时支持实时处理和离线处理多种应用，支持多源异构数据的统一存储和处理等功能。其次，平台基础要解决硬件资源的抽象和调度管理问题，以提高硬件资源的利用效率，充分发挥设备的性能。最后，计算模型需要解决三个基本问题：模型的三要素（机器参数、执行行为、成本函数）、扩展性与容错性、性能优化。这些要求对构建大数据技术框架提出了非常高的要求。

2. 大数据应用推进和落地

商业银行大数据应用虽然在风控、反欺诈、征信等领域初见成效，但在其他层面暂时还处于探索阶段。究其原因，一方面只有当数据分析转变为企业业务方式后才产生价值；另一方面商业银行在新建应用系统的过程中缺乏数据思维，没有充分了解大数据分析的价值、战略和流程。同时大数据应用投资效果难以衡量，领域建模未得到充分重视。

3. 数据安全与个人隐私

现阶段用户数据的收集、存储、管理和使用缺乏规范，主要依靠商业银行自律，用户无法确定自己隐私信息的用途。此外，鉴于我国商业银行体制机制限制以及尚未健全的金融法律法规体系，许多金融机构担心擅自使用数据会触犯监管和法律底线，同时数据处理不当可能会给自身带来声誉风险和业务风险，因而在驾驭大数据层面难以付诸实际行动。

二、行业发展变革

金融大数据时代，商业银行在经营和管理方面所接受的挑战看似来自互联网金融的冲击，实质来源于大数据的缘起和发展。数据是各家银行的核心财富，但大多数传统银行机构获得的数据主要发挥的是记录功能，并未对数据进行深度加工。如果借助大数据激活此类原始数据，银行不仅能够拓展客户群体，还能提升行业运营效率。相比于互联网金融，传统银行的业务经营与风险管理模式显然要存在较大的区别，而这也正是其本身所存在的不足之处。首先，商业银行交易数据和风险数据的来源渠道单一，与互联网平台相比存在局限性，并且由于第三方支付平台的阻断隔离，银行更难以获得深层次的客户数据。其次，商业银行尚未建成金融大数据平台，风险管理的应用数据大多来源于传统数据，数据分析片面且滞后性较强，难以根据企业的碎片化信息捕捉风险信号，做到风险状况的前瞻性预测。面对大数据时代带来的冲击，商业银行也面临重大转变。

（一）传统发展战略直面转变

传统银行发展战略在对未来经济与金融发展方向展望的基础上，与当前的资本、人事、客户、部门等各类资源状况结合起来，并针对其业务需求和客户产品特点，对今后的发展方式与经营目标进行确定。处在“大数据时代”的大环境下，银行能不能做到对大数据的有效挖掘与使用，是决定其能否在市场立足与发展的关键。实际上，除了一些银行中较为传统的项目之外，银行需要做好各方面信息的数据收集工作，其中特别是像电子商务、互联网行业的金融信息等，更应该作为其重点的信息收集领域，继而为银行的分析与决策提供重要的参考依据。

（二）传统运营方式直面转变

“大数据时代”的到来，意味着金融行业与互联网通信行业紧密结合，银行的运营经营策略需要进行大的改变。在业务方式的改革与创新方面，要针对客户本身的切实需求，合理地运用数据挖掘与大数据分析，为不同的客户提供能够满足其个性需要的私人定制服务。而运营模式方面，数据的使用要根据应用记录来进行，针对不同客户在承受风险能力以及消费偏好等信息上的区别，使银行能够进行针对性产品与服务推送，确保营销的精准性能够得到提升。在风险管理上，利用得到的数据进行挖掘分析，对每个用户进行不同的风险分级，而且保障实时的风险评价更新和监管，如此下来，可有效降低信用贷款等商业手段的风险。在企业内部的绩效，工作成果考核中，也可以通过视频，网络评分甚至人脸识别等AI技术，评估员工的具体表现，以此来确保考核结果的准确和公平。

（三）传统业务渠道直面转变

如今，金融与互联网正在不断结合发展，对传统商业银行作为各方面中介的身份有巨大打击。例如，阿里集团、京东、腾讯等公司凭借其高科技企业优势，利用大数据进行分析，实现了第三方支付、网络贷款（京东白条，阿里花呗）等互联网金融服务。对此，各家银行必须重视互联网时代的影响，将银行虚拟化网络化，增强同各互联网公司之间的合作，为用户提供在线自助服务业务，促进金融业务、服务方式同互联网之间的融合发展。

三、行业效率提升

由于数据信息的挖掘和利用之前并未受到重视，商业银行的海量数据虽然规模庞大，却较为零散，数据来源不足，导致了数据利用的低效性和数据分析能力的滞后性。与以往相比，大数据相关技术的发展为商业银行提供了诸多机会，如获得客户信息的来源方式逐步多元化，接入Wi－Fi就能获取交易对手的基本信息，对客户理财和贷款的需求进行预判；网络银行的登录操作，能让后台系统在第一时间关注客户的操作需求，分析并了解客户的理财倾向等。正因如此，商业银行对数据的收集和利用才能有质的飞跃。总结来看大数据对商业银行产生的效率提升可以分三个层面，分别是经营效率的提高、结构效率的改善和管理效率的完善。

（一）经营效率

随着互联网的普及和网上支付业务的兴起，商业银行业务交易额连年攀升。大数据的涌现拓宽了商业银行与客户的接触面，服务渠道由传统的单一线下渠道转变为线上和线下双结合渠道。借助于大数据平台的商业银行，一方面可以获取客户信息并分析客户的下一步需求动向，进而向客户营销相关金融产品；另一方面可以借助客户的行为记录对已流失客户的行为进行分析，形成客户流失的关键路径，进而根据流失客户的行为模式找到存在流失倾向的交易客户，从而完成这些客户在流失前的挽回工作，大大提高经营效率。

（二）结构效率

大数据拥有传统银行业不具备的全面性和准确性，其与银行业的相互融合实质给传统银行业注入了新鲜的血液，不仅在广度上拓宽了商业银行的营销渠道，同时也推动了金融产品的创新发展。如信贷审批是风险管控的门户，信贷审批部门需要本着谨慎的原则对客户的风险进行源头把控，而大数据的出现和影响，则促成了信贷产品的演变升级（见表6－1）。

表6－1　贷款产品演变

	抵押贷款	供应链金融	网络小额信贷
信贷依据	抵押物	应收账款、存货和订单	交易对手信用数据
风险管控效率	低	中	高

抵押贷款因其价值稳定、风险低的优点而备受商业银行青睐，但其自身也存在一定的缺陷和弊端。例如一些有成长力和技术前景的小微企业并不具备相应的条件，无法通过资产抵押而获得相应的融资。从这个角度来说，商业银行的抵押贷款略显保守，不开发新产品，就无法开拓新市场。供应链金融也同样如此，关注的仍是大中型企业，小微企业根本无法将自身的资产作为还款来源的保障，而对于网络小额信贷，小微企业和个体户只需要提供以往的交易信息和其他相关信息，贷款企业利用数据进行模型分析就可以得出审批资质，并在网上进行快速放贷。与前两种贷款方式相比，利用金融大数据而开展的网络小额信贷效率更高，市场前景也更广阔。

（三）管理效率

大数据时代，商业银行的海量数据来源不仅包含了在交易过程中所获得的客户信息资源，还涵盖了包括社交媒体和电子商务带来的其他共享信息源。商业银行的数据仓库应当实时更新这些数据资源，进行归类整理，并且利用数据挖掘技术获取有用但被忽略的数据，建立相应的业务主题集市，为风险管理提供数据支持。面对电子商务和网络媒体所带来的海量数据源，大数据技术能够挖掘出与客户息息相关的数据信息，将碎片化信息化零为整，实现有效信息的整合与分析。商业银行利用大量有效数据承载的信息，可以串成交易对手的信用全貌，同时可以根据不良贷款等风险信号不断调整风险模型，实时调整交易对手的信用等级，从而有效将风险置于可控制的范围内。

第二节　商业银行大数据应用场景

一、应用场景

商业银行大数据的应用场景主要包括客户画像、精准营销、风险管控及运营优化，如图 6 – 2 所示，具体说明如下：

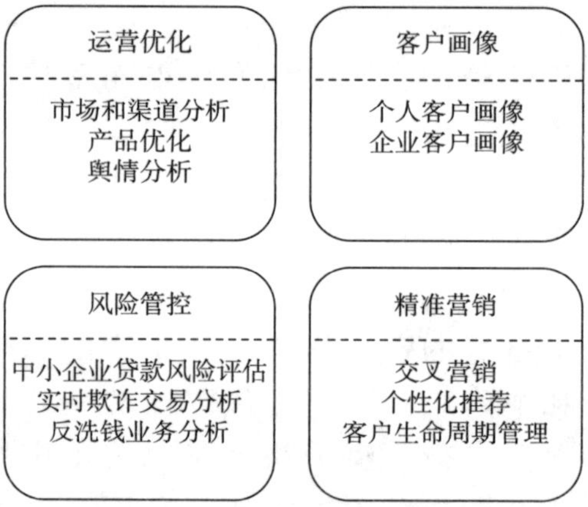

图 6 – 2　商业银行大数据应用场景

（一）客户画像

客户画像主要包括个人客户画像和企业客户画像。个人客户画像包括人口统计学特征、消费能力数据、兴趣数据、风险偏好等；企业客户画像包括企业的生产、流通、运营、财务、销售、客户及相关产业链上下游等数据。值得注意的是，银行拥有的客户信息并不全面，基于银行自身拥有的数据有时难以得出理想的结果甚至可能得出错误的结论。比如，如果某位信用卡客户月均刷卡 8 次，平均刷卡金额 800 元，平均每年打 4 次客服电话，从未有过投诉，按照传统的数据分析，该客户是一位满意度较高流失风险较低的客户。但通过该客户的微博发现的真实情况是：工资卡和信用卡不在同一家银行，还款不方便，好几次打客服电话没接通，客户多次在微博上抱怨，该客户流失风险较高。所以银行不仅要考虑银行自身业务所采集到的数据，更应整合外部更多的数据，以扩展对客户的了解。外部数据具体包括：

（1）客户在社交媒体上的行为数据。光大银行建立了社交网络信息数据库，打通银行内部数据和外部社会化的数据可以获得更为完整的客户拼图，从而进行更为精准的营销和管理。

（2）客户在电商网站的交易数据。中国建设银行将自己的电子商务平台和信贷业务结合起来，阿里金融为阿里巴巴用户提供无抵押贷款，用户凭借过去的信用即可贷款。

（3）企业客户的产业链上下游数据。如果银行掌握了企业所在产业链上下游的数据，可以更好地掌握企业的外部环境发展情况，从而预测企业未来的状况。

（4）其他有利于银行明确客户兴趣爱好的数据。如网络广告界目前兴起的 DMP 数据平台的互联网用户行为数据。

（二）精准营销

在客户画像的基础上银行可以有效地开展精准营销，包括：

（1）实时营销。实时营销是根据客户的实时状态来进行营销，比如客户当时的所在地、客户最近一次消费等信息来有针对性地进行营销（某客户采用信用卡采购孕妇用品，可以通过建模推测怀孕的概率并推荐孕妇类喜欢的业务），或者将改变生活状态的事件（换工作、改变婚姻状况、置居等）视为营销机会。

（2）交叉营销。即不同业务或产品的交叉推荐，如招商银行根据客户交易记录分析，有效地识别小微企业客户，然后用远程银行来实施交叉销售。

（3）个性化推荐。银行可以根据客户的喜好进行服务或者银行产品的个性化推荐，如根据客户的年龄、资产规模、理财偏好等，对客户群进行精准定位，分析出其潜在的金融服务需求，进而有针对性地营销推广。

（4）客户生命周期管理。客户生命周期管理包括新客户获取、客户防流失和客户赢回等。招商银行通过构建客户流失预警模型，对流失率等级前 20% 的客户发售高收益理财产品予以挽留，使得金卡和金葵花卡客户流失率分别降低了 15 个和 7 个百分点。

（三）风险管控

风险管理和控制方面包括中小企业贷款风险评估和欺诈交易识别等方法。

（1）中小企业贷款风险评估。银行可依据企业的生产、流通、销售、财务等相关信息，采用大数据挖掘方法进行贷款风险分析，量化企业的信用额度，更有效地开展中小企业贷款。

（2）实时欺诈交易识别和反洗钱分析。银行可以依据持卡人基本信息、卡基本信息、交易历史、客户历史行为模式、正在发生的行为模式（如转账）等，利用智能规则引擎（如从一个不经常出现的国家为一个特有用户转账或从一个不熟悉的位置进行在线交易）进行实时的交易反欺诈分析。如 IBM 金融犯罪管理解决方案帮助银行利用大数据有效地预防与管理金融犯罪，摩根大通银行利用大数据技术追踪盗取客户账号或侵入自动柜员机（ATM）系统的罪犯。

（四）运营优化

（1）市场和渠道分析优化。通过大数据，银行可以监控不同市场推广渠道尤其是网络渠道推广的质量，从而进行合作渠道的调整和优化。同时，也可以分析哪些渠道更适合推广哪类银行产品或者服务，从而进行渠道推广策略的优化。

（2）产品和服务优化。银行可以将客户行为转化为信息流，并从中分析客户的个性特征和风险偏好，更深层次地理解客户的习惯，智能化分析和预测客户需求，从而进行产品创新和服务优化。如兴业银行目前对大数据进行初步分析，通过对还款数据进行挖掘比较区分优质客户，根据客户还款数额的差别，提供差异化的金融产品和服务。

（3）舆情分析。银行可以通过爬虫技术，抓取社区、论坛和微博上关于银行及银行产品和服务的相关信息，并通过自然语言处理技术进行正负面判断，及时掌握银行及银行产品和服务的负面信息，及时发现和处理问题，对于正面信息，可以加以总结并继续强化。此外，银行也可以抓取同行业的银行正负面信息，及时了解同行做得好的方面，供自身业务优化参考。

二、具体案例

目前，国内部分银行已经开始尝试通过大数据来驱动业务运营，下文将九次方大数据研究编辑整理的《全球大数据案例汇编——行业篇》中涉及银行应用大数据的案例进行列举和分享。

（一）中信银行玩转大数据，以客户为“上帝”

1. 应用背景

信用卡业务竞争本质上就是客户的竞争，而且是优质客户的竞争。面对客户发现、客户提升、客户保持、市场细分、忠诚度、贡献度、个性化服务乃至个人信用风险等一系列围绕客户关系的新问题，支持日常运作的信用卡生产系统是面向柜员和交易的日常营运和客户服务基础设施，无法提供众多分析、决策型用户对大量历史数据同时进行突发的、复杂的决策分析，而建立一套以客户为中心的信用卡业分析系统则是实现上述命题的必要可行手段。

2. 数据源

个人特征数据：年龄、性别、职业、收入、工作区域、社会关系等。

资产数据：个人定期存款、活期存款、信用贷款、抵押贷款等。

其他数据：个人互联网行为数据、个人位置信息数据、商户数据（商户客户对象、商品种类等）。

3. 实现路径

通过整合银行内部与信用卡相关的所有重要数据，对数据进行快速而准确的分析和挖掘，提供全方位、多层次的辅助决策支持手段，使银行短时间内对市场变化及趋势做出更好的战略性商业决策，以挖掘重点客户、提高服务质量、减少运作成本，为银行带来市场竞争优势，具体实现路径如图6－3所示。

4. 应用效果

（1）客户识别。通过对客户信息进行分析，识别出能给银行带来更多利润且信用好的客户，为这些客户提供更多更好的服务。

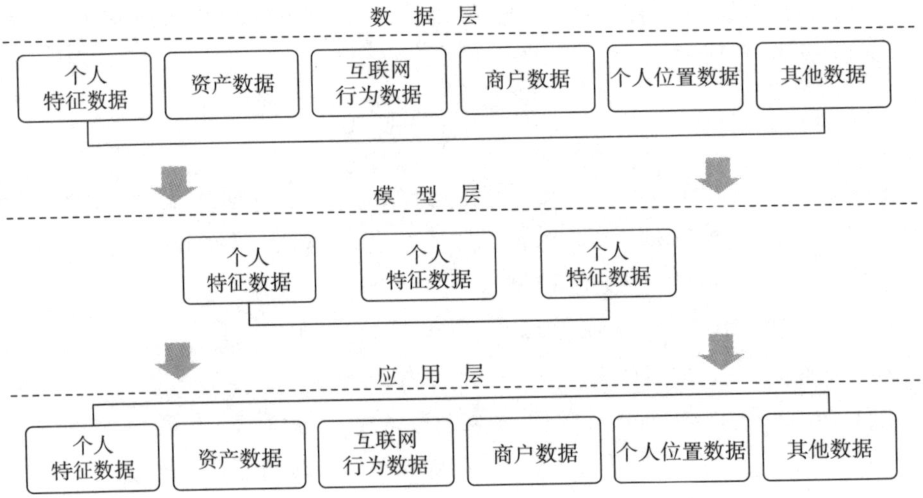

图 6-3 大数据应用实现路径

（2）风险降低。对信用差的客户进行实时监控，防止发生坏账呆账行为，降低风险，不良贷款率同比减少了 0.76%。

（3）交叉销售。查找使用了银行其他服务，却没有使用信用卡服务的客户，针对具有较好潜在利润的客户群体设计促销方案，进行交叉销售，既拓展了信用卡业务，又降低了促销成本，上线一个月即实现单位工时创收提升 33%，笔均贷款额提升 18%。

（二）IBM 助力民生银行应对金融业的大数据挑战

1. 应用背景

在利率市场化和人民币国际化进程中，银行存贷利差收窄将是必然之路，特别是随着互联网金融等新业态的出现，银行过去受国家政策保护的垄断利润正在缩减。这时候，通过大数据来驱动业务运营及产品创新，搭建低成本、高性能、高可靠且高水平扩张的数据平台，可帮助银行通过大数据分析应对金融业的大数据挑战，完善及大力发展银行业中间业务，避免产品品种雷同、老旧等情况的出现，做到个性化的精准营销。

2. 数据源

个人特征数据：年龄、性别、职业、收入、工作区域、社会关系等。

资产数据：个人定期存款、活期存款、信用贷款、抵押贷款等。

其他数据：个人互联网行为数据、个人位置信息数据、商户数据等。

3. 实现路径

整合客户数据，通过精准的营销设计降低客户流失率，提高忠诚度；借助大数据技术对不同渠道来源的提供商、客户的交易行为进行全面分析，实现链式反应；搭建有效的数据模型，为客户提供全方位管家式的非金融服务；借助对业务的分析与优化，推动自身的转型与创新，应用实现路径如图 6-4 所示。

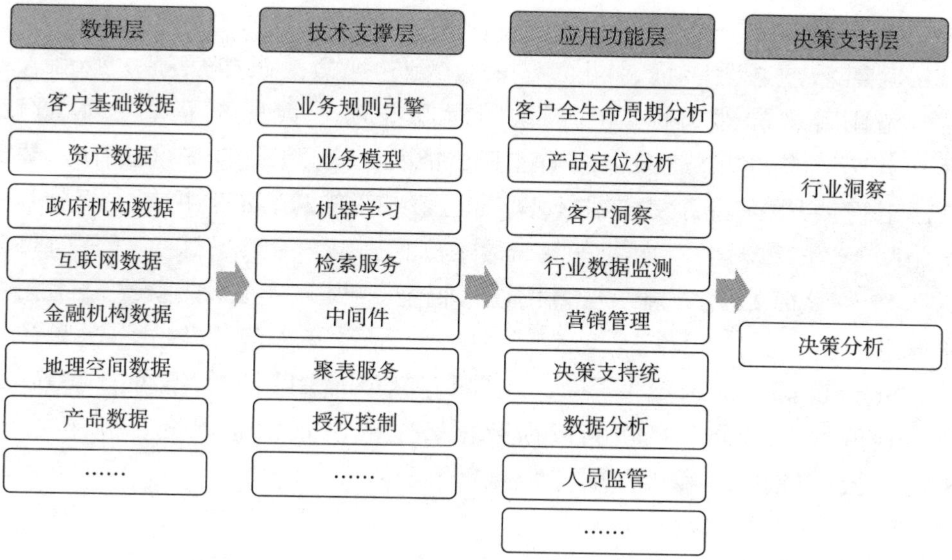

图 6-4　大数据应用实现路径

4. 应用效果

（1）分析洞察。通过大数据相关技术，及时了解本行业及关联行业的变化，快速调整自身企业的运营方向及策略，缩小企业运营风险敞口。

（2）精准营销。整合金融业内部和外部数据，建立起多维度多层次的分析洞察报表，为金融业提供市场、销售、用户、舆情等多角度的宏观洞察，辅助战略决策，同时也为企业的运营、产品、市场、销售、服务等一线业务人员提供数据洞察，支持其日常的业务行动。

（3）风险管理。通过大数据相关技术，降低单个金融企业获得信息、甄别信息的成本，提高信息利用的效率，使信息的生产和传播充分而顺畅，从而极大地降低了信息的不完备和不对称程度，降低企业的风控成本，提高风控效率，降低不良率。

（4）客户全息视图管理。发现并挖掘金融业大数据的客户历史记录、潜在价值等，并根据现状提出相应的策略，为提升金融业的客户管理效率、客户流失预警及挽留提供了合理依据，并形成了更有价值的细分客户。

（三）工商银行运用大数据打击电信诈骗

1. 应用背景

近年来，电话诈骗、网络诈骗等案件频发、花样翻新，受害人往往汇完钱后才恍然大悟。由于银行是防止客户受骗的最后一道防线，所以事先对账户进行防欺诈风险审核成为一道重要的安全屏障。基于此，银行要积极运用大数据技术，阻击电信诈骗的汇款问题。

2. 数据源

个人特征数据：年龄、性别、职业、收入、工作区域、社会关系等。

资产数据：个人定期存款、活期存款、信用贷款、抵押贷款等。

其他数据：个人互联网行为数据、个人位置信息数据、商户数据、法院、公安数据、第三方征信数据等。

3. 实现路径

通过收集行内、金融同业及司法部门提供的各类风险客户和账户信息，利用大数据技术进行相关分析、挖掘，使得银行可以实现风险收集分析、风险评级等功能。

4. 应用效果

（1）欺诈检测。通过收集和整理各行业、机构的黑名单信息，多样化的机器学习模型及大数据关联分析等技术，给银行、个人等提供风险管控和反欺诈的服务。

（2）风险评级。使用专业技术和工具，评估风险账户相关数据的客观性、准确度，量化其信用风险及履约等能力，在控制风险前提下，使个人实现安全汇款。

（3）实时预警。用数据挖掘技术，发掘与相关账户的信用相关的预警信息，形成预警信号并主动向相关风险管理系统推送，进而跟踪预警信号处置流程，直至形成最终结论或风险管控方案，形成一个风险预警、通知、处置和关闭的闭环处理流程。

（四）光大银行用“大数据”推动理财业务转型

1. 应用背景

在全球经济缓慢复苏的背景下，创新正成为企业发展的新动力，而数据则是推动创新的重要资源。对于银行业而言，开发运用好大数据这基础性的战略资源，有利于将大数据作为改革创新和业务发展的重要引擎，从内部深化数据的行业运用，提高运营效率，加快经营转型。

2. 数据源

个人特征数据：年龄、性别、职业、收入、工作区域、社会关系等。

资产数据：个人定期存款、活期存款、信用贷款、抵押贷款等。

其他数据：个人互联网行为数据、个人位置信息数据、商户数据。

3. 实现路径

利用大数据相关挖掘、文本数据分析等技术，对客户、产品、地理空间等数据进行关联分析，通过事件驱动覆盖客户的潜在需求；银行可有针对性地推荐产品，进行精准营销、投放广告等活动，进而推动自身所需业务的转型。

4. 应用效果

（1）产品定位分析。在海量分析、实时数据处理等大数据技术的基础上，对金融业产品的开发及推广进行精准定位，并对创新金融业务提供相应的服务与支持。

（2）精准营销。整合金融业内部和外部数据，建立起多维度、多层次的分析洞察报表，为金融业提供市场、销售、用户、舆情等多角度的宏观洞察，辅助战略决策，同时也为企业的运营、产品、市场、销售、服务等一线业务人员提供数据洞察，支持其日常的业务行动。

（3）个性化推荐。通过客户管理细分客户，用大数据技术智能化分析细分客户的需求，如客户的理财偏好、年龄等，因人而异实施精准化的产品及服务推荐。

（4）优化体验。通过对市场和渠道进行分析优化，金融业可以监控不同市场的推广渠道，进而为产品或者服务找到合适的渠道，优化推广策略，提高客户体验满意度。

第三节　商业银行大数据路径选择

一、应主动克服的问题

（一）大数据分析管理系统不够完善

现阶段，银行数据将条块分割作为其基本的数据结构，这就导致了不同部门之间的各自为政，不能做到数据的共享，使得银行的数据利用效率不高。为此，银行需要对其业务流程进行重组，改变“部门银行”等问题造成的缺陷，使银行数据的全面性与及时性能够得到有效的保障。

（二）银行自身尚不具备突破“信息孤岛”的力量

银行在经营管理的过程中，信息方面的内容虽然可以称得上丰富，不过从整体上来看，其信息的获取并不够全面。例如，在处理交易的流程中，虽然传统银行掌握着用户的个人基本信息，但却无法获得用户生活习惯、心情状况、情感需求等较为私密的个人信息。

（三）银行缺乏对部分数据的处理应用能力

当前，银行在数据处理方面比较倾向于对“结构化数据”的处理，但在处理其他类型的数据方面，多少会显得有些力不从心。例如，无法对用户通过电子自主渠道具体操作时的有效信息、与银行客服通话所留下的语音、ATM 机等自主服务设备拥有的监控信息、对金融投资等的个人喜好等信息进行智能化处理，自然也就谈不上对营销策略的精准把控。

（四）平台开发和人才储备无法满足需要

一方面，传统商业银行大数据挖掘分析平台不成熟。构建一个良性有效的大数据应用平台，不仅需要硬件方面的提升，如配置大容量快速存储设备、服务器设备等，还需要调整银行的信息技术基础架构，无论是人力还是资金要求都非常高，并且很难在短时间内获得太大的收益，这必然会造成一定时期内投入产出的失衡。另一方面，具备大数据分析专业能力的人才比较欠缺，而商业银行除了对人才有这方面的要求之外，还要求其具备一定的金融行业建模分析能力，能够具备这样素养要求的复合型人才毫无疑问更为欠缺，而要成立专业的分析团队对这类人才的数量同样也有着一定的要求，这无疑是一个很艰巨的任务。

（五）战略思维与经营环境不匹配

总体来说，信息化并未在商业银行经营管理中得到完善的实施，传统商业银行将经营管理仅仅视为一种单纯的人工模式，因此，其管理也多停留在对部门、职工的增设及层级的改换等层面上，但这样的管理方式并不能够很好地适应“互联网＋”的时代潮流，自然不可避免地会遇到一些问题。此外，商业银行革新大数据也主要是出于对短期收益的考虑，在长远规划方面存在一定的不足，导致银行对这方面的资源配置重视程度不够，严重影响效率。如今，大多数传统商业银行的资源配置仅着眼于职工训练、业绩评定规则的制定和内部成员结构调整等方面，在大数据的分析与管理方面差了太多。

二、应积极迎接的挑战

（一）决策挑战

商业银行在以往的经营管理过程中，除了依靠对传统结构化数据的分析，还要依赖专家的经验判断。但在信贷额度审批和操作风险准备金计提的决策过程中，由于缺乏数据和相应的模型，经验判断的决策分析与实际情况往往会产生一定的差异，而在规模数据的量化分析下，决策结果更具有客观性和实效性。这样，传统依赖于数据样本分析和专家经验模式的决策模式势必要进行转变。大数据时代，决策模式的变更要求管理层在分析决策的时候必须有思维意识上的转化，以数据为核心的分析判断应当成为经营管理决策分析中的关键，这对管理层来说是一次管理革命，更是一种思维习惯的改变。

（二）管理挑战

大数据时代，数据不仅是日常交易或管理活动产生的记录和结果，而且是一种切实的资产。目前，通过数据标准、数据架构、企业模型、元数据、商业智能和数据仓库等手段进行的数据管理和应用，在支撑业务创新方面有很大的欠缺。同时，以业务条块为主的系统建设加剧了数据的冗余和一致性保障的难度，造成数据整合和数据质量管理的困难，使得信息价值不能很充分地体现。大数据时代要求银行将数据作为一种资产，运用基于数据生命周期的数据管理方式进行管理，从而为数据质量及数据服务能力的提升做好准备。

（三）技术挑战

大数据时代，数据来源渠道的拓宽在给商业银行带来海量全面数据的同时，也使商业银行处理数据的种类和结构变得日益复杂。为了搭建数据仓库和应用集市，科技人员必须将云计算和列存储数据库技术应用到大数据的研究与建立之中，将新型 IT 技术定位于挖掘大数据战略的核心驱动力。然而，目前我国商业银行管理决策量化分析的思维意识较为淡薄，对新型 IT 技术的研究与应用没有形成足够的重视，管理决策运用的仍是传统结构化数据。因此，形成数据量化分析的控制理念，同时实现前瞻性技术与 IT 战略规划的结合，是商业银行在大数据时代所面临也是必须要克服的技术挑战。

（四）应用挑战

对于商业银行来说，海量数据虽潜力无限，但只有真正实现整合利用的才能发挥价值。在金融数据爆发的时代，物理基础和技术平台仅仅是大数据仓库和集市构建的基础，真正实现规模数据的分析与应用才是大数据处理的真正目的。在大数据共享平台的基础上，商业银行根据其经营管理的需要，能够利用数据挖掘技术充分获取相关数据，进而将其整合归类到自身的数据仓库中，并应用于数据集市。

然而为山九仞，如果不能够实现规模数据与经营管理的结合，再多数据资源的积累也徒劳无益。如风险管理业务中的信贷管理和操作风险管理，在模式上都存在着滞后性判断和以经验分析为依据的缺陷，缺少数据模型的风险计量和规模数据的量化分析。在这种模式下，风险管理的决策分析很难具有时效性和前瞻性。鉴于此，在全新的风险管理模式下，商业银行最需要做的是根据传统模式的缺陷创造自身的改进需求，在需求的引导下研究基于量化分析的改进措施，进而通过对风险集市数据模型的应用为改进措施提供行之有效的实现路径，真正实现价值数据与风险管理的融合。

三、应牢牢抓住的机遇

大数据是新一代信息技术中最具颠覆性的变革力量，在大数据变革中，商业银行要想实现自身健康、可持续发展首先应当学习的即为互联网精神，并加强与社会其他行业的融合，通过借鉴其他行业的优势来弥补自身发展劣势，对数据挖掘与分析的核心价值意义进行充分吸收，实现在数据中获取洞察力、释放价值、在数据中争先。这样，商业银行在大数据浪潮中才可以有效提升自身创新力，进而实现可持续发展。未来商业银行应从六个方面着手，牢牢把握发展新机遇，如图6－5所示。

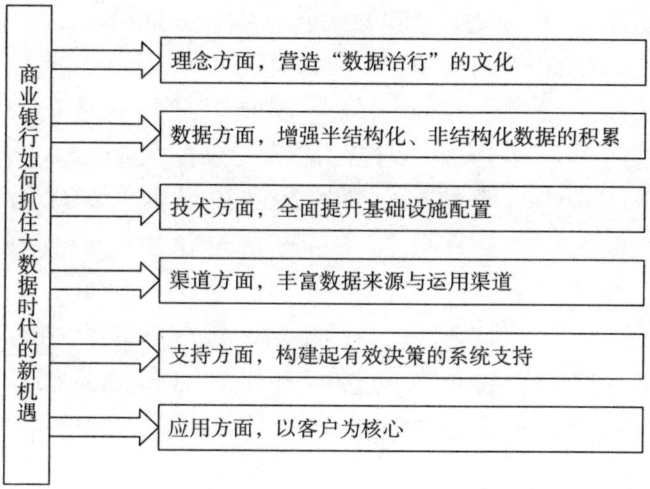

图6－5　六方面把握大数据发展新机遇

（一）未来银行业更加倾向于零售营销

客户是零售企业生存与发展的核心。随着现代社会银行竞争的加剧，传统依靠存贷款利率创造利润的盈利方式已经难以有效支撑银行的发展，在未来，银行业发展过程中零售业务及中间业务的比例应持续增大。现阶段，很多客户的数据都是以碎片形式存在于移动终端设备、互联网及社交网络中，对该部分信息进行收集并分析不仅可以了解不同类型客户的需求，还可以针对需求为其提供相应的产品和服务，所以现阶段银行业要想有效拓展零售业务，以客户为中心构建运营全景视图非常必要。

（二）未来银行业更加倾向于科技创新

现阶段，银行业务、产品及经营管理系统同质化现象越发严重，而要想扩大市场份额提升自身竞争力，最重要的一点即实行差异化发展战略。差异化发展战略的实现需要将创新力作为保障，所以银行需要不断改良与客户间的体验和交互，以实现技术的创新，进而保障银行业的健康、可持续发展。

（三）未来银行更加倾向于数据分析挖掘

以腾讯、阿里巴巴为代表的互联网公司，在自身的定位上更倾向于“数据企业”，因为在大数据时代的浪潮中，企业的经营决策是建立在数据的基础上进行的，其对于企业发展的重要性是不言而喻的。这也意味着，那些在数据方面占有较大优势的银行，能够借助银行的渠道使数据在移动终端、社交网络等媒介中进行快速的渗透，进而实现对信息的快速采集和分析。对于银行而言，大数据代表着上级，它能够增强客户体验感，增加客户对银行的忠诚度。2012 年于瑞士举行的达沃斯论坛提出：数据正作为一种新的经济资产而存在。大数据未来将会为企业提升发展竞争力提供更多的价值。因此，大数据时代的银行业要抓住机遇并迎接挑战，在服务、管理和运营方面有所创新以适应数据技术。同时，银行业的转型升级和可持续发展，需要外部资源的升级和高效率的配置，加上内部资源的人才团队建设和技术改革来加速推动。

数据信息的挖掘和利用是一种技术，更是一次革命。在互联网金融突破创新及传统金融改革完善的趋势下，金融大数据已初见曙光，正引领金融业突破创新，掀起大数据狂潮，使其逐步成为生产大数据的龙头行业，商业银行也成为一座亟待开发的数据金山。目前，大数据使商业银行实现了更加智能的业务决策，让决策的制定更加科学高效。因此，将大数据技术应用于商业银行不仅是技术发展的需要，也是整个银行业提高自身盈利能力的必然。

第七章　商业银行大数据平台建设

第一节　大数据平台建设战略安排

近年来，随着阿里巴巴、百度、腾讯等互联网企业的加入，金融业竞争已逐渐突破传统业务框架，传统商业银行面临着“要么改变，要么被改变”的挑战。主动变革，拥抱新思想、新理念、新技术，是唯一合理的选择。近期，国内四大商业银行顺势而动，纷纷与互联网企业开展战略合作，并将大数据、人工智能等作为主要的合作内容。麦肯锡公司指出，大数据将成为全世界下一个创新、竞争和生产率提高的前沿。那么作为一家商业银行，当下建设并合理运用大数据平台是大势所趋。

一、大数据平台建设模式

商业银行逐步认识到，数据成为资产已变成商业银行发展的不可逆转的趋势。作为商业银行，特别是基层机构，应用大数据工作是王道。那么，什么样的模式才能更好地适应组织结构，实现数据商业价值呢？

（一）组织结构模式

合理的组织结构是战略顺利实施的基础。大数据工作开放、共享的特征，必须要区别于传统组织结构模式的新模式。目前，常见的大数据应用组织结构有三种。

类型1：各业务部门与信息技术部门直接隶属分行管理，不特设大数据部门，如图7－1所示。

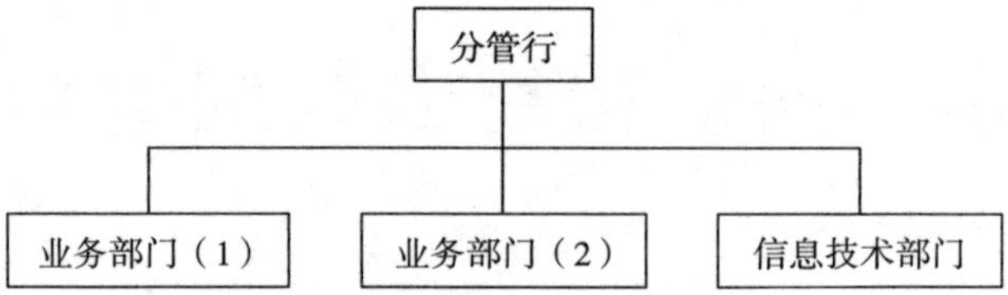

图7－1　各业务部门与信息技术部门直接隶属分行管理

优点：结构简单清晰，部门少，数据信息的收集和管理相对直接。

缺点：各业务部门需具备数据挖掘分析能力，因而对人员的水平要求高。同时竖井式架构管理分散，不利于信息的有效整合，极易形成以部门为中心的信息孤岛。

类型2：设立专门的数据部门（或在信息科技部设立数据团队），全面负责本机构的大数据实施，仅数据部门具备数据挖掘分析能力。该模式下，数据集中管理并打破了数据孤岛，但大数据部门远离市场，容易出现脱离实际的现象。分管行对与业务部门、信息技术部门平行的大数据部门，进行平行管理而非垂直管理，如图7－2所示。

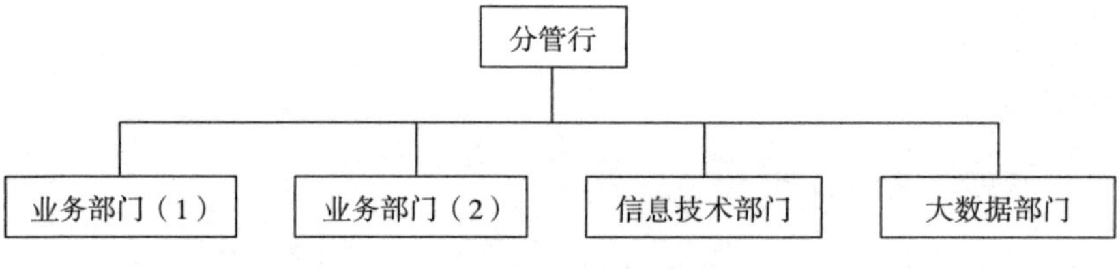

图7－2　设立专门的数据部门

优点：将数据分析人才集中于大数据部门，有利于资源整合；大数据部门的统一管理可打破业务部门之间的信息孤岛局面，促进信息共享。

缺点：大数据部门不能与市场无缝对接，容易出现与实际脱离的现象。

类型3：设立大数据牵头部门，负责统筹大数据工作，其与业务部门都具备数据挖掘分析能力，如图7－3所示。该模式下，数据集中管理，可以推动信息共享，业务部门既了解数据也贴近市场，但这种模式将大数据部门作为牵头部门，统筹其他各部门的数据工作，对大数据牵头部门的协调能力和影响力要求较高。

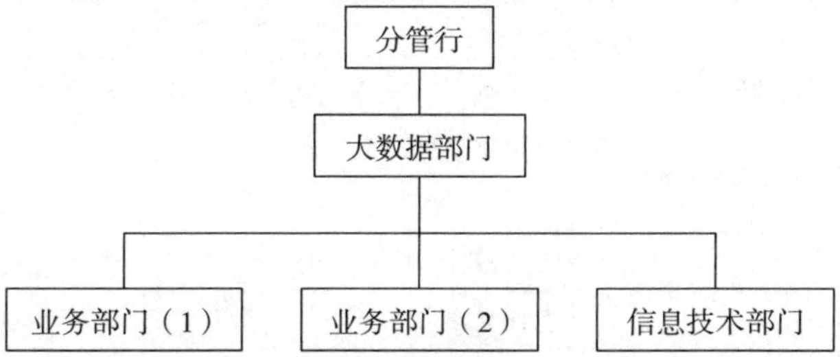

图7－3　设立大数据牵头部门

优点：将数据集中管理，有利于标准的统一和信息的共享；大数据部门的数据来源更加及时可靠，业务部门也能了解数据。

缺点：对各部门人员质量要求高，即大数据部门要有一定的协调能力和统筹能力，业务部门也要储备数据挖掘和分析人才。

目前，国外的商业银行大多选择类型3，国内商业银行则较多选取类型1或类型2。

（二）平台建设模式

目前，大数据平台的建设模式主要有独立公司制、总行总揽制和分行辅助制三种，如表7－1所示。模式不同，运用优势也不同。从管理学组织结构角度考虑，独立公司制类似于职能型组织结构，即成立独立的公司进行独立运作。新兴的互联网商业银行，虽然缺少分支机构，但科技力量和大数据思维都较为领先，采用独立公司制能很好地传承母公司的组织结构和文化。总行总揽制，类似于直线型组织结构，是一种简单集权模式，受到人才短缺、规模较小的城镇商业银行、农村商业银行的青睐，可减少开支，缓解资源短缺，并发挥整体优势。分行辅助制，则是直线职能型组织结构，在总行领导下，分行既有保证组织目标实现的直线部门，也有按专业分工设置的职能部门。这样的模式往往运用于体量庞大的传统大型商业银行，对灵活、高效地适应各个地域的市场和内部需求进行尝试。每种模式的特点与适用对象不同，但都聚焦于大数据在市场、风险、运营及内部决策支持等领域的应用。

表 7－1　大数据平台建设模式

模式	主要代表	特点
独立公司制	部分新兴互联网商业银行	独立运作，与商业银行传统业务部门分开
总行总揽制	部分股份制商业银行	总行统一建设大数据平台，分行不再配备专业分析人才，只需运用总行大数据分析结果
分行辅助制	部分传统大型商业银行	在总行领导下，分行差异化开展大数据工作，在总行平台基础上独立建设分行平台

二、大数据平台建设定位

我国商业银行对大数据的应用还处于发展阶段，国内尚未形成广泛应用的局面。基于对现实和制约因素的考虑，商业银行通常选取较为保守的渐进式发展路径，即在机构内部数据为主，外部数据为辅的条件下，寻求数据开放和综合应用的发展空间。这样的发展路径可以缓解决策方案和现实存在巨大差距的情况，引导稳中有序的大数据变革。准确定位分行大数据平台建设的主要目的，是提高资源的使用效率，防止总分行资源重复投入，进而发挥好总分行的差异化优势。因此，总分行在大数据平台建设时适当分工，分行在大数据应用中找准定位尤为重要。

（一）做好顶层设计

为提高组织的灵活性和适应性，确保大数据项目始终体现战略层意志，商业银行应对大数据能力的建设进行优先规划。试求突破传统信息技术部门或电子商业银行的狭隘视角，组织协调业务、管理、支持保障等多个部门的大数据工作。同时，开展同社交媒体、电子商务、通信服务等平台的战略合作，寻求信息交流和共享，探索建立电子化金融服务模式。

（二）探索精准化营销

在大数据时代，商业银行要积极利用自身拥有丰富的客户数据这一优势，对大数据进行挖掘、抽取、分析，确定受众群体，分析客户行为，对客户进行细分。确立以业务为中心的经营理念，以客户为中心的服务态度。主动挖掘客户的需求前景，从了解客户需要什么，到告诉客户他们需要什么。预测未来行为，引领市场导向。创新客户管理模式，探索产品客户匹配机制。在对自身产品进行细分的前提下，将产品与客户进行初步匹配，并追寻客户的资金使用轨迹及业务的使用规律，进一步挖掘客户的潜在需求，对产品进行修改与完善，实现产品与客户的最终匹配。需要注意的是，保证数据安全，维护客户隐私不能被忽视。挖掘过程中，商业银行对有关客户个人偏好、家庭背景及财富的信息有保护义务。

（三）提升核心能力

就数据获取而言，商业银行除了应当收集和整合日常经营活动中的数据，还应与拥有稳定数据源的公司进行战略合作，积极推动传统业务渠道与互联网金融等新兴业态纵向整合、横向渗透。同时，不断增强数据挖掘时的价值攫取能力，从而高效配置金融资源，形成多元化的金融服务层次和更完整的金融生态圈。数据分析的主要目的在于找出隐藏在数据背后的内在规律，为整体抉择、业务经营及信息披露提供准确、快捷、全方位的信息服务。

（四）增强风险管控

推动与数据隐私保护及社会机构公共信息公开等相关的法律法规的完善工作。创新防御技术，提升安全保障手段的可靠性。以信息化安全管理为切入点，建立全面风险管理体系。加强与政府安全管理部门、金融监管当局、电信运营商等的联系与合作。

三、大数据平台建设原则

商业银行定制一张报表分析某个业务数据的传统模式，主要通过业务部门提出需求，科技部门编写程序实现。从提出需求到科技部最终开发完报表，中间存在反复的口径沟通、试验取数环节。一张报表，从考虑排期问题，提出需求，到最终完成快则一两周，慢则几个月。数据方式主要是科技人员和业务人员共同定制业务可理解的主题包，由业务人员自行设计报表。其先进性主要体现在平台、工具和理念三个方面。如果通过这种方式进行统计分析，在定制数据包的基础上由业务人员自主查询数据，所见即所得，可以大大提高数据查询、统计的工作效率。平台的建设主要应考虑以下三个方面：

（一）降低数据挖掘分析的门槛

大数据平台提供各类智能化的分析工具，并且将技术的语言翻译成了业务语言，使得数据分析的门槛大为降低，数据分析工作可以下沉到最基层。不需要了解数据库，甚至不需要懂太多数理统计的专业知识，只要了解业务的人员，都可以根据自己的一个关注点自定义分析和挖掘，并可以分享给其他员工。

（二）实现离散式管理

传统模式的报表开发维护和管理都集中在部分开发和管理人员身上，面对日益增长的数据分析需求，这种模式显露出响应能力的不足和资源的瓶颈。大数据平台建设应打破原来总行定制固定报表，分支机构只能查询的集中式管理模式，变为了人人都可以是报表开发员的离散式管理模式，实现千人千创意，让数据发挥最大价值。

（三）数据安全和便捷的平衡

提升数据分析便捷性的同时，数据安全问题也是商业银行关注的重点。大数据平台在权限管理中也需做到智能化。首先，对敏感字段，如客户名称、地址、手机等，在定义报表的同时就可实现自动脱敏；其次，数据权限有报表和机构两个维度，不同分支机构的用户，即使获得了同一张报表的权限，也仅能查看自己机构的数据，避免了数据的任意传播。

第二节　大数据平台建设实施建议

一、大数据平台开发破局为先

（一）避免数据治理误区

很多商业银行对大数据认识还不够准确，认为外部互联网形成的数据才称得上大数据。殊不知大数据的战略意义不在于掌握多么庞大的数据量，而是对数据进行处理从中提取有价值的信息。过分看重外部数据，忽视内部数据治理是不明智的。商业银行在内部数据治理的过程中，常常有以下问题需要解决：

（1）大量的数据依然存在于 Excel、Word 等文本文件中，需要导入行内的数据平台。

（2）数据孤岛情况需要改善，业务部门在分析数据过程中，手工作业多，缺乏数据整合手段，且没有合理对数据进行定期治理。

（3）分析口径变化调整不及时，如对公企业客户划型、贷款五级分类调整，系统调整缓慢，对数据分析造成影响。

（4）治理数据脱离本质，单纯追求速度脱离分析，忽视了前端引导。

（二）增强数据可视化能力

数据可视化可以帮助商业银行从不同角度观察数据，理解数据，更快地发现隐藏在数据背后的信息，目的是让数据说话，辅助管理层决策分析。但现实情况是很多商业银行报表及分析已经习惯了固化格式的表格呈现，交互度不高，主要原因在于提供的驾驶舱设计过于关注指标，忽视最后结果呈现带来的引导力。以图表制作为例需要注意以下几点：

（1）简单、直观易懂，少用专业性强的术语。

（2）新颖，有视觉冲击力，为报表的美观度加分。

（3）因地制宜，在不同情况下应用不同报表。高管层和业务部门在提需求的时候，不会细化到用什么图表，制作图表的部门需要抓住数据分析的核心，配以适当的图表，提高数据分析的穿透力。

（三）克服指标设置的挑战

作为商业银行数据分析指标的需求提出者，限于他们自身的经验和能力，所用的数据指标并不一定具有完整的体系性，如商业银行绩效考核体系中，有时侧重业务发展而忽视合规考核占比，不利于员工合规习惯的养成和高管对业务发展过程全局信息的掌握。在数据指标使用时应注意以下几点：

（1）业务部门使用频率高，但自己没有意识到的指标。

（2）业务部门认为重要却很少使用的指标。这需要结合报表的使用情况，梳理使用频繁的指标来合理引导、调控业务部门关注点。

（四）提高使用便捷性

商业银行领导经常出差，如果数据采集需要通过业务人员在PC模式下进行再传输使用非常麻烦。如果可以通过移动端进行数据采集和呈现，就可以摆脱时间和空间的限制，充分利用碎片时间。当然，移动端的使用便捷不言而喻，但其体验和安全也需要注意。从体验角度讲，首先，适应手机端的屏幕，相关的管理驾驶舱模型和数据应该支持放大、拖拽等操作。其次，要有合理的预警提醒功能，提供数据更新提醒，主动利用信息推送机制告知报表更新等情况。从安全角度讲，移动终端随身携带，易于丢失，要防止数据泄露，合理保障数据安全。

（五）增强部门协调性

在商业银行部门间，科技部在制作报表，统一系统方面需要按照业务部门的要求，按部就班地操作，思想上、认识上还处于被动响应的状态，而且科技和业务脱节的情况也时有发生，存在科技人员不懂业务，业务人员不懂科技的尴尬：另外，有些商业银行科技部门并不是独立的部门而是挂靠在电子商业银行等部门之下，所以要成为有战略、有目标、有价值的部门还应解决以下挑战：

（1）认识上，自觉主动进行科技创新和业务引导，充分发掘数据价值，给业务部门提供更多的技术支持。

（2）技术上，多设计和研发，即使引入外部系统和相关产品也应掌握技术主动权，弄清技术要点。

（3）人员上，培养既专于科技又精于业务的多面手，给科技部门相关人员多创造到一线业务岗位锻炼的机会，让他们既懂行内产品和业务，又能不断地对本行系统进行开发、维护。

二、大数据平台建设实施建议

（一）技术先行，做好架构设计

1. 底层基础平台搭建

对大体量内外部数据进行高度自由的实时查询，需要有可靠的底层数据处理平台的支撑。从经济成本和未来数据的非线性增长趋势的角度分析，设计大数据平台架构时，传统的交易系统运用关系型数据库处理面向交易的事务操作，产生的交易数据通过异构数据的批量复制方式或消息队列的方式更新至 Hadoop 平台，Hadoop 平台可以进行大体量数据的分析和挖掘，并提供基于大数据的应用系统实时检索的模式，这种模式在搭建底层基础平台时可充分借鉴。

2. 数据资源整合

持续整合核心系统、信贷管理系统、信用卡系统、个贷系统等几十个业务的交易数据、账户数据和客户基础数据，建立数据标准和数据治理体系，开发风险数据集市、资产负债管理集市、监管报送集市等多个内部数据集市。行外引入监管部门的客户风险预警信息、人行客户征信报告数据、工商总局企业注册信息数据、企业纳税信息、海关进出口交易数据、法院客户涉诉信息、失信被执行人信息、环保不达标信息、欠税信息、工商处罚信息、公民身份证信息、个人学历学籍信息、公共媒体负面信息等外部数据源，几千项外部数据字段，并运用网络爬虫技术和命名实体识别技术，抓取公共网络媒体舆情信息，形成海量的外部数据集市；通过在大数据平台上整合行内与行外数据、线上与线下数据、结构化与非结构化数据，有效解决传统商业银行普遍面临的“信息孤岛”问题。在数据整合的基础上，利用智能化大数据分析工具使对各类数据的统计、分析、查询和建模成为可能。

3. 工具选型

调研市场上各类数据挖掘和分析工具，针对不同需求、不同数据分析能力的人集成多种工具供其使用。对于数据挖掘和建模人员，提供 SAS 和分布式 R 语言工具，使他们使用专业的数据分析工具进行挖掘和建模；对于具有数据库操作能力的人员，提供类 SQL 方式的自定义快速报表开发工具，使所有报表设计和菜单控件均通过浏览器可视化配置；对于了解业务系统数据的业务人员，提供智能多维分析工具，通过拖拽方式实现各类复杂的统计和图表功能；对于普通一线员工，其可以方便地查询平台上已设计好的各类模板，并且可以使用客户关系图谱、互联网舆情分析等可视化查询工具。

（二）分步建设，快速发挥效用

为实现商业银行大数据系统的快速上线，可采用迭代开发模式，分冲刺阶段制定开发目标和投产功能，快速报表、固定报表集成、多维分析、关系图谱、互联网语义等主要功能模块要先期进行投产。在新一轮功能开发期间，同步对上一轮的功能进行培训和推广，在极短时间内完成应用在行内的普及。在快速普及的同时应关注数据脱敏的相关环节。

（1）针对每一张报表，业务部门在一体化平台提出数据需求并指定一名业务数据管理员。如果要对该报表开放下载权限，需在数据管理员授权许可后，再分配填写工号，并说明原因。

（2）数据需求经审批后，信息科技部门按照需求定制开发数据报表，将开发好的报表交付业务数据管理员。交付前，报表需根据安全管理要求，对如下字段进行默认脱敏设置：客户名称、证件号码、地址、联系方式、账号（卡号）等。

（3）业务数据管理员有权向其他普通用户下发相关数据的查询权限，并可对部分使用人员解除脱敏设置。信息科技部门默认提供脱敏后的数据，如有解除脱敏的要求，可在需求中明确要求并说明理由。

（4）报表的下载权限由信息科技部门报表开发员扎口管理，需求人员提出书面申请并由其主管审批后提交信息科技部门，开发员根据需求进行分配。

（5）信息科技部门需定期梳理相关业务部门数据下载的使用状况，控制数据泄露的风险。如辖内发生从大数据平台上下载数据对外泄露的问题，各级信息科技部门需承担相应责任。

（三）以点带面，逐步推广应用

初期首先选取有需求、专业人员较充裕的分行和条线进行试点；业务部门选择计划财务部，因为其日常需要对全行经营、成本、业绩等数据进行多种维度的分析和挖掘；分行则选择基层业务分析需求较多、科技实力较强的地区分行进行试点。在试点过程中，听取用户使用意见，不断优化和完善系统功能。在本单位取得一定成效后，开始从条线横向覆盖，从分行纵向延伸，逐步覆盖全行的各个层面。

为深入挖掘实时数据的价值，充分体现数据的实时性特点，应在大数据平台上继续引入可以对数据进行多维度统计的分析工具，并将分析结果以图表化、可定制化的方式呈现在用户的移动终端或大屏幕上，实时为使用者提供智慧化的决策依据，进一步体现平台的建设初衷。

（1）微信推送：只需在大数据平台上简单配置，实时数据就可以以微信的方式推送至移动客户端，为用户提供实时、便捷的交互方式。

后续分析工具还将实现移动端移动缩放、钻取联动等功能。

（2）数据大屏：利用智多星实时数据分析工具，用户可以构建强大、全面的“管理驾驶舱”，简单拖拽就可以将企业的数据管理信息完美地投放在任何屏幕上，比如生产运维中心等地的LED大屏上，单块或拼接LED屏幕上，不论大小，均可以自适应。此外，大屏可视化组件可实时刷新，及时监控、及时预警。

第三节 大数据平台建设案例分享

大数据技术经过近几年的发展和完善已日渐成熟，并在各行各业推广应用。其通过使用新处理模式，使人们具有更强的决策力、洞察发现力和流程化能力。大数据技术涉及数据采集、数据存取、统计分析、数据挖掘、模型预测和结果呈现等数据处理加工的各个方面，天然适合重度依赖数据开展业务的商业银行。目前，四大国有商业银行及各大股份制商业银行已经制定了各自的大数据战略并探索了部分应用场景，中小商业银行也正在加快大数据建设步伐，相关大数据平台建设的成功经验和案例不胜枚举。下文以标准化的监管数据报送平台建设为例，简要介绍相关内容。

一、开发背景

随着金融行业改革的不断深入，商业银行监管要求日趋严格。按照监管要求，商业银行积极建设监管报送系统并组织专人进行数据报送，但在报送过程中出现了诸多困难和问题。一是需要报送的项目和数据较多。根据监管要求，需要报送的项目包括银监会非现场监管数据、监管数据标准化EAST、客户风险统计报表、人行反洗钱数据、个人征信数据、企业征信数据、标准化存贷款数据、支付信息统计、理财与资金信托等。由于各报送项目需要报送不同的数据接口格式，且每个报送系统数据量大、数据组织复杂，数据来源存在交叉现象，所以建设统一的监管数据报送平台已成为机构信息系统建设中非常重要的任务。二是监管要求涉及业务全面、业务关系复杂，报表之间的校验关系复杂，数据一致性要求高，商业银行需要多部门配合报送。三是在业务系统建设过程中数据标准不统一，导致监管数据抽取加工过程复杂，对数据存储和加工提出了较高的要求。综上，由于商业银行数据的相关信息海量且结构复杂，传统的平台系统已经不能满足日常数据报送处理和分析的要求，所以需要建立一个涵盖数据收集、处理和运用的新数据平台系统。在海量数据信息的支撑下，新系统应当实现内外部应用相结合，采取新分析算法，搭建数据的统一应用平台，从而满足商业银行精细化管理、提升风险管理能力的要求。

因此，采用先进的技术架构及成熟的工具产品建立基于大数据计算技术的统一监管数据报送平台，可以极大地提高数据报送质量和效率，并有减轻数据报送的工作量。针对多种数据的监管报送要求，统一监管数据报送平台实行统一规划、集中管理，既实现了报送系统的平台化建设，又实现了系统间相关数据的共享，提高了报送效率，保障了数据一致性。基于分布式计算、分布式存储等大数据技术，构建基于数据的加工平台，满足了海量数据的加工和存储需求。

二、基本架构

基于大数据计算技术建设的统一监管数据报送平台按照数据架构层次可分为数据原料、数据工厂、数据集市、数据产品、数据展示，具体如图 7－4 所示。

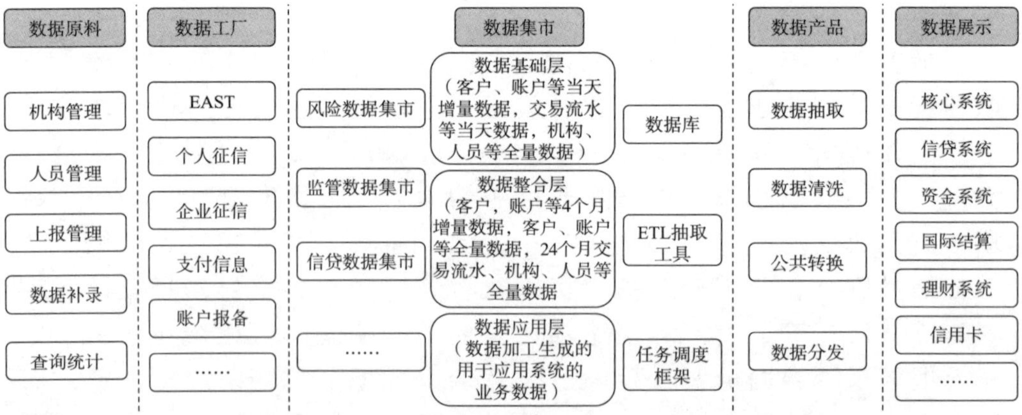

图 7－4　商业银行建设大数据平台的数据架构

（一）数据原料层

数据的来源，包括业务办理、内部管理过程中产生的数据，主要是指核心业务系统、信贷管理系统、国际结算系统、理财业务系统等业务办理过程中产生的数据以及人力资源管理系统等使用过程中产生的数据，包括银行内已经积累的行内行外的多种源数据，即结构化和非结构化数据。其中，对结构化数据的分析应用已经基本满足行内日常业务分析、监管报送和高层管理的要求；对于行内已有的非结构化数据，如文本、语音等，引入大数据相关技术进行语义分析，并与结构化数据相结合加强数据价值的挖掘，可进一步支撑大数据应用和业务发展。商业银行内部已有的数据源包括以下几类：

（1）行内结构化数据：源业务系统数据和数据仓库数据。

（2）行内非结构化数据：图像（贷款办理、柜面业务产生、财务系统等产生的扫描件），语音（柜面业务、呼叫中心等产生），视频（柜面业务产生、监控）等。

（3）行外结构化数据：企业网络舆情信息、人行征信信息、工商注册信息、诉讼信息、向第三方购买的数据等。

（4）行外非结构化数据：网络爬虫数据、向第三方购买的非结构化数据等。

（二）数据工厂层

数据工厂层是系统间数据交换的枢纽，对数据原料、数据集市、数据产品层之间的数据进行双向交换。数据不允许系统间点对点传输，所有系统向下游提供数据均需通过数据交换层，数据交换层本身不产生数据，但可以对源数据做一些清洗处理。交换方式分为批量交换和实时交换，其中批量交换用于产生层与整合层、应用层间非实时的、大数据量的数据交互，实时交换用于系统间少量、实时或者准实时的数据交互。通过数据交换工具进行数据的抽取、转换和加载过程，采用集群架构，不仅可以提高数据抽取效率，还可以避免机器产生单点故障。数据工厂层将数据挖掘等技术应用到数据处理中，基于基础数据从海量的碎片化信息中挖掘出辅助决策的关键数据，通过模型构建和测试完成信用风险、操作风险和市场风险的评估等，进而帮助决策者做出正确分析。整个过程完成了数据材料到价值数据的提炼和转化，是整个系统中最为关键的一步，也是技术难点。

(三) 数据集市层

将数据按照一定规则整合后统一存储，以方便后续的查询和分析。数据集市层作为数据集中存储、整合的核心，实现了数据共享，避免了系统间数据重复存储和加工的问题。为避免相同的数据可能被抽取多次，数据集市会根据数据使用主体划分不同的类型模块对数据进行汇总。如监管数据集市一方面支持报表的分析，另一方面也能满足风险管理应用的需要，对规模庞大的数据进行层层处理和归类，在银监会标准数据监管要求的基础上对数据进行层层优化，最终形成以风险分析驱动为主体，数据驱动为辅的多层次数据访问体系。因此，规模庞大、结构多样化是商业银行数据的本质属性，呈几何级数攀升的数据增量使大数据具有了流式数据的特性，只有依据标准化数据和大数据挖掘技术建立相应的数据集市，才能真正实现规模数据的标准化管理和高效率利用，达到数据信息高效利用的目的。

(四) 数据产品层

主要存储由数据集市层提供的原始数据和衍生数据，根据业务需求对这些数据进行相应的加工，提供应用所需的结果数据或接口数据及用户使用数据的界面和方式。该数据层对整合后的数据进行深度分析，利用不同手段对数据处理结果进行展现，包括固定报表、多维分析、灵活查询等。

(五) 数据展示层

对机构、用户、角色进行统一管理，并根据监管部门要求生成报文并管理报文；提供数据补录界面，用于弥补监管报送需要而基础业务系统数据缺失的内容。

三、平台特点

(一) 统一的数据平台

统一监管数据报送平台通过对商业银行核心、信贷等业务系统数据按照监管报送要求进行整合，并按照业务类型进行宽表处理，建设统一的监管数据集市，为监管上报提供质量良好的数据源，为后续建设的各类数据报送系统提供数据基础，避免后续建设的重复投资，确保数据源的稳定性和数据一致性。

（二）统一的报送平台

统一监管数据报送平台是满足监管要求的应用报送平台，集成目前符合监管要求的报送系统，并提供灵活的扩展接口，以快速搭建后续新的报送系统，并确保新应用的扩展，做到不影响已有报送系统功能的发挥，确保了平台的稳定性和扩展性。

（三）统一的流程管理和控制

统一监管数据报送平台具有良好的权限控制功能，实现了系统相关人员角色和功能模块的自由定制，使填报人、审核人、复核人、数据查看人等多种角色有了比较明确的责任划分和操作权限控制。同时，实现了数据采集、数据维护、数据加工、数据检验、报文生成等处理的全流程管理，进一步落实了监管统计数据各环节的质量控制责任，做到从数据源到生成指标的数据质量全流程监控。

基于大数据计算技术建设的统一监管数据报送平台，不仅夯实了信息数据基础，提升了监管数据报送质量和时效性，而且通过平台的建设，有效完善了金融机构的管理理念，减少了商业银行的冗余存储、工作量。

第八章　监管大数据平台 EAST 系统

第一节　系统相关概述

一、系统开发建设

美国联邦金融机构监管委员会、美联储、美国货币监理署（Office of Comptroller of Curency，OCC）、联邦存款保险公司（Federal Deposit Insurance Corporativon，FDIC）共同建立了监管采集数据标准规范，按季度从银行收集数据报告和统一运行报告，形成中央数据仓库（Central Data Repository，CDR）共享使用。其中，FDIC 在中央数据仓库基础上建立"VISION 系统"（Virtual Information Supervisory On the Net），利用收集到的数据进行监管分析。加拿大金融机构监管署和加拿大央行、加拿大存款保险公司建立了"监管报告系统"（Regulatory Reporting System，RRS），按季度、年度收集常规监管数据和专门数据，开展监管检查分析。国内审计署与国内的主流财务系统都建立了数据接口，利用计算机审计系统，大大提高了审计工作的有效性。大型商业银行及部分中小型商业银行内部审计部门也建立了基于数据仓库的数据分析审计系统。

为提高对银行业金融机构现场检查的力度和效果，银监会开发了具有自主知识产权的检查分析系统（Examination & Analysis System Technology，EAST）。该系统包含商业银行标准化数据提取、现场检查项目管理、数据模型生成工具、数据模型发布与管理等功能模块。EAST 系统于 2008 年初立项试点，2012 年底在浙江、山东、河北三省的银监局完成试点，2013 年完成了全国 36 家银监局的投产应用。在自主开发的 EAST 系统投产之前，银监会曾将一些商用软件作为现场检查的辅助工具，但这些软件价格高昂、难以实现个性化定制，无法全面满足银监会现场检查需求，为此银监会下决心独立自主开发 EAST 系统。

EAST 系统主要包括两方面：一是建设一个相对开放的数据分析平台，实现对银行业务数据的灵活组织、筛选、抽取、建模、挖掘和分析；二是建立一套通用的、相对封闭的数据采集标准，纳入监管关心的风险数据点。开放性的数据分析平台，可以让熟悉建模的监管人员将外部的相关数据引入模型设计中，扩大疑点信息寻找的范围和方法。与相对封闭的数据采集标准相比，开放性数据平台的优势体现在以下几个方面：一是标明银监会关注的风险数据，可督促商业银行完善自身的业务系统；二是便于监管思路和方法的交流，可使基于基础数据设计的监管思路快速推广至全国；三是使普通监管人员在未熟悉建模方式时，也可以使用现有模型进行数据分析，找出疑点数据；四是便于系统的推广，标准化 EAST 平台的应用优势如图 8－1 所示。

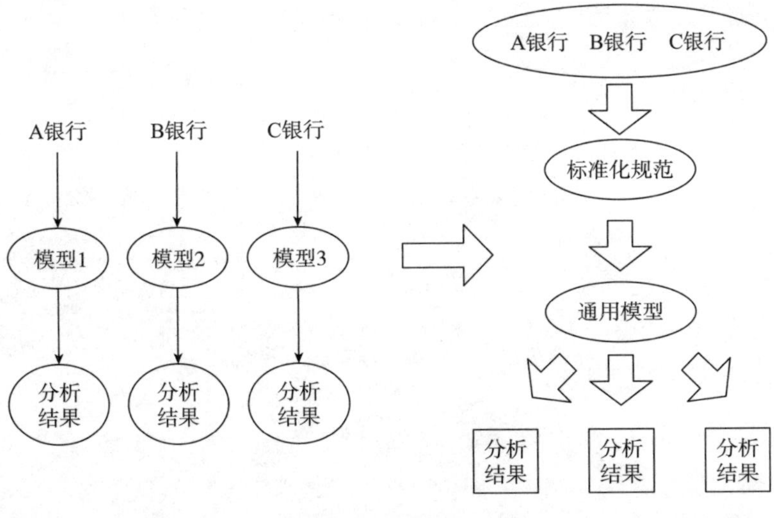

图 8－1 EAST 数据平台的优势

二、系统数据结构

EAST 数据结构（银监会标准监管数据结构）是综合我国现代银行业务系统的优点而设计的一个标准化数据结构，在报送中已经通过了数据清洗、转换代码等工作，数据质量较高，结构合理、科学、规范。EAST 系统以银监会标准监管数据结构为基础，以银监会标准监管数据为数据源，通过数据仓库的设计，将数据按照风险控制所关心的主题重新进行组合，并通过多维数据展示平台，使业务人员能够从宏观到微观、从历史到现在，多角度地分析、衡量与监控各种风险。基于标准化数据建设的 EAST 系统是积极贯彻落实服务金融机构要求的重要举措，有效拓宽了银监会履职延伸服务的范围和内容，对我国金融监管、金融行业的健康发展发挥了技术保障作用。为获得准确的金融宏观管理数据，加强对金融机构的监管，提高 EAST 系统利用率，银监会从宏观管理金融业和监管金融机构的需要出发，针对金融机构制定了明确的数据报送制度。目前，EAST 数据标准规范执行 3.0 版本（见图 8－2）。

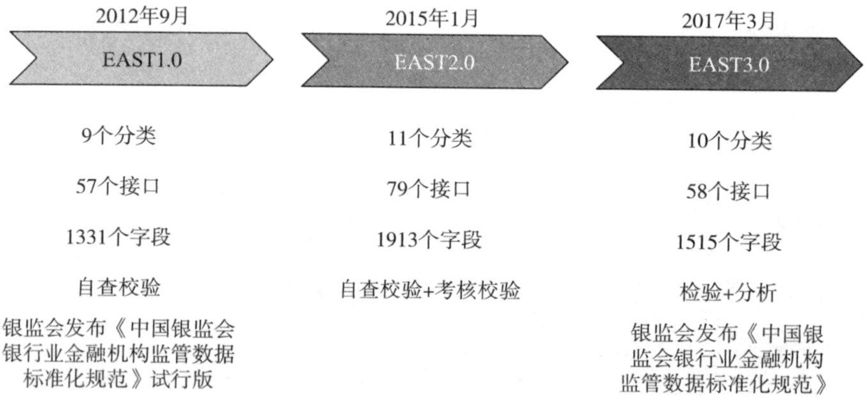

图 8－2　EAST 系统数据标准规范

EAST 系统的数据标准最初由浙江银监局和辖内 5 家法人商业银行联合制定。数据标准的确立为商业银行改进业务系统，提升其完整性和一致性提供了契机；使一些银行在数据提取过程中发现了数据不全

（部分数据没有实现信息化处理）和数据缺失（商业银行业务系统的部分字段数据没有录入）等问题，此类问题经过多年逐步完善改造，已基本解决。2017 年 3 月 30 日，中国银监会下发《银行业金融机构监管数据标准化规范》以进一步推进银监会检查分析系统（EAST）的应用，增强行业的系统性、区域性风险识别监测能力，并督促银行业金融机构加强数据治理、运用数据持续提升风险防范能力和公司治理水平，要求金融机构自 2017 年 7 月 1 日正式执行。与先前相比，该规范扩大了 EAST 的应用范围，统一了原 EAST 不同规模银行的统计口径，明确了十大监管主体 58 张数据域及百余个数据项的数据标准。目前，系统向商业银行采集的标准数据主要包括公共信息、会计记账信息、客户信息、授信交易对手信息、卡片信息、信贷管理信息、交易流水信息、统计全科目、资金业务、理财业务共计 10 大类数据（见图 8－3）。

三、系统操作流程

EAST 系统应用于现场检查数据分析和检查工作流程控制，主要应用手段是机构按照监管数据标准化规范对自身的业务数据进行重新排列，生成符合监管部门要求的标准化数据，按时向监管部门报送。在系统应用终端，监管人员以数据库软件为基础，利用图形化的界面，通过建立检查模型对标准化的数据进行筛查，在掌握银行数据库结构的基础上，应用 EAST 工具，将检查思路转变为依靠计算机分析程序，进行批量业务检索，从中找出不符合政策规定和业务逻辑的疑点数据记录，再根据这些疑点数据记录进行现场调查取证。基于疑点数据，监管人员核实问题并追查相关合规及风险问题产生的原因，分析商业银行内控制度、管理流程、操作层面等方面的不足，进而对商业银行机构作出公正、合理的评价。

从实际应用流程看，EAST 系统的应用贯穿于现场检查全过程，监管人员根据检查目标及检查任务，确立建模思路并进行建模分析，将生成的疑点记录再应用到现场检查中。因此，在检查现场作业，于检查现场内实时使用系统是最为理想的状态。但受限于数据的保密性要求及技术保障的难度，目前的现场检查很难直接做到实时使用系统平台进行数据筛查和建模分析。为了更充分地发挥 EAST 系统强大的检查

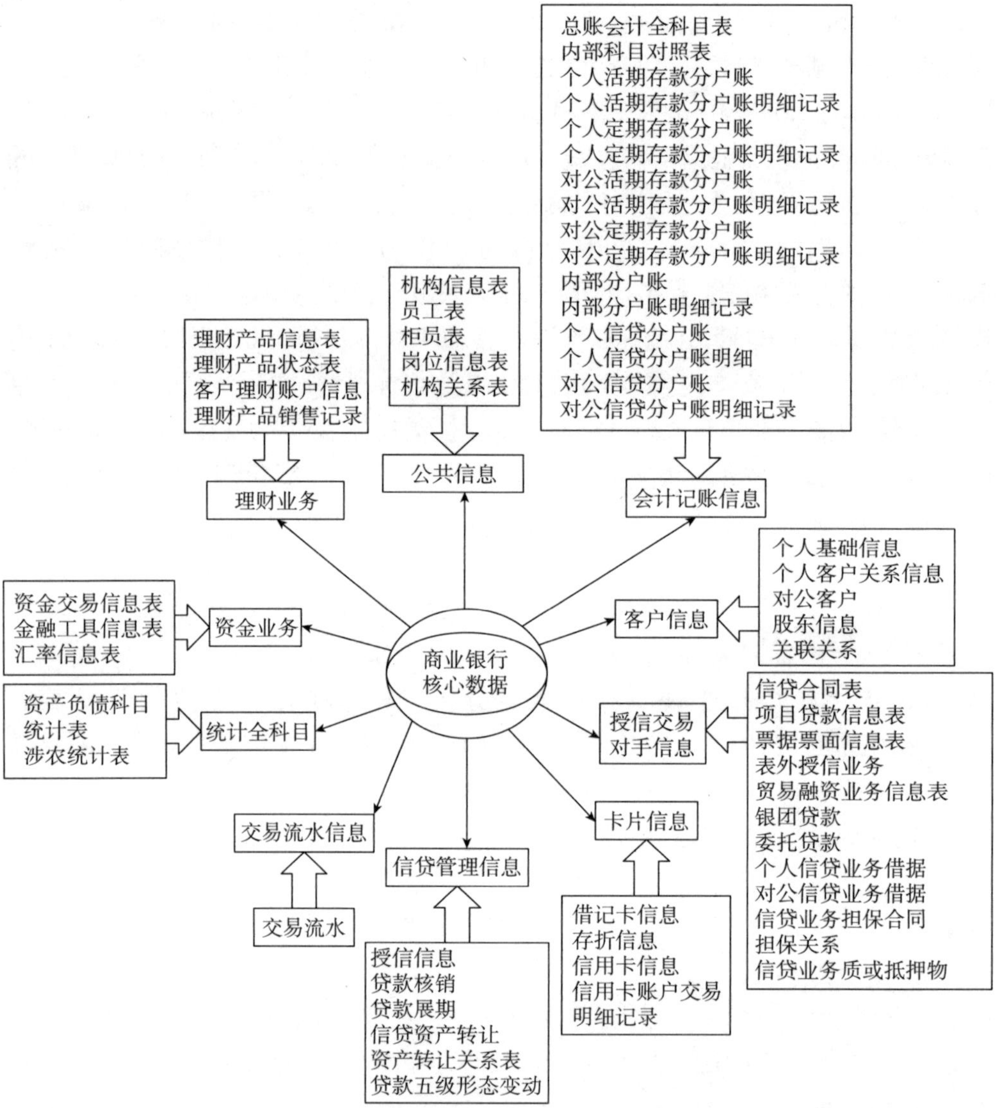

图 8－3　商业银行监管数据标注化数据结构

作用，大部分检查人员会在现场检查立项后、进现场检查前，通过建立模型进行疑点数据筛查，概括起来包括以下几步：查前的模型构建、筛查出疑点数据清单、查中现场核验数据清单、形成核查结论。如此，参与现场检查的人员在现场检查正式进点前就带着疑点数据这份秘密武器，单刀直入可疑违规业务，系统高效地发挥了对现场检查工作的辅助和促进作用。

四、系统应用难点

（一）数据存储压力大

商业银行机构数量多，业务数据量庞大，EAST基础数据源的存储难题短期内难以解决。从省一级银监部门角度出发，省辖内所有商业银行的数据按一定报送频率全部汇总上报至省级银监部门，数据量之巨难以想象。一个省若有几十家商业银行机构入驻，那么数据汇总问题不仅涉及省级商业银行机构自身的数据，还包括下辖分支机构的业务数据。商业银行机构每天产生的业务数据如涓涓细流汇成江海，给数据存储工作带来了巨大挑战。同时，商业银行机构数据的特殊性，数据安全和保密的要求也给外包解决数据存储难题增加了难度。

（二）数据质量问题多

（1）增量数据识别问题。不同银监局对增量报送的口径认定标准、报送频度要求不同，不同报表的性质和供应方式也不同，对增量数据的一系列处理都不能实现标准化。

（2）数据标准化程度不高。监管部门根据自身统计需要往往会对商业银行提出各种数据质量问题，同时商业银行报送的数据质量不高，如字段缺失、字段名称长度不一致、机构错报漏报等问题时有发生，导致数据关联校验也常常出现很多问题，如关联比对不完善等亟待解决。

（3）数据转换工作量大。银行业务系统对数据的定义常常与报送要求不一致，且变更频率较高，需要做大量的数据转换工作。

（三）系统使用门槛高

EAST模型应用分析非常灵活，通过将违规问题的检查逻辑计算机语言化，借助系统平台大数据源的天然优势，搭建数据报表之间的关联关系来寻找疑点问题和数据，给系统开发和使用人员提供了无限拓展空间。但EAST系统的操作使用有一定门槛，即系统使用人员要对数学函数和计算机知识有一定的储备，同时还要熟练掌握商业银行报表中的字段和内容，两者兼备是应用EAST系统的基本条件。

第二节 系统模型应用

一、信用风险模型

（一）贷款流向判定

贷款资金按约定用途使用能降低贷款的挪用风险，提升贷款整体质量。但实际上，借款人会通过各种手段规避贷款资金管控，使银行贷款资金面临风险隐患。被改变用途的资金流向主要表现为七种情形：

（1）贷款资金被用作股本，权益性投资；

（2）贷款资金违规流入房市或楼市；

（3）以贷还贷、以贷还息，用于借款人自身还本还息或帮助他人还本还息；

（4）贷款资金用于借款人单位费用等日常开支；

（5）贷款资金用于非申请领域的生产经营周转或投资；

（6）贷款资金用于银行承兑汇票保证金；

（7）流入他行。

为了准确地判定贷款流向，首先建立模型，

$$LoanDest = \{C_k.\ des\ t_{org_{name}} \mid k \in N\}$$

$$st.\begin{cases} S_i.\ client\_id = H_j.\ client\_id,\ i,\ j \in N, \\ K_m \in C_k.\ dest\_client\_name,\ k,\ m \in N. \end{cases} \tag{8-1}$$

其中，贷款借据信息数据集 $S = \{S_n \mid n \in N\}$，客户活期存款信息数据集 $H = \{H_m \mid m \in N\}$，关键词数据集可以通过学习算法从客户信息表中根据主题需要进行学习，得到 $K = \{K_q \mid q \in N\}$。

该模型主要关注“信贷客户的借据表”和“信贷客户的活期分户账明细”，具体考察贷款账号、活期账户、对方户名、交易金额数据项信息。模型通过“对公（个人）信贷业务借据”中的贷款入账账号，找到对应时间的转账记录；根据“对公活期存款分户账明细记录”，找到对方户名及交易金额等，从而确定贷款资金流向。

例如，要确定资金是否流入房市楼市，可以先从“对公活期存款分户账明细记录”中选取核心交易流水号、核心交易日期、核心交易时间、交易金额、对方账号、对方户名等字段，然后将对方户名中出现“置业”“房产”“楼盘”等关键词的记录作为分析对象，即数据集 K = {置业，房产，楼盘，……}。

（二）重组贷款监测

商业银行通常对问题贷款采取的重组措施包括以下几种：贷款展期、借新还旧、还旧借新、减免或全减利息罚息、减免部分本金、债转股、以物抵贷、追加担保品、重新规定还款方式及每次还款金额等。其中，贷款展期指贷款人在贷款期间发生暂时的资金周转困难，致使其不能按期偿还贷款本金，在向贷款银行申请并获得批准的情况下，延期偿还贷款的行为。借新还旧业务虽被中国人民银行严格监控，但在实际操作中却有被滥用之势，成为掩盖不良贷款问题的“避风港”，形成不良贷款新的发生源。转贷指贷款已经到期，企业在归还贷款本息后，重新获取贷款。在转贷之前，企业若存在财务状况恶化，导致无法偿还贷款本息的情况，可以通过借钱等方式筹集资金还上贷款本息，然后重新获取贷款还钱。

上述重组的贷款应至少归为次级类；重组后的贷款假如仍然逾期，或借款人仍然无力归还贷款，应至少归为可疑类。故而，重组贷款显示为正常类的贷款业务需要进行清查。关于重组贷款分类情况监测模型如下。

$$
\begin{aligned}
&\mathrm{ReLoan} = \{S_i \mid i \in N\} \\
&\mathrm{st.}\begin{cases}
S_i.\ \mathrm{receipt\_id} = H_j.\ \mathrm{receipt\_id},\ i,\ j \in N, \\
S_i.\ \mathrm{receipt\_id} = K_p.\ \mathrm{receipt\_id},\ i,\ p \in N, \\
K_m.\ \mathrm{new\_5\_form} = \mathrm{normal},\ m \in N, \\
\tau(H_j) \in \Gamma.
\end{cases}
\end{aligned}
\tag{8-2}
$$

其中，借据信息数据集 $S = \{S_n \mid n \in N\}$，对公信贷业务借据信息数据集 $H = \{H_m \mid m \in N\}$，贷款五级形态变动信息数据集 $K = \{K_q \mid q \in N\}$，数据集 Γ 为目标重组贷款类型，一般地，Γ = {借新还旧，转贷，…}，函数 $\tau(\cdot)$ 可以根据贷款期初和期末的额度增减变动情况确认其贷款类型。

以监测贷款展期的情况为例，采取以下方法：取 $S = \{S_n \mid n \in N\}$ 为“贷款展期”信息，根据贷款借据号关联“对公信贷业务借据”和

“贷款五级形态变动”的信贷借据号，获取“贷款五级形态变动”中的原五级形态和新五级形态，筛选出五级分类分别为正常、关注、次级、可疑、损失的贷款余额及金额变动情况。在五级分类为正常的贷款中，根据各级贷款期初、期末的增减变动情况，进一步确定由借新还旧、转贷等重组贷款转换而成的正常贷款业务，然后审查相关机构的信用风险。

（三）关联互保监测

关联互保指的是企业之间通过相互提供贷款担保的方式实现贷款申请。关联互保在降低企业贷款资格门槛的同时增加了银行所面临的风险。双方企业因贷款风险捆绑在一起，任何一方的违约行为都会对方贷款的归还形成制约效应，从而使银行陷入流动性危机，产生以下两种风险：

第一，互保企业本是可以相互独立的借款方，一方违约并不会对另一方造成影响，然而由于互保后两者的信用状况相互关联，一方的违约很可能会导致另一方陷入流动危机，甚至破产。

第二，互保方之间往往存在博弈现象，有能力还款的企业出于对互保伙伴信用状况的顾虑，可能不愿意率先还款。因为还款后，如果对手方出现信用风险，那么自己就会面临破产。更坏的情况是同一行业企业之间的关联互保，由于属于同一行业，企业之间风险的相关性较高，行业风险的略微积聚能引起信贷资金风险的大幅上升，给银行本身，甚至是金融体系的稳定带来风险。对企业间关联互保情况监测模型如下。

$$AssoEnts = \{(S_i.ent\_name,\ S_j.ent\_name)_k \mid i,\ j,\ k \in N\}$$
$$st.\begin{cases} H_i.guarantee = S_j.ent\_id,\ i,\ j \in N, \\ S_j.receipt\_id = K_p.receipt\_id,\ j,\ p \in N, \\ H_{jorp}.guarantee = S_i.ent\_id,\ i,\ j,\ p \in N. \end{cases} \tag{8-3}$$

其中，对公信贷业务信息数据集 $S = \{S_n \mid n \in N\}$，信贷担保信息数据集 $H = \{H_m \mid m \in N\}$，个人信贷信息数据集 $K = \{K_q \mid q \in N\}$。

建立模型关注“信贷合同表”“担保关系”两张标准数据表，具体考察贷款者客户统一编号、担保客户统一编号数据项信息。根据关联互保的风险特征和实现路径，风险管理人员可以凭借“担保关系”获得贷款保证人的信息，通过信贷合同号关联“担保关系”的被担保合同号，查找出贷款人“客户统一编号”和“保证人客户统一编号”2 个结果集，甲保乙、丙保丁，用乙 = 丙，甲 = 丁筛选出贷款互保的数据信息。

（四）以贷还贷监测

以贷还贷作为银行的贷款风险，体现了贷款流程问题和风险过度承担问题，具体的风险表现为：

第一，类似以贷还贷现象说明银行在进行贷款人风险评估时出现了纰漏，对贷款人的风险存在低估行为。

第二，借款人的以贷还贷行为说明自身的资产状况已经出现问题，银行资金的贷出事实上是将社会信用风险转化为自身的信用风险。经营状况不佳的僵尸企业很有可能通过造出一份漂亮的资产负债表获得信贷资金，然后将申请到的贷款用于小额信贷公司、地下钱庄或者其他交易对手的资金偿还。

建立如式（8－4）模型关注“对公信贷分户账明细记录”“对公活期存款分户账明细记录”两张标准数据表，具体考察核心交易时间和交易金额。

$$
\mathrm{Loan2Loan} = \{(S_i,\ S_j)_k \mid i,\ j,\ k \in N\}
$$

$$
\mathrm{st.}\begin{cases}\tau(S_i.\ \mathrm{jio1rq}) \equiv \tau(H_j.\ \mathrm{jio1rq}),\ i,\ j \in N,\\ \tau(S_i.\ \mathrm{jio1je}) \equiv \tau(H_j.\ \mathrm{jio1je}),\ i,\ j \in N.\end{cases} \tag{8-4}
$$

其中，对公信贷分户信息数据集 $S = \{S_n \mid n \in N\}$，对公活期存款分户数据集为 $H = \{H_m \mid m \in N\}$，函数 $\tau(\cdot)$ 用于识别交易金额与交易日期是否匹配。

贷款归还他人贷款是指借款方将从银行借来的资金还给他人。基于此，风险管理人员可以根据贷款资金的走向来对这一风险进行监测。将“对公信贷分户账明细记录”中的“核心交易时间”和“交易金额”与“对公活期存款分户账明细记录”进行对应，查找到“对公活期存款分户账明细记录”中与之相匹配的“交易时间”和“交易金额”。如果有匹配现象，说明两个账户的资金具有很强的相关性，很可能存在以贷还贷风险，进而可筛选出贷款归还他人贷款的疑似数据。

二、操作风险模型

银行可以采用多种方法来计算操作风险监管资本金，第一种方法被称为基本指标法，在这种方法中，操作资本金等于过去 3 年毛收入平均值的 15%，这里的毛收入等于利率收入与非利率收入的和。另外一种较为复杂的计算操作资本金的方法被称为标准法，在标准法中，银行业务被分为 8 个不同的类别：企业融资、交易和销售、银行零售、商业银行、付款和交割、代理服务、资产管理、零售经纪。商业银行操作性风险分析思路与以上分析思路基本一致，可以用 EAST 数据进行模型分析，通过在模型中运用 EAST 数据发现和追踪风险问题和源头。下文仍列举一些典型模型，如贷款集中发放、大额资金季末冲时点、超期临时性存款账户（2 年）办理支付结算问题作示范说明。

（一）贷款集中发放

一般来说，一笔贷款的发放要经历严格的贷前审查程序，经过多位银行工作人员的审核。若信贷员在某日集中发放贷款，可能会对贷款材料的审核不够全面，使得那些不够贷款资格的企业获得贷款。此外，若单日单个信贷员发放贷款笔数较多，那么信贷员很可能存在先放款再报批、先放款再补签合同等违反操作性程序的行为。信贷员某日集中发放多笔贷款除了会给银行带来信贷风险和操作性风险，还会给信贷员带来道德风险。

$$\text{ManLoan} = \{S_i \cup H_j \mid i,\ j \in N,\}$$

$$\text{st.} \sum_{i,j \in N}^{\text{officer},\text{jio1rq}} \delta(S_i \cup H_j) \geqslant 2 \tag{8-5}$$

其中，对公信贷业务信息数据集 $S = \{S_n \mid n \in N\}$，个人信贷业务信息数据集为 $H = \{H_m \mid m \in N\}$，$\delta(\cdot)$为计次函数。

为了实现对贷款集中发放情况的预警，建立模型关注“对公信贷业务借据”和“个人信贷业务借据”，具体考察贷款实际发放日期、信贷员姓名字段，根据“对公信贷业务借据”的贷款实际发放日期、信贷员姓名及“个人信贷业务数据”中的贷款实际发放日期和信贷员姓名，筛选出同一天、同一客户经理发放贷款大于等于两笔的数据集。

（二）大额资金季末冲时点

大额资金季末冲时点是银行内部人员为了完成业务需要，利用银行管理制度的漏洞而发生的违规行为，所产生的风险在宏观和微观层面均有体现：

存贷款季末冲时点提高了存贷款的波动幅度，造成业务经营的短期化倾向，进而增加了银行资产负债管理和流动性风险管理的难度。与以前“早放贷，早收益”相比，季末突击放贷会影响贷款的收益率，进一步收窄银行的盈利空间，并在一定程度上干扰正常的金融秩序，影响金融机构声誉。

冲时点行为会影响货币政策的研判与效果。一方面，部分冲时点的存贷款是虚增的；另一方面，理财业务发展导致季末存贷款数据部分失真，影响金融统计数据的准确性，进而影响宏观经济管理部门对经济形势与政策效果的准确判断，加大了宏观调控与审慎管理的难度。监测大额资金季末冲时点的模型如下：

$$\text{LFunds} = \sum \Gamma(\text{DT})$$

$$\text{st.} \begin{cases} \Gamma(\text{DT}) \geqslant 100000 \\ \Gamma(\text{DT}+5) = \Gamma(\text{DT}) \end{cases} \tag{8-6}$$

其中，个人活期存款分户信息数据集 $S=\{S_n \mid n \in N\}$，对公活期存款分户信息数据集 $H=\{H_m \mid m \in N\}$，函数 $\Gamma(T)=\{S_i.\text{jio1je},\ H_j.\text{jio1je} \mid S_i.\text{jio1rq} \in T,\ H_j.\text{jio1rq} \in T,\ i,\ j \in N\}$。

建立模型关注“个人活期存款分户账明细记录”和“对公活期存款分户账明细记录”两张标准数据表，具体考察核心交易时间和交易金额。根据大额资金季末冲时点的动机和特征，先根据“个人活期存款分户账明细记录”和“对公活期存款分户账明细记录”中指定时间段转入金额在 10 万元以上的交易数据，然后根据对应金额追踪数据转出记录，筛选出存入交易后 5 日内又转出交易的数据集，锁定疑似大额资金季末冲时点的资金。

（三）超期临时存款账户（2 年）办理支付结算

临时性存款账户是存款人因临时需要并在规定期限内使用开立的银行结算账户。当异地临时性经营活动需要时，存款人可以申请开立账户用于资金的收付。根据中国人民银行结算账户管理办法（中国人民银行令〔2003〕第 5 号）第三十六条“临时存款账户用于办理临时机构以及存款人临时经营性活动发生的资金收付。临时存款账户应根据有关开户证明文件确定的期限或存款人的需要确定其有效期限。存款人在账户的使用中要延长期限的，应在有效期内向开户银行提出申请，并由开户银行报中国人民银行当地分支机构核准后办理展期。临时存款账户的有效期最长不得超过 2 年”。

因此，银行机构不得对超过 2 年的临时性存款账户办理支付结算业务，应对可疑操作进行定位和查找，防止操作性失误触发商业银行操作性风险。商业银行管理人员应及时通过 EAST 系统应用检查分析模型对这类操作性风险进行筛选，得出相应的可疑数据。先从“对公活期存款分户账”表中筛选出“账户类型”属性为临时和“账户状况”为正常且“存款余额”大于 10 万元的记录。然后对“活期存款账号”进行连接对应，筛选出核心交易日期——开户日期大于 733 天的可疑数据记录。具体监测模型如下：

$$\mathrm{Sustrans} = \{S_i\}$$

$$\mathrm{st.}\begin{cases} S_i.\ \mathrm{acctype} = \mathrm{temporary} \\ S_i.\ \mathrm{zhstatus} = \mathrm{normal} \\ S_i.\ \mathrm{zhhuye} \geqslant 100,\ 000 \qquad i,\ j \in N \\ S_i.\ \mathrm{acct\_id} = H_j.\ \mathrm{acct\_id} \\ H_j.\ \mathrm{kaihrq} - H_j.\ \mathrm{jio1rq} \geqslant 733 \end{cases} \tag{8-7}$$

其中，对公活期存款分户信息数据集 $S = \{S_n \mid n \in N\}$，对公活期存款分户信息数据集 $H = \{H_m \mid m \in N\}$。

第三节　系统外围拓展

商业银行在 EAST 标准化数据报送过程中，利用海量数据转换而成的标准化数据，依据报送制度，及时、准确、完整、高效地开展监管数据报送工作。一方面，满足信息化对检查工作提出的要求和银监会非现场检查的要求；另一方面，商业银行在 EAST 数据报送的工作过程中也完成了内部数据和风险控制流程的梳理分析，为进一步的数据分析、深度挖掘打下了坚实基础。下文以某商业银行数据治理过程为例，简要介绍其数据对接 EAST 后，基于 EAST 系统搭建的属于自身的大数据管理应用平台。其通过预警模型的构建及对信用风险、市场风险、操作风险等的分析，增强了内部控制能力，全面提升了自身风险管理水平。

一、商业银行数据集市建设

面对海量的数据存量和大幅增长的数据增量，商业银行最迫切的是建立统一的数据仓库和各业务主题集市，形成以风险分析业务驱动为主体，数据驱动为辅的多层次数据访问体系，为商业银行各业务部门提供数据统一的分析平台。

以某商业银行为例，图 8 -4 展示的是某商业银行以标准化风险数据为基础，构建的风险数据集市。该行整个数据架构包括四层存储，分别是基础层、汇总层、应用层、用户交互层。其中，基础层是数据源存储，汇总层和应用层则为数据仓的主要构件，交互层对应于聚合存储和数据展示。风险数据集市归集数据后首先进入基础层存储，基础层数据分为七大模块，即公共信息、会计记账信息、交易流水、卡片信息、客户风险、客户信息、授信交易对手。为了分析的全面性，集市还补充了部分财务数据、风险评级数据、市场数据等信息到基础层。基础层之上是汇总层，一方面支持报表的分析，另一方面满足风险应用的需要。由于风险所需模块包含在核心、国结、信贷等系统中，所以通常情况下，风险应用有自身的个性数据需求，但它们也有很多数据需求是共性的。为避免相同的数据被抽取多次，应对基础层的数据进行汇总，包括机构汇总、客户汇总等模块。汇总层之上是应用层，是对大数据量处理的模型进行计量的一层。该层根据业务需求可分为七大主题，分别为市场风险内模法计量功能、标准法资本计量、市场风险管理、市场风险监控、多维风险分析、风险参数应用、信用风险资本计量。交互层为最后数据的展示分析层。基于该层，用户可以进行多维分析，通过多种方式展现数据报表。

四层存储的形式将规模庞大的风险数据层层处理和归类，在银监会标准数据监管要求的基础上对风险数据进行层层优化，最终形成了以风险分析业务驱动为主体，数据驱动为辅的多层次数据访问体系。总之，规模庞大、结构多样化是商业银行风险数据的本质属性，呈几何级数攀升的数据增量使大数据具有流式数据的特性，只有依据标准化数据和大数据挖掘技术建立相应的数据仓库和数据集市，才能真正实现规模数据的标准化管理和高效率利用，达到数据信息高效利用的目的。

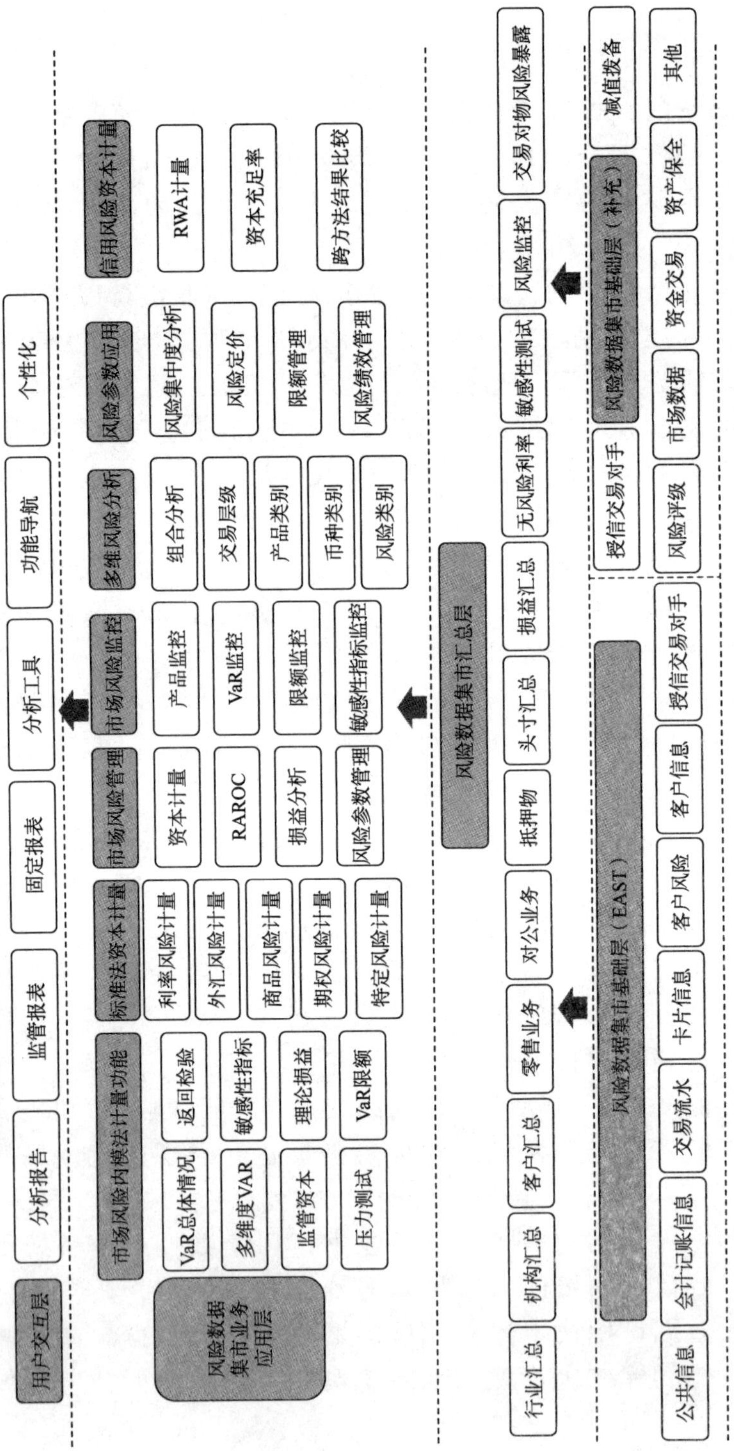

图8－4　商业银行风险数据集市架构

二、商业银行数据仓库及报表数据模型

（一）数据仓库

商业银行若能够很好地将 EAST 数据作为数据源建设数据仓，则可大幅度地节省各业务系统抽取、清洗、转换等过程所占用的开发资源。同时，以 EAST 数据为基础计算的各种风险指标不仅可以在全行内统一，而且还和银监会监管部门的数据指标一致，更有利于监管部门和商业银行之间的协调与沟通。换言之，EAST 系统为统一的数据集市建设提供了快速实施的有效途径。因此，统一的以 EAST 数据为基础的数据集市建设应用，有利于有效进行数据挖掘以体现数据蕴含的经济价值，同时也更好地发挥了各商业银行为报送 EAST 数据所投入的资金和人力资源的作用。其主要意义有：①风险数据集市可以整合所有风险应用的需求，以现有已经完成的 EAST 数据为基础，创建数据仓库、风险数据集市，避免了重复抽取数据，降低了系统之间的复杂程度，节省了系统运算资源；②风险数据集市对各类风险应用共用的数据统一计算加工，确保了风险数据集市的质量；③风险数据集市从业务角度出发，根据风险应用的特点，对以 EAST 为基础的数据仓库的数据进行了相应的整合和汇总，以贴近业务、便于理解的方式提供给各类风险应用集市；④风险数据集市提升了数据共享效率，同时集中式统一存储历史数据，有效节省了存储资源；⑤实现了为完成银监会报送 EAST 数据所投入的资金和人力资源的再次利用（见图 8－4）。

（二）报表及数据模型

1. 数据源

以流动性风险模型为例，流动性风险模型的大部分数据都可以从 EAST 系统中抽取。如图 8－5 所示，单位定期到期情况的数据来源于 EAST 的对公定期存款分户账表，信贷资金到期情况的数据来源于 EAST 的信贷合同表等。

2. 数据仓

数据仓的建设以应用为驱动，整体设计、分步实施，逐个以主题为中心进行开发建设。在维度设计上，特别是通用维度，深入分析 EAST 数据结构，确保银监会 EAST 项目中银监会关注的分析元素的完

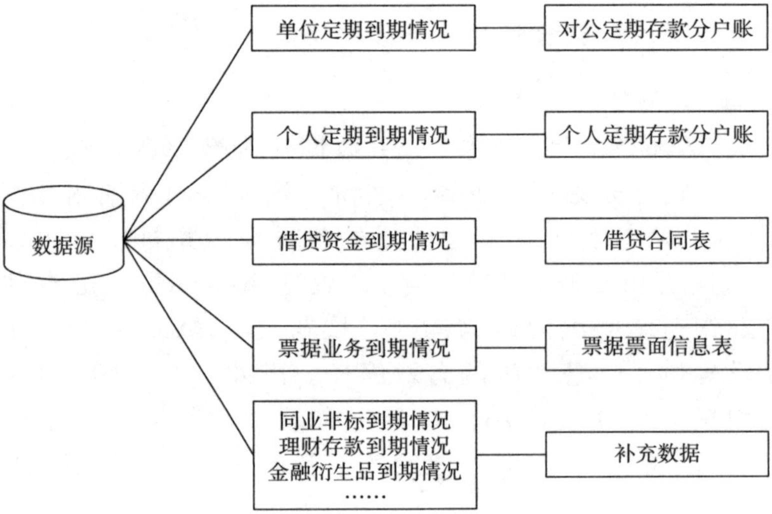

图 8－5　数据源中表与信息对应关系

整性，同时满足各业务部门风险分析元素的需求。确定了主题的分析方向即多维数据集的维度、分析内容即多维数据集中事实表中的度量值后，再使用多维数据集向导把这些维度和数值数据在多维数据集中结合起来，创建主题集市。在创建各个主题集市之前，必须先确定主题分析方向。如个人贷款主题，以 EAST 数据中的个人基础信息和个人信贷业务借据为主，依据个人的基础信息和贷款信息来划分维度，确定分析方向，最终商定从性别、年龄区间、学历、职业、贷款投向行业、贷款类型、贷款五级形态变动等方面分析个人贷款情况。若针对贷款和存款主题，则将贷款金额、贷款余额、存款余额、客户数、账户数作为分析内容，并自定义一些度量值作为分析内容，如环比、年初同比、单月同比。若针对总账报告，则将贷/借方余额作为分析内容，并自定义贷/借方环比、贷/借方年初同比、贷/借方月同比度量值作为分析内容。在数据仓库中，数据是面向主题进行组织的，主题是在较高层次上将企业信息源中的数据综合、归类并分析利用的抽象。在监管报表系统中，以贷款余额为例，其多维数据模型如图 8－6 所示。

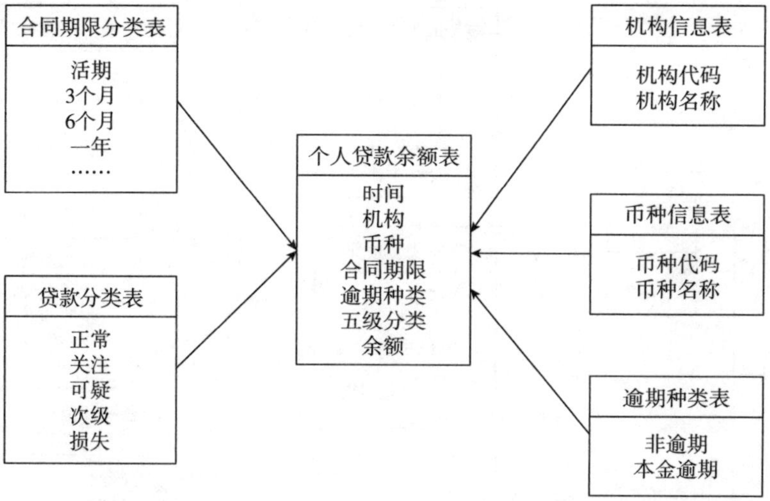

图8－6　贷款余额表多维数据模型

3. 报表数据模型

在报表数据建模过程中，报表可视为由一个应用指标组成。应用指标一般是对一类统计对象，按照一定维度进行分类之后的计算加工结果。在指标定义过程中，操作人员可以根据业务相似性或应用相同数据字段等因素，选择报表表样填报区中的一项、一列、一行，或者将一个矩形框范围内的所有项定义为一个指标，该指标是用户最终应用的数据，即应用指标。明确应用指标后，可以进一步进行指标解析。每个应用指标由基本指标和基本维度组合而成，基本指标是最小的业务含义度量单位，不包含信息的类别、类型、状态、标识、分层等性质的描述性语言，例如贷款余额。基本维度是最小的业务加工和汇总规则，例如风险分类、资产类别等。通过对报表及应用指标的解析，可以获得应用指标的编号、名称、定义等基本属性，以及应用指标所包含的基本指标、基础维度在银行信息系统中所对应的信息项（字段）及信息项取值规则，最终完成报表的加工实现。报表数据建模流程如图8－7所示。

三、商业银行数据分析可视化操作平台

可视化数据平台的架构包括：商业银行大数据平台系统每日生成

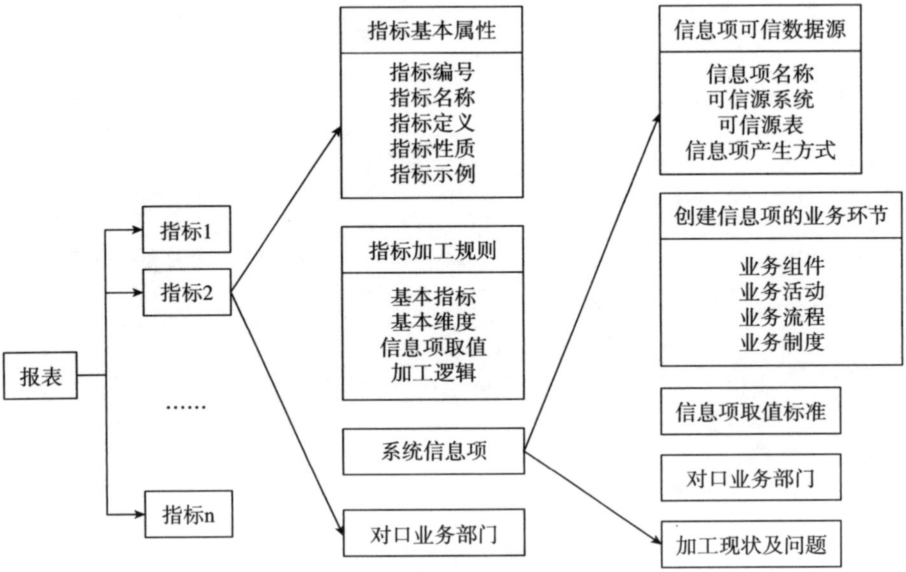

图 8－7　报表数据建模流程

T＋1 的 EAST 数据，加入 EAST 数据库；以 EAST 数据为基础，建成 EAST 数据仓库，包含有多个风险主题集市；通过聚合数据集，形成多维度的风险数据分析展示；根据专项模型库的监测模型，对 EAST 数据进行扫描，生成风险疑点报告，具体如图 8－8 所示。

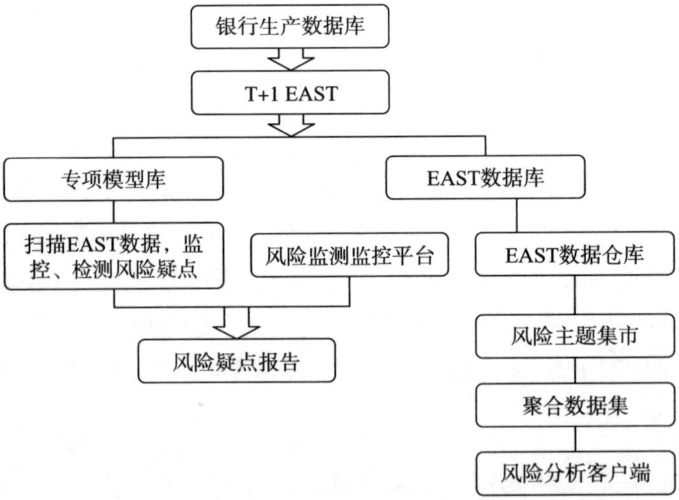

图 8－8　可视化数据分析平台架构

可视化操作平台以 EAST 数据为核心，结合信用卡、信贷资产转让等业务数据及监管标准数据，进行多层次的挖掘，最终形成多维数据展示呈现及风险疑点报告，如图 8－9 所示。

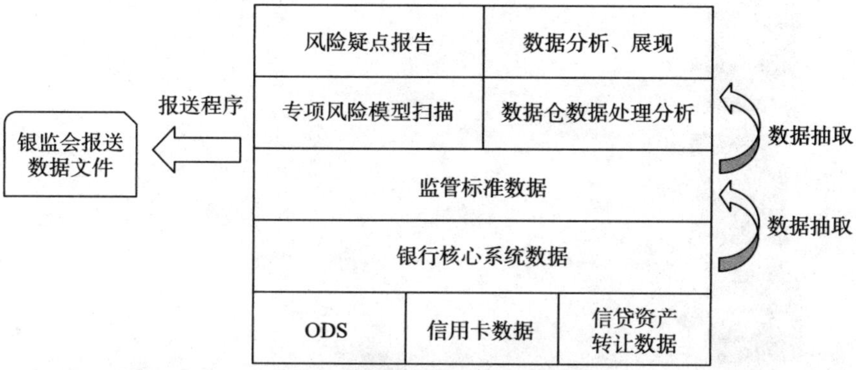

图 8－9　数据多层次挖掘利用架构

使用方便、灵活，数据显示直观是数据展示的最基本要求，要求做到全方位多角度任意维度组合、任意维度顺序、任意维度方向快速显示数据和图表，且所有操作只需拖拽鼠标，不要求业务部门的人员掌握 SQL 等基础编程技能。如图8－10所示为某商业银行使用的数据分析平台。平台可实现多维数据分析，操作者可以在表行、列上拖拽任意层维度，在行列上任意调整维度顺序，数据展示可以是数表也可以是图表。由于采用了聚合数据库，所有聚合数据都事先被处理计算过，查询中无须再次计算，极大地提高了反应速度。数据展示工具与具体数据集市分离，只需访问聚合数据库，在数据仓的逐步开发建设过程中无须对数据展示工具进行任何修改，没有长时间等待现象出现。某商业银行大数据分析平台在操作使用过程中，数据展现反应速度均为秒级。

另外，商业银行可以通过大数据平台即时获取外部风险事件，进而分析大流量的实时事件，并迅速洞察原委，实时整合来自多种异构数据源的数据，对海量运动中的数据进行连续实时的处理，通过可视化界面捕捉可能对用户有用的风险信息并及时预警。以流动性风险模型为例，图 8－11 展现未来各个时间段到期的流动性缺口和流动性缺口率，时间段分别为隔夜、2 天、3 天、4 天、5 天、6 天、7 天、14 天、1 个月。

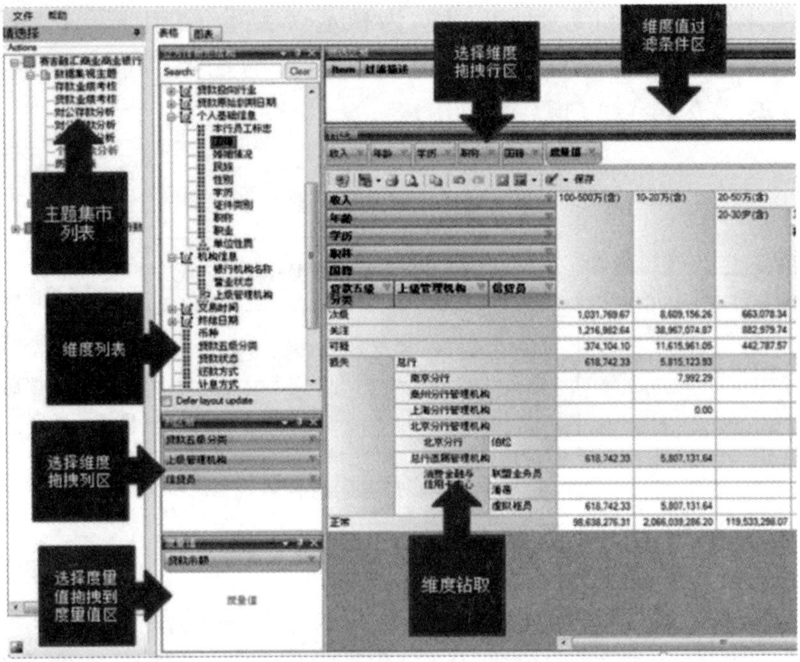

图 8－10　数据分析平台操作界面

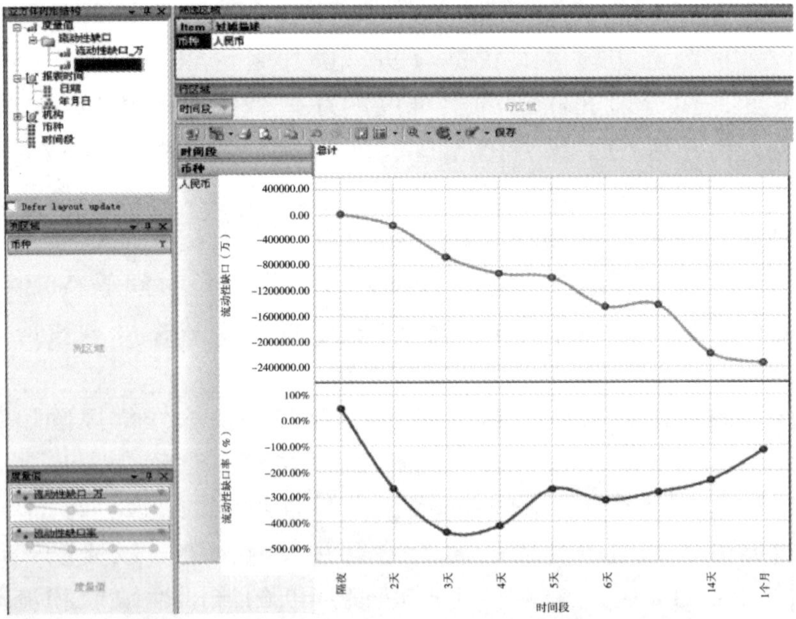

图 8－11　商业银行大数据分析平台可视化功能示例

第九章　商业银行数据挖掘技术

第一节　决策树分析

决策树算法的思想：首先，在对数据进行处理的过程中，将数据按树状结构分成若干分枝形成决策树，每个分支包含数据元组的类别归属共性，从每个分支中提取有用信息形成规则；其次，如何构造精度高、规模小的决策树是决策树算法的核心内容。

决策树一般都是自上而下生成的，每个决策或事件都可能引出两个或多个事件，导致不同的结果，把这种决策分支画成图形很像一棵树的枝干，故称决策树。

决策树算法是分类算法中最常见的一种方法，包含很多种不同的算法，主要有三类：

（1）基于统计学理论的算法，以 CART 为代表，这类算法对于非终端节点来说，有两个分枝；

（2）基于信息理论的方法，以 ID3 算法为代表，此类算法中，非终端节点的分枝由样本类别个数决定；

（3）以 AID、CHAID 为代表的算法，此类算法中，非终端节点的分枝数在两个至样本类别个数范围内分布。

一、决策树生成过程

决策树生成过程如图 9 - 1 所示。

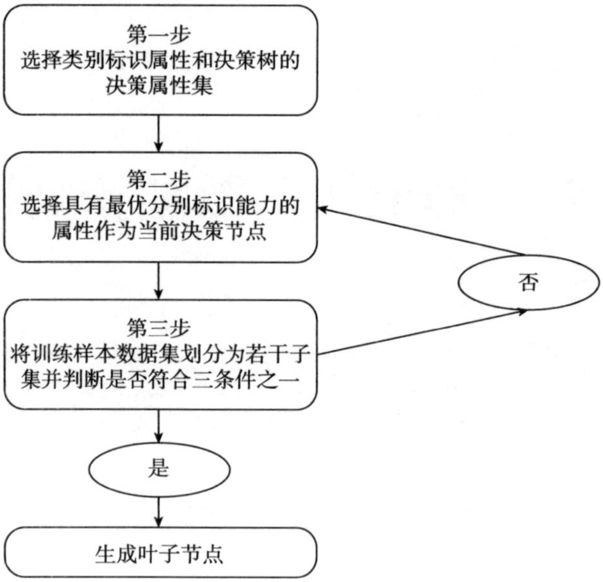

图 9 -1　决策树生成过程

（1）用户根据实际需求及所处理数据的特征，选择类别标识属性和决策树的决策属性集。

（2）在决策属性集中选择具有最优分别标识能力的属性作为决策树的当前决策节点。

（3）根据当前决策节点属性取值的不同，将训练样本数据集划分为若干子集。

（4）针对上一步中得到的每一个子集，重复进行上述的（2）和（3）两个步骤，直到最后的子集符合结束的三个条件之一。

（5）根据符合的不同条件生成叶子节点。

其中，结束的三个条件为：

（1）子集中的所有元组都属于同一类；

（2）该子集是遍历所有决策属性后得到的；

（3）子集中所有剩余决策属性的取值完全相同，已经不能根据这些决策属性进一步进行子集划分。

对满足条件（1）所产生的叶子节点，直接根据该子集的元组所属类别进行类别标识，满足步骤条件（2）或（3）所产生的叶子节点，选择子集所含元组的代表性类别特征进行类别标识。

二、决策树的剪枝

决策树剪枝是对上一阶段所生成的决策树进行检验、校正和修正的过程，主要是采用新的样本数据集（成为测试数据集）中的数据检测决策树生成过程中产生的初步规则，将那些影响预测准确性的分枝剪除。一般情况下，根据测试数据集中的每一元组对生成的规则进行预测准确性的检验。如果预测准确性过低，则将该分枝剪除。树的剪枝过程如下：

（一）先剪枝（Prepruning）

先剪枝是指在建树的过程中终止树的建立以达到对树进行剪枝的目的。终止只是将该节点变成叶子节点，该节点可能包含训练子集中经常出现的类或这些样本的可能分布。先剪枝的关键在于选择阈值。通常使用统计显著性、χ^2 及信息增益等方式来评估树的分枝的好坏。当在某个节点的分枝将会导致其结果低于预先设置好的阈值时，则要终止对给定子集的进一步划分。

（二）后剪枝（Postprining）

后剪枝是在决策树建立之后，对形成的决策树的分枝进行清理的过程，其代表算法为代价复杂度剪枝算法。代价复杂度剪枝算法的思想如下：

（1）计算生成的决策树中每个非叶子节点被剪除后可能产生的期望出错率，同时计算保留对应分枝所可能产生的期望出错率；

（2）如果剪除该节点会产生较大的误差，则该节点被保留，否则，该节点将被剪除；

（3）剪枝后，最下层的未被剪枝的节点成为叶子节点，用剪枝前它的分枝中最常出现的类进行标识；

（4）选用一套独立的测试数据集去评价每一棵生成的决策树的精确度，出错率最低的决策树是人们所希望得到的决策树。

三、决策树算法

（一）CART 算法

CART 将 Gini 系数作为决定分支变量的准则（Gini 系数是衡量数

据集合对于所有类别的不纯度），对每个分枝节点进行数据分割，并建立一个二分式的决策树，以决定最佳分支变量。CART 的特色除了为二元分支算法外，还包括能处理类别型变量及连续型变量的分类问题。

首先，给定一个节点，以 Gini 系数对分支变量进行二元分割，假设属性的分支水平为 s，t_l与t_r分别为节点 t 的左右子节点，并比较分支前后的纯度差异，如式（9－1）所示：

$$\Delta Gini(s, t) = Gini(t) - [Gini(t_l) + Gini(t_r)] \tag{9-1}$$

若 ΔGini（s，t）＞0，表示子节点的纯度比其父节点的纯度高，不考虑分支；若 ΔGini（s，t）≤0，则表示子节点的纯度比其父节点的纯度低，则作为该变量的候选分支水平。借由穷举搜索所有可能的分支水平，CART 算法在每一个可能的分支变量中会选择具有最大化纯度的分支水平作为候选分支依据，再经由比较从所有候选分支变量中选择具有最大纯度的分支作为节点的分支。利用训练数据表完成决策树的构建后，CART 利用具体的修剪方法，减少不必要的分支。

（二）ID3 算法

ID3 算法是 J. Ross Quinlan 在 1986 年提出的分类预测算法。它是利用信息论中的信息增益（Information Gain）寻找示例数据库中具有最大信息量的属性字段，建立决策树的一个节点，再根据该属性字段的不同取值建立树的分枝，在每个分枝集中重复建立树的下一个节点和分枝的过程。

1. ID3 算法描述

（1）依据当前的训练样本集合，计算各属性的信息增益。

（2）选择信息增益最大的属性 A。

（3）把在 A 处取值相同的训练样本归于同一子集，A 取几个值就得几个子集。

（4）对既含正例又含反例的子集，递归调用建树算法。

（5）若子集仅含正例或反例，则对应分枝标上 P 或 N，返回调用处。

2. 决策属性信息增益的计算方法

（1）设 S 是训练样本数据集，在 S 中定义了 m 个类 c_i，i＝1，2，…，m。R_i 为数据集 S 中属于类 c_i 的子集，r_i 用于表示子集 R_i 中元组的数量。

（2）集合 S 在分类中的期望信息量：

$$I(r_1, r_2, \cdots, r_i) = -\sum_{P_i} \log(P_i) \quad (9-2)$$

其中，P_i表示任意样本属于 c_i 类的概率，$P_i = r_i / |s|$。$|s|$为训练样本数据集中的元组数量。

（3）假设属性 A 共有 v 个不同的取值$\{a_1, a_2, \cdots, a_v\}$，则通过属性 A 的取值可将数据集 S 划分为 v 个子集，其中S_j表示在数据集 S 中属性 A 的取值为a_j的子集，$j=1, 2, \cdots, v$。

（4）如果用s_{ij}表示S_j子集中属于 c_i 类的元组的数量，则属性对于分类 c_i（$i=1, 2, \cdots, m$）的熵（也称为属性 A 对于分类 c_i（$i=1, 2, \cdots, m$）的期望信息量）可由式（9－3）得出：

$$E(A) = \sum \left(\frac{s_{1j} + \cdots + s_{m_j}}{|s|}\right) I(s_{1j}, \cdots, s_{m_j}) \quad (9-3)$$

令$w_j = (s_{1j} + \cdots + s_{m_j}) / |s|$，则$w_j$为子集$S_j$的权重，表示$S_j$子集在数据集 S 中的比重，而属性 A 的每个取值对分类的期望信息量 $I(s_{1j}, \cdots, s_{m_j})$，可由式（9－4）给出：

$$I(s_{1j}, \cdots, s_{m_j}) = -\sum_{p_{ij}} \log(p_{ij}) \quad (9-4)$$

其中，$p_{ij} = s_{ij} / |s|$，表示在子集S_j中属于类 c_i 的比重。

（5）将属性作为决策分类属性的度量值（称为信息增益），由式（9－5）给出：

$$Gain(A) = I(r_1, r_2, \cdots, r_m) - E(A) \quad (9-5)$$

其中，$I(r_1, r_2, \cdots, r_m)$是集合 S 在分类中的期望信息量。也就是能把 S 集合按照 c 分类完全划分开来所需的分类能力，或者说就是所需要的信息量。

$E(A) = \sum w_j I(s_{1j}, \cdots, s_{m_j})$，是在用 A 属性把 S 划分为 v 个子集后，每个子集的期望信息量与其权重乘积求和，也就是用 A 属性划分 S 集合后仍需的信息量。两者相减，就是用属性 A 划分集合 S 带来的信息增量。

3. ID3 算法的注意事项

（1）ID3 算法只能处理离散型属性。

（2）信息增益的特点（信息增益的主要特点是趋于那些有很多值的属性）会直接影响 ID3 算法的运算效率及计算结果。

（3）数据质量的好坏（体现在数据是否存在大量的冗余、数据属性之间的相关性过强以及数据缺损、不完整等）是影响数据挖掘效率及结果的主要因素。

（4）数据存储方式的不同会影响 ID3 算法处理的灵活性和交互性。

（三）CHAID 算法

CHAID 是 AID（Automatic Interaction Detection）算法的延伸，根据卡方检定统计量的显著性检定，决定最佳分支属性，可以将属性划分为多个分支，为多元分支（Multi – branch）决树算法。CHAID 算法是以卡方检定的结果决定分支属性，先由用户制定合并（Merge）的门槛值 a_1 与分割（Split）的门槛值 a_2、a_3，将每个属性值视为不同群组，若是顺序尺度数据，则需要将数据依序排列，每次两两检定为相邻的两组作为可能的分支，借由列联表找出相对应的类别。采用两两分支检定的方式，计算出用于检定两分支是否有显著差异的 p – value 值，若该 p – value > a1，则合并此两分支为新群组，并重复检查所有分支，直到所有分支两两检定的结果均为显著或已经仅剩两个分支。

接着，检查所有包含两种以上种类的分支节点，若节点内的检定结果为显著且 p – value < a2 时，则将该节点中不同类别的样本划分至不同的分支节点。当属性数据产生遗漏值时，CHAID 会将所有遗漏值视为同一个群组。此外，鉴于样本数会影响到分支检验，所以在 CHAID 中以 Bonferroni 调整 p – value 系数为最终比较的依据。

最后，从所有 Bonferroni 调整 p – value < a3 的属性中挑选出最显著的属性作为分支节点，并将该节点中不同类别的样本区隔至不同的分支节点，否则即以此节点为叶节点。在 CHAID 分支过程中，每个节点都是基于选定的相依变量而分支，并将卡方检验作为分支准则以区隔分类属性的显著程度。因此，当所区隔的分支并无显著差异时，则合并为同一分支；反之，则保留该分支并进行下一层的分支。

CHAID 的最大限制在于数据特性必须为类别变量，倘若遇到连续型变量，则需将数据转换为类别型变量，或以高、中、低等类别属性来取代原有的数值变量。CHAID 算法与 CART 的不同之处在于，后者采用事后修剪决策树的方式，而前者则于决策树的建立过程中，直接加入使决策树停止生长的机制。

第二节　人工神经网络

人工神经网络（Artificial Neural Networks）模仿生物神经网络的信息处理系统，以处理复杂的问题，从其他人工神经元或外在环境取得信息，借由网络结构及不同的学习算法训练人工神经网络，使其输出能达到期望的目标。

人工神经网络分为不同阶段：

（1）学习（Learning）阶段主要是建立神经元间的连接模式、修正连接神经元之间的权重、调整神经元激活函数（Activation Function）中的门槛值；

（2）回想（Fecall）阶段为当神经网络接收到一个输入的刺激后，依据建立的神经网络架构产生一个相应的输出值；

（3）归纳推演（Induction）阶段为从局部观察而推导出整体特性的过程，提供有效率的记忆与储存模式。

一、人工神经网络的基本结构

网络结构又称为网络拓扑（Network Topology），由许多神经元或节点以各种连接方式所组成。较为常见的三层网络拓扑，包括输入层、隐藏层与输出层，其定义与功能如下：

（一）输入层（Input Layer）

输入层是处理单元接收外在环境所输入的信息，依问题特性，常使用线性转换函数将输入数据转换成适应网络的信号。输入层的每个神经元只接收一个输入变量作为其输入值，并将输出值送至下一层中的各个神经元，因此，输入层神经元的个数等于输入变量的个数。输入层分成两种类型：

（1）输入层中的神经元包含配重值、偏移量及转换函数；

（2）输入层中的神经元只具有接收输入变量的功能，输出值等于输入变量，没有运算的功能。

（二）隐藏层（Hidden Layer）

隐藏层介于输入层与输出层之间，作为处理单元彼此间交互作用的内在结构解决非线性的问题。隐藏层神经元的个数并无特定规则决定，分析者可视数据复杂度调整隐藏层的层数（可以是零或是多层）及该隐藏层神经元的个数。通常需依赖经验、公式或实验的方式去决定其最适单元数目及使用的非线性转换函数。当隐藏层为一层或两层时收敛效果较佳，若隐藏层神经元的数目过多，虽然能让训练集数据产生较小的误差值，但测试集数据的误差可能会不降反升，造成过度配适的后果。

（三）输出层（Output Layer）

输出层处理单元处理输出至外在环境的信息，处理单元的个数依不同问题而定，亦可使用非线性转换函数将输入数据转换成输出信号。输出层中每个神经元的输出值即网络的输出值，所以输出层神经元的个数等于网络的输出值个数。输出层的功能包括三种：

（1）归一化输出。将同一层处理单元的原始输出值所组成的向量先行归一化，转化成单位长度向量后，再输出信号。

（2）竞争化输出。在由同一层处理单元从原始输出值组成的向量中，令一个或多个最强处理单元的输出值为 1（即优胜单元），其余处理单元的输出值为 0，再输出信号。

（3）竞争化学习。在由同一层处理单元的原始输出值组成的向量中，选择一个或多个最强势的处理单元，只调整与其相连的下层网络连接。

人工神经网络的学习能力与其系统架构的大小及形态有关，神经元个数太少可能无法处理复杂的问题，神经元个数太多则可能导致过度配适。网络层数的选择并非越多越好，层数越多计算就越复杂，也就越容易出现局部优化的问题，因此，一般问题至多只要两层隐藏层。在决定隐藏层内的神经元数时，可以采用尝试错误法（Trial - And - Errormethod）不断地递归测试，依不同问题的复杂度找出最佳处理单元数。

人工神经网络依据连接架构可分为前向式人工神经网络（Feed - forward Neural Network）与反馈式人工神经网络（Recurrent Neural Network）。

前向式人工神经网络是由单层或多层的神经元组成的，神经元间的数据传递方向与整个网络的数据传递方向相同，为向前的单向传递，其信息传递的方式是从输入层（经由隐藏层）往输出层传送，同侧间不相连且无递回传递，每一层神经元只会接收上层神经元传送过来的输出值，处理后得到一个新输出值。换言之，第一层隐藏层只会接收来自输入层的输入变量，而第二层隐藏层只会接收来自第一层隐藏层的输入变量。

就网络层而言，在处理简单的问题时并不需设定隐藏层，然而，当面临复杂且庞大的数据运算，或是单层网络架构所不能处理的异或函数（XOR）及复杂的非线性问题时，就需借助隐藏层的函数运算，处理交互作用，了解更多的高阶作用，以提升人工神经网络的效用。根据层数的多寡，人工神经网络又可分为单层前向式人工神经网络与多层前向式人工神经网络。其中，单层前向式网络由于整个网络仅由一层具有信息处理能力的人工神经元所组成，所以功能性通常较差，只能处理线性问题；而多层前向式网络根据连接的方式可细分为“部分连接”（Partially Connected）与“完全连接”（Fully Connected），结构较为细密，因此可以处理较复杂的问题。

前向式人工神经网络常应用于图样识别（Pattern Recognition）、感知器（Perception）、反向传播人工神经网络（Back Propagation Neural Network，BPNN）、线性联想记忆（Linear Associate Memory）、自组织映射网络（Self - organizing Network）等。

反馈式网络架构至少有一反馈方向，可以递归给同一层或输入层、输出层前一层的神经元作为其输入数据，亦即此网络的输出会通过另组连接值连接于网络的某处（如输入层或隐藏层），再反馈至网络本身。因此，反馈式人工神经网络为一种动态网络架构，在网络训练过程中会通过神经元间的连接而显示不同的状态，直到达到平衡点，也就是当输入值改变或是已找出最佳参数组合及最佳模型时，才会停止动态转移。其常以多层网络架构呈现，以处理较复杂的问题。

反馈式网络主要是用来处理与时间有关的数据或问题，借由反馈的过程使神经元间产生时间上的延迟，增强网络的学习能力。应用反馈式人工神经网络架构的模型有自联想式记忆（Auto - Associative Memory）、梯度搜寻法（Gradient Type）、暂时性关联式记忆（Temporal Associative Memory)、自适应共振理论网络（Adaptive Resonance Theory Network，ART）等。

二、人工神经网络的算法

（一）反向传播人工神经网络

反向传播人工神经网络（Back Propagation Neural Network，BPNN）是广为使用的监督式学习网络，一般使用反向传播学习算法与多层感知器架构即构成反向传播人工神经网络，如图9－2所示。

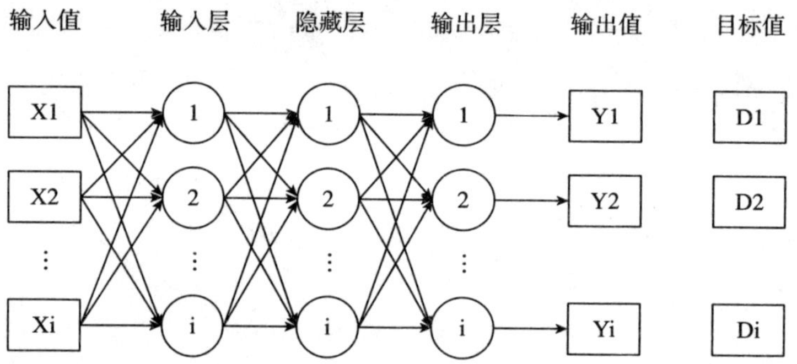

图9－2　反向传播人工神经网络

反向传播人工神经网络通常采用前向式多层网络模式，包括输入层、隐藏层与输出层。

（1）输入层。即网络的输入变量，神经元数目的多寡可视输入属性个数而定。为提升网络的训练效率，可事先进行训练组样本数据的前置处理。

（2）隐藏层。用于处理输入层单元间的交互作用或非线性的关系，其数目往往由尝试错误法决定，并以一层或两层时收敛效果为佳，可避免过度配适。

（3）输出层。用来代表人工神经网络的输出值，神经元数目的多少需视问题而定，而输出神经元可依问题需求面决定是否要采用介于1和－1间的线性或非线性双弯曲转换函数。

反向传播神经网络的学习算法使用的是误差反向传播算法，演算过程包括正向及反向的传递。正向向前传递的过程，是将输入信号经网络内部的权重及门槛值处理后，再传递至隐藏层，在隐藏层将所有传来的信息通过转换函数转换成一输出值，最后传向输出层。因此，代表输入层的神经元会直接影响隐藏层的神经元，进而间接影响输出层的神经元，得到输入与输出间的相互关系。如果神经元的输出值与目标值不一致，则反向向后传递，将计算值与目标值的误差信号沿着原来网络连接的通路返回，根据学习法则沿途修正网络内各层的权重及门槛值，更新后的内部各权重值将作为新的连接权重再输入下一笔数据，重新进行正向及反向的运算，所以称作“反向传播学习算法”。如此经由多笔数据迭代后，直到神经元输出值将趋近于目标值或达到最大周期数，输入所有训练数据集的数据进入网络并完成学习的过程即称为一个周期。

完整的网络学习是不断地重复学习，也就是说如果训练数据有100个样本数据，最大学习周期数为100，则最大的网络学习则将输入10000笔。若训练结果不理想，则可尝试增加训练周期，同时依照问题的复杂程度，不断尝试以找出每次学习循环是否均需依相同的次序输入训练范例，抑或随机挑选。

（二）自组织映射网络

自组织映射图（Self – Organizing Map，SOM）网络属于非监督式的学习算法，又称Kohonen网络，采用竞争式的网络架构，输出层的神经元会根据输入数据特征，在输出空间中呈现出有意义的拓扑结构，亦即使任意维度的输入向量映射至二维或低维度的映射网络图上，也就是将输入数据空间以非线性的投影法转换至二维特征的空间上。由于其所产生的拓扑结构可反映输入数据本身的特征，因而称作“自组织映射网络图”。

SOM能借由网络架构发掘数据本身的特征与关联性，聚集特征相近的数据，进而分群。SOM的特性是物以类聚，能够处理大量且高维度的多变量数据，且能保留原始数据所隐含的重要信息。SOM在网络学习的过程中采用竞争式学习算法，首先将输出神经元安排在有前后关系的直线或平面上（基本上为二维平面），通过输入向量量化与投影，将多维度的数据映射到输出层的拓扑坐标上，以视觉上容易检查的二维网络拓扑方式呈现其群聚结果。其基本的运作原理为计算出各输入特征值映射至输出层的每一神经元之距离，如欧式距离（Euclidean Distance），再比较所有的距离选出具有最小距离值的神经元为优胜神经元。根据竞争式学习算法，胜出的网络输出神经元连接权重会越来越强，并可调整获胜输出神经元周围相邻的神经元的连接权重，使其更接近原始的输入向量，以拉近与输入向量的距离，逐渐形成各群聚区域。

有别于反向传播人工神经网络，SOM 网络架构仅包括输入层与输出层。

（1）输入层。主要是加载输入变量为输入神经元，来自输入向量 X = {x1，x2，…，xp}，其中每一个神经元都相互独立，连接权重也相互独立。

（2）输出层。主要为神经元的输出，输出的神经元并非只有一个，其数目需视问题而定，并会以一维向量或二维拓扑图呈现。每一个输出单元都会连接到输入单元，其连接权重决定神经元之间关系的强弱。不同于其他人工神经网络，SOM 在输出层加入了网络拓扑及邻近区域的概念。

（三）自适应共振理论人工神经网络

自适应共振理论（Adaptive Resonance Theory，ART）的神经网络模型为无监督式学习算法，主要应用于辨识及分群，利用输入图样与储存记忆的相似度（Matching Score）来完成此一任务。ART 网络是一种动态架构的神经网络，克服了一般竞争学习网络在输入图样重复的情况下所产生的不稳定现象（即输入相同图样时，可能于此次迭代会分在 C 类，而于下一次迭代则分到 D 类）。ART 人工神经网络是一个实时系统，能够将任意序列的输入图样组织成稳定的辨识码（Recognition Code），因此其演算过程具有适应性机制，可避免产生网络不稳健的问题。

所谓的共振理论是指，在竞争学习下优胜的神经元必须符合原输入样型，才有资格进行更新及学习，以通过网络的前向与反馈路径所产生的交互作用，来监视系统的学习行为，更新权值向量，使得输出图样重复出现，达到共振状态（Resonant State）。由此发展出来的算法有 ART1、ART2、ART3 和 Fuzzy ART 等多种模式。ART1 只适用于输入值为二元变量值的情况；ART2 则可用在输入值为连续性数值的情况（Carpenter & Grossberg，1987b）；ART3 为阶层式的 ART 网络架构，以化学发散的概念使搜寻过程更有效率；Fuzzy ART 则是合并 ART 算法与模糊算法机制的模式。

ART 网络的演算机制为将 p 维度的输入向量映射至单一的输出分类。ART 的网络架构分为两个层次：输入层与输出层，这两个层次间的节点完全连接。

（1）输入层。为阄割版数据的输入向量，其处理单元的个数与数据特征数有关。

（2）输出层。用以表现网络的输出变量，每一个输出神经元即代表一个分群图样，和自组织映射网络的输出层定义类似，差别在于后者有“网络拓扑”与“邻近区域”的观念，但自适应共振理论网络则无。其输出层的处理单元数目最初只有一个，但在学习过程中会逐渐增加，稳定为一定的数目后，学习过程即告结束，此和其他人工神经网络模式输出层单元的数目为固定值极为不同。

（3）网络连接。自适应共振理论的每一个输入层单元与输出层单元间有前向与反馈两方向的网络连接，由下往上的连接是负责让输入层通过权值 b 的计算，并输送至输出层竞争；由上往下的连接则是负责让优胜神经元的图样形态输送回输入层比对，若比对的结果相似则更新旧有记忆，否则需另建立新的图样群组，以储存新的记忆。

第三节　聚类分析

聚类分析是依据数据相似度或相异度而将数据分为数个聚类的方法，使得同一群体内的数据或个体相似程度大，而各个群体之间的相似程度小。聚类分析的结果不仅可以解释数据间的内在联系与区别，同时也为进一步的数据分析与知识发现，如数据间关联规则、分类模式及数据变化趋势等的发现提供了重要的依据。

聚类算法可以分为划分聚类方法、层次聚类方法、基于密度的聚类方法和基于网络的聚类方法。

一、划分聚类方法（Partitioning Clustering Method）

划分聚类方法是一种基于原型的聚类方法。其基本思路是：先从数据集中选择几个对象作为聚类的原型，然后将其他对象分别分配到由原型所代表的最相似，也就是距离最近的类中。该类方法的主要优点是复杂度较低，对处理大数据集是相对可伸缩和高效的。缺点是该类算法要求事先给出将要生成的数目 k，这就与聚类算法的初衷相矛盾了，并且 k 个初始点的选择对聚类结果的影响也很大。此外，该类算法只能发现非凹的球状，对于噪声数据很敏感。

根据所采用的原型的不同，聚类方法主要分为 k－means 和 k－medoid 两大类方法。

（一）k－means 算法

k－means 算法即 k 均值算法，假设要将 n 个对象分成 k 类，在 k－means 算法中，首先随机地选择 k 个对象代表 k 个类的中心，依据距离最小原则将其他对象分配到各个类中，在完成首次对象的分配后，将每一个类中所有对象各属性的均值作为该类的新中心，进行对象的再分配，重复该过程直到没有变化为止，即可得到最终的 k 个类。

1. k－means 聚类算法的聚类过程

给定 n 个数据点的集合 A，$A=\{A_1, A_2, \cdots, A_n\}$，聚类划分的目标是从集合 A 中找到 k 个类 B，$B=\{B_1, B_2, \cdots, B_k\}$，使每一个点 A_i 被分配到唯一的一个聚类 B_j 中，其中 $i=1, 2, \cdots, n$；$j=1, 2, \cdots, k$。

2. k－means 算法的基本思想

一个包含 n 个数据的对象，要生成 n 个类，首先随机选取 n 个对象，每个对象为 1 个类的初始平均值或中心，然后通过欧几里得距离度量计算其离每个聚类中心的距离，把其余数据归到离它最近的类，对调整后的新簇使用平均法计算新的聚类中心。重复进行计算，如果聚类中心没有任何变化，算法结束，最后使所有的数据对象都存放在相应的类 B_j 中。

计算对象间相似度比较常用的方法是距离度量，它一般依赖于欧式距离。任意取 d 维样本空间 D 中的两个数据元素 x、y，在数值属性条件下，可以方便地计算出两者之间的距离。设 D 中的两个数据元素

$x_i=(x_{i1}, x_{i2}, \cdots, x_{id})$和$x_j=(x_{j1}, x_{j2}, \cdots, x_{jd})$。

平方误差准则定义如下：

$$E=\sum_{i=1}^{k}\sum_{x\in B_j}|x-\bar{x}_i|^2$$

其中，E 表示数据库中所有对象平方误差的总和；x 表示集合中的数据点；$\bar{x}_i$表示类B_j的平均值。

3. k－means 算法的输入与输出

输入：结果类个数 k，包含 n 个对象的数据集合。

输出：k 个类的集合。

4. k－means 算法的步骤

（1）随机选取 k 个对象$A_j\in B$作为初始类中心；

（2）把每个数据分配到离类中心距离最近的类中；

（3）计算新类的平均值，并重复（2），直到平均值不再改变为止。

K－means 聚类算法的每一个聚类可以仅由该类的中心向量和点数表示，实现方便、内存使用率低。其算法简单、易于解释，且时间复杂度和数据集大小呈线性关系，数据集较大时 k－means 算法的执行效率比较低，对大数据集的扩展性比较差。

（二）k－medoid 算法

k－medoid 算法即 k 中心点算法。假设有 n 个对象需要分成 k 类，在 k－medoid 算法中，首先选择任意 k 个对象代表 k 个类的中心，根据距离最小原则将其他对象分配到各个类中。然后选取每个类中接近类中心的一个对象表示新的 k 个类中心，反复迭代运算，得到最终聚类结果。

聚类质量是否改善，可采用交换成本函数进行评估。该函数定义如下：

$$\Delta E=E_2-E_1 \quad (9-6)$$

其中，ΔE 代表均方差的变化，如果该值为负值，则代表聚类质量得到了改善，就替换原聚类中心；E_2代表替换后所有数据对象与相应聚类中心的均方差之和；E_1代表替换前所有数据对象与相应聚类中心的均方差之和。

1. k－medoid 算法的输入和输出

输入：结果类个数 k，包含 n 个对象的数据集合。

输出：k 个类的集合。

2. k－medoid 算法的步骤

（1）随机选取 k 个对象 $A_j \in B$ 作为初始类中心；

（2）把每个数据分配到离类中心距离最近的类中；

（3）计算新类的任意对象与原类中心对象的交换成本 ΔE，若 ΔE 为负值则交换两个对象并跳转（2），若 ΔE 为正值则重复（2），若 ΔE 为零则得到聚类最终结果。

二、层次聚类方法（Hierarchical Clustering Method）

层次聚类方法是对给定的数据对象集合进行层次的分解。根据层次的分解形式，目前层次聚类的方法可以分为凝聚和分裂两大类。凝聚型层次聚类法（Agglomerative Hierarchical Clustering）也称为自底向上（Bottom－Up）的方法，一开始将每个对象作为单独的一个类，然后相继地合并相近的类，直到所有的类合并为一个（层次的最上层），或者达到一个终止条件。分裂型层次聚类法（Divisive Hierarchical Clustering），也称为自顶向下（Top－Down）的方法，开始时将所有的对象置于一个类中，然后在迭代的每一步中，类被分裂为更小的类，直到每个类只包含一个对象为止，或者达到一个终止条件。凝聚及分裂层次聚类方法，通常以用户定义希望得到的类的数目作为结束条件。层次聚类方法虽然简单，但经常会遇到凝聚点或分裂点选择的困难。选择的决定是非常关键的，因为一旦一组对象被凝聚或者分裂，下一步的处理就将在新生成的类上进行，已做的处理不能被撤销，类之间也不能交换对象。如果在某一步没有很好地做出凝聚或分裂的决定，则可能会导致低质量的聚类结果。由于这种聚类方法不具有很好的可伸缩性，所以人们提出了众多改进的层次聚类算法，以改进层次聚类方法的性能。层次聚类方法采用一种迭代控制策略，使聚类逐步优化，是按照一定的相似判断标准，合并最相似的部分或者分割最不相似的部分。

层次聚类方法有许多算法，如 BIRCH（Balanced Iterative Reducing and Clustering Using Hierarchies）算法和 CURE（Clustering Using Representatives）算法。

（一）BIRCH

BIRCH 算法包括两个阶段：第一阶段扫描数据库，建立初始存于内存的 CF 树；第二阶段采用某个类算法对 CF 树的叶节点进行聚类，以进一步改进聚类质量。由于 CF 树的每个节点只能包含有限数目的条目，因此节点并不总是对应于自然聚类。另外，由于 BIRCH 算法用直径的概念来控制聚类的边界，如果聚类的边界不是球形的，则 BIRCH 算法不能很好地工作。

BIRCH 算法试图利用可用的资源生成最好的类结果。其通过一次扫描就可以进行较好的聚类，故该算法的计算复杂度是 O（n），n 是对象的数目。BIRCH 算法首先建立存放于内存的 CF 树，再采用某个聚类算法对 CF 树的叶节点进行聚类，类步骤如下：

（1）扫描整个数据库一次，建立一个初始化的聚类特征树；

（2）用一个聚类算法来聚合这些叶节点。在第一阶段，聚类特征树是随着记录一个一个地加入而自动形成的，一个记录被放入那个离它最近的叶节点（类）中去。如果放入以后这个子类的半径大于门限值 T，那么这个叶节点就会被分割，这个放入的信息也会传递到根节点中去。聚类特征树的大小可以通过调节参数来改变，如果要存储的树需要的内存超过了主内存，就要减小门限值重新建立一棵树，这个重建过程并不需要将整个数据库再扫描一次，而是建立在老的树的叶节点的基础之上的。因此，建立一棵树记录需要被扫描一次，以提高聚类特征树的质量。当树建好以后，就可以在第二阶段用其他的聚类算法了。

（二）CURE 算法

CURE（Clustering Using Representatives）算法是由 Guha、Rastogi 和 Shim 提出的，采用的是聚结型层次聚类策略。CURE 算法不用单个中心或对象来代表一个类，而是选择数据空间中固定数目的具有代表性的点来代表一个类，可以识别复杂形状和大小不同的类，而且能很好地过滤孤立点。该算法首先把每个数据点看成一类，然后再合并距离最近的类直至聚类个数为所要求的个数为止。CURE 算法对类的表示方法进行了改进，回避了用所有点或简单地用中心和半径这样单一条件来表示一个类的做法，从每个类中抽取数量固定、分布较好的点作为描述此类的代表点，并将这些点乘以一个适当的收缩因子，使它们更靠近类的中心点。将一个类用多个代表点来表示，就使得聚类的外延可以向非球形的形状扩展，进而可调整聚类的形状，以表达那些非球形的类。另外，CURE 算法对收缩因子的使用降低了噪声对聚类的影响，同时，采用随机抽样与分割相结合的办法提高了算法的空间和时间效率。总的来说，CURE 算法能够处理大数据集，不受对象分布形状的限制且能灵活地处理异常值，算法描述如下：

（1）从源数据对象中抽取一个随机样本 S；

（2）将样本 S 分割为组划分；

（3）对划分局部进行聚类；

（4）通过随机取样提出孤立点，如果一个簇增长太慢，就去掉该簇；

（5）对局部的簇进行聚类；

（6）用相应的标签标记数据。

Guha、Rastogi 和 Shim 在 CURE 方法的基础上，又提出了适用于分类数据的 ROCK（Robust Clustering Using Links）聚类方法。Qian Yuntao 提出了 CURE – Ns 方法，采用改进的收缩策略，提高了 CURE 方法的聚类能力。Karypis、Han 和 Kumar 基于对 CURE 和 ROCK 缺点的观察，提出了采用动态模型的 Chameleon 方法，同时考虑对象间的互连性和类间的近似度，在发现高质量的任意形状的聚类方面有了更强的能力。

上述层次聚类方法虽然有效地提高了算法的聚类能力，但大大延长了算法的执行时间，它们的计算复杂度均为 O（n^2）或更高。

第四节　关联规则

关联规则（Association Rules）主要是从庞大数据中提取出一系列变量或因子间的关系，以探索数据的变量或项目间隐含的关系。阿格拉沃尔等最早从庞大事务数据中发掘商品间隐含的关联规则，以了解消费者购买行为与产品销售的关系。其研究发现关联规则是通过规则的描述所察觉的关联，即“若A，则B”，例如，“若是下雨天，则雨伞销售量会增加”的关联规则，在日常生活中很容易发现类似的逻辑关联。

然而，有些实证的关联规则，如顾客购买“尿布”，则常会一并购买“酒”，即“尿布—酒”的关联规则，并不易事先察觉。经由卖场事务数据的挖掘发现了“酒与尿布同时出现在周末的同一笔交易中”的有趣现象，进一步了解后发现，有婴儿的美国家庭通常周末不会出去玩，因此大部分的人在周末采购婴儿尿布时，又会顺便采购几箱酒在家里喝。根据所挖的关联规则，卖场调整商品的陈设位置或做搭配营销，把酒和尿布放在一起，两者的销售量都增加了三成。此外，当当网会根据顾客过去的交易记录找到关联规则，了解购买过此书的人同时也曾买过哪些商品，以自动推荐相关书或与其他商品做搭配营销。通过数据挖掘的关联规则和有效推荐，不但能成功促销滞销品、增加商品的销售量、扩大营收，还可以预测顾客未来的购买行为，为产品开发和进货决策的制定提供依据。

一、关联规则的定义

关联规则定义如下：令 $I = \{i_1, i_2, \cdots, i_m)$ 是所有相异物品项目（Item）的集合，记载了以交易为主的相关数据，称为事务数据库（Transaction Database），是主要分析目标。T 表示一笔交易（Transaction）记录内的物品项目集，有专属的代号（Identification），且 $T \subseteq I$，假若在集合 D 中，项目 X 与项目 Y 产生关联规则，表示当交易记录 T 包含项目 X 时，有很大机会将同时包含项目 Y，此规则（Rule）可表示为 $X \rightarrow Y$（if X then Y）。其中，X 为前提项目集（Antecedent Item set），Y 为结果项目集（Consequent Item Set），X 和 Y 皆为 l 的子集合（或元素），且 $X \cap Y = \emptyset$。

二、关联规则的衡量指标

关联规则常利用支持度、置信度和增益等三个衡量指标来分别表示其显著性（Significance）、正确性及价值，将给定的最小支持度（Minimum Support）与最小置信度（Minimum Confidence）作为支持度与置信度的门槛值（Minimum Threshold），然后再评估该规则的信息价值和增益。若该规则的支持度与置信度大于或等于分析人员所规定的门槛值，表示该规则有助于进行推论，若该规则的增益满足大于1的条件，则表示其发生的概率比原先的概率高，亦即该规则有效。关联规则的分析可以提供一序列或矩阵关系的品项相关矩阵，让决策者了解品项间的关联关系，以制定营销策略或卖场配置方案，提升获利及客户满意度。关联规则三项衡量指标的计算公式与物理意义阐述如下。

（一）支持度（Support）

衡量支持度的前提项目X与结果项目Y一起出现的概率P（X∩Y）（式（9－7）），表示该规则在全部交易记录中出现的比率。支持度表示关联规则相对于全部数据必须具有一定的普遍性（即具显著性），才是有效的信息。最小支持度门槛主要用于管控关联规则所必须涵盖的最少数据比率，其可删除所占比率偏低的关联性，以撷取出较具代表性的关联规则应用于实务。

$$\text{Support}(X \rightarrow Y) = P(X \cap Y) \tag{9-7}$$

（二）置信度（Confidence）

在衡量置信度的前提项目X发生的情况下，结果项目Y发生的条件概率，即P（Y|X）（式（9－8）），表示当前项目X发生时，结果项目Y（式（9－8））的规则发生的置信程度。置信度是衡量关联规则是否具有可信度的指标，因此，置信度必须达到一定水平（通常为0.5），以最小置信度为门槛去除正确概率较低的关联规则。

$$\text{Confidengce}(X \rightarrow Y) = P(Y|X) = \frac{P(X \cap Y)}{P(X)} \tag{9-8}$$

（三）增益（Lift）

增益指标用于比较置信度与结果项目Y单独发生时两者概率间的大小，即$P(Y|X)/P(Y)$。增益值的物理意义是比较关联规则置信度与原本结果项目Y发生的概率，以衡量该规则的价值和相对效益，因此增益值至少要大于1，表示该关联规则的预测结果比原本表现好，亦即其置信度大于原本结果项目Y发生的概率。

三、关联规则的类型

（一）以规则中属性值的形态为基础

布尔关联规则（Boolean Association Rule）指关联规则中的数据集

合属性皆为布尔值，仅探讨“项目是否出现”，如0或1。若所要描述的规则为属性值的关联性或项目在数量范围下所产生的相关性，则称为量化的关联规则（Quantitative Association Rule）。在布尔关联规则中，可以视需要将项目或属性的值分为数个不同子项目，例如，牛奶与面包可以根据不同厂牌编为不同群组，以建立较细的关联规则，如“牛奶A1→面包B1”“牛奶A2→面包B2”。

（二）以规则中所涵盖的数据维度为基础

根据管理职能规则所涵盖的数据维度来分类，若规则的项目或属性针对单一维度时，称之为单一维度关联规则（Single Dimensional Association Rule）。例如，“购买牛奶与面包→购买饼干与巧克力”，只能着眼于“购买”这一维度。反之，若关联规则中的项目或属性着眼于两个或两个以上维度时，则称之为多维度关联规则（Multidimensional Association Rule）或复合维度关联规则。

（三）以规则集合中所涵盖的抽象层级为基础

若规则属性或项目隶属于同一层级，称为单一层级关联规则（Single - Level Association Rule），例如，购买牛奶→购买面包，可从中得到较具体与精确的信息。在实务上，数据可能同时包含较低阶层和较高阶层的项目集集合，称为多阶层数据。针对多阶层数据，分析者可建立概念层级树（Concept Hierarchy Tree），作为挖掘规则的架构。由于收集的数据未必足，所以当数据隶属于较低阶层的项目集集合不易发现关联规则时，可借由提升交易项目的级，以发现较明显的关联规则。以流行用品拍卖场事物数据分析为例，可以先推导概念层级树，如图9-3所示，然后再建立多阶层关联规则。

四、关联规则的算法

（一）Apriori 算法

Apriori 算法为挖掘高频项目集的布尔值关联规则中最具代表性的算法，其后发展起来的关联规则算法大多以其为基础。Apriori 算法的主要概念是在大量的数据集中，利用项目集来建立关联规则，并计算每一个候选项目出现的数目，以所设定的最小支持度为门槛，来衡量候选项目的关联规则是否显著。

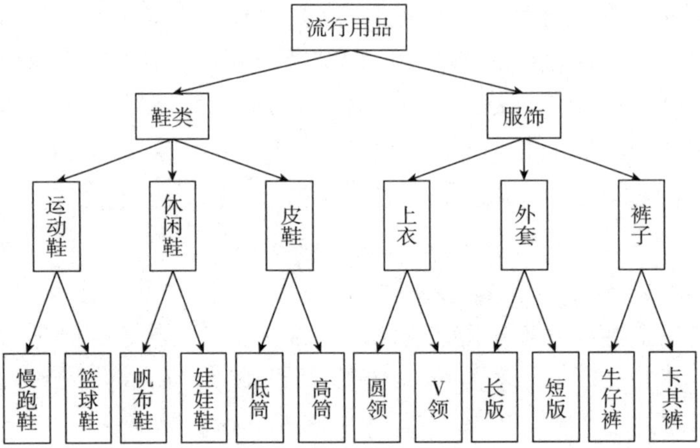

图 9－3　多阶层关联规则实例

以 Apriori 算法建立关联规则主要包括五个步骤，如图 9－4 所示。

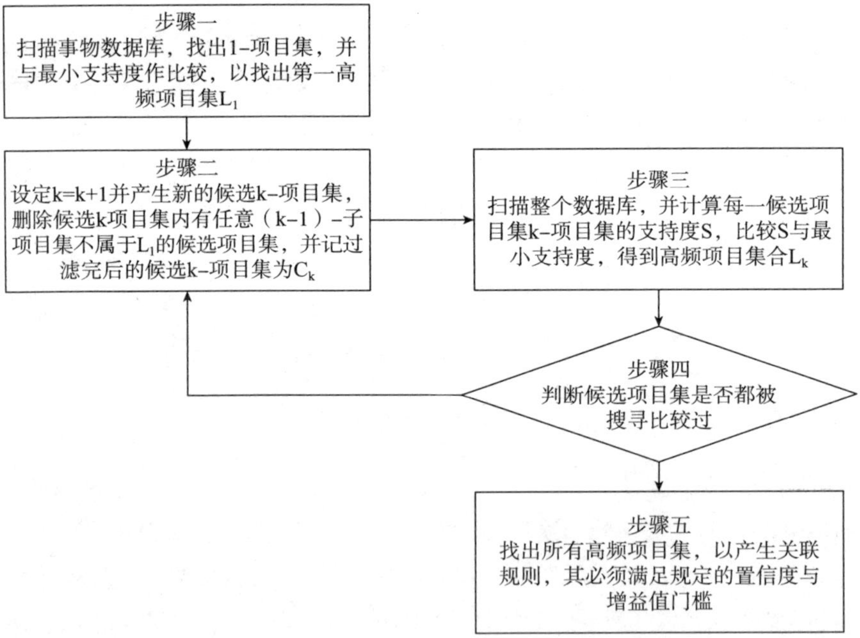

图 9－4　Apriori 算法建立关联规则步骤

（1）快速地扫描事务数据库，找出所有 1 - 项目集后（此处需注意 Apriori 算法是采用由下往上的方式搜索项目集，故其第一个项目集常仅包含单一商品），再与所规定的最小支持度作比较，若通过门槛则可视为高频项目集，又称为高频 1 - 项目集，记为 L_1。

（2）设定 k = k + 1 并产生新的候选 k - 项目集；删除候选 k 项目集内有任意(k - 1) - 子项目集不属于 L_1 的候选项目集，并记过滤完后的候选 k - 项目集为 C_k。

（3）计算 C_k 集合中的各自对应的支持度 S 是否大于或等于用户所定的最小支持度，得到高频项目集集合，而搜集 C_k 内符合条件限制的项目集即称为高频 k - 项目集，或记为 L_k，C_k 内不符合条件限制的项目集则要删除。

（4）判断是否已搜索过所有的候选项目集。若已搜索完所有可能的候选集，则继续步骤（5）；若否，则回到步骤（2）。

（5）计算所搜集的项目集的置信度与增益值，找出具有显著性的关联规则，以帮助管理者制定相关决策。

（二）Partition 算法

要解决 Apriori 算法直接对整体数据进行高频项目集的搜索故而效率不高的问题，分析者可以通过适当的方式将数据分为若干小群，再从这些小群中分别搜索高频相关群，最后再将这些搜索得到的高频相关群合并并加以评估即可得到所要的结果。Partition 算法以多次小群的搜索过程取代并降低整体数据的搜索过程，可有效减少计算时间。若 X 为数据库 D 的一个高频项目集，D 被切为数个“分割”：P_1，P_2，…，P_n 后，则 X 至少为一个分割 P_i 的高频项目集。总之，Partition 算法先进行数据分割，再进行扫描，找出高频项目集，以建立显著关联规则。

Partition 算法将数据库 D 分割为许多区段，纳入主存储器中，再于内存中依次处理各分割，主要包含以下两阶段：

（1）将数据库分成多个互不相交的时间区段，并分别计算区段中相关项目集的支持度，以找出各区段中的高频项目集，称为区域高频项目集（Local Frequent Itemset），其中，分割区块的大小与个数取决于计算机内存的大小。第一次对事务数据库进行扫描时，此算法的主要工作是读取每一个分割 P_i，并逐层搜索找出该分割中的区域高频项目集集合，记为L_{p_i}。

（2）取所有区域高频项目集的并集，即 $\{L_{p_1} \cup L_{p_2} \cup \cdots \cup L_{p_n}\}$，以产生 D 的整体候选项目集集合。对 D 重新计算各候选项目集的支持度，以搜索数据库真正的高频项目集（Global Itemset）。

整体来说，Partition 算法最多仅需在事务数据库进行两次完整搜索即可找出所有区域的高频项目集集合；若所有分割所得的区域高频项目集集合均相同，则完整扫描数据库一次即可。

Partition 算法与 Apriori 算法的概念极为相似，但其应用“切割”的概念将事务数据分割成一些没有重叠的部分，使得主存储器运作时能加快速度，减少扫描整个数据库的次数，优点是可大幅提升关联规则的搜索效能，缺点为若各区段中产生了太多的非相关项目集，则需要大量的储存空间。

第五节　回归与时间序列分析

一、回归分析

（一）回归分析基本介绍

回归分析是分析一个或多个独立变量与某个应变量的相关程度，也可理解为独立变量改变对应变量的影响。回归分析是通过建立一个或多个独立变量对某一相依变量的关系模式，由回归方程式中参数的估计，评估独立变量对相依变量的贡献或影响程度。回归分析可分为单回归（Simple Regression）与多重回归（Multiple regression）。单回归是描述一个独立变量与一个相依变量的关系；多重回归则用以描述多个独立变量与一个相依变量的关系。

（二）回归模型解释与评估

回归分析常用于预测，借由数据库中某些已知的信息来预测未知的变量。如果独立变量之间存在共线性（Collinearity），则容易发生模型解释能力高，但个别变量检定不显著的问题。若想了解回归模式的解释能力，可以利用独立变量来预测应变量的能力，其相关性是否具有统计上显著的意义？哪些独立变量对应变量比较重要？说明如下。

回归模型的拟合优度（Goodness of Fit）检定，可以比较加入独立变量 x 的信息对于解释或预测应变量 y 的能力的提升差异。对回归模型拟合优度的衡量，可借由回归模型将应变量的总平方和（Sum of Squares for Total，SST）分解为可解释的平方和，又称为回归平方和（Sum of Squares of Regression，SSR）与不可解释的平方和，又称为残差平方和（Sum of Squares of Error，SSE），总平方和即为回归平方和与残差平方和之和，即 SST = SSR + SSE。因此，可将可解释的平方和占总平方和的比例作为衡量该回归模型的拟合优度，SSR/SST 越大，表示总平方和中有更高的比例可被该模型解释，也说明回归模型的拟合优度较好。

（三）多重回归分析

当相依变量受到多个独立变量影响时，可利用多重回归分析了解各个独立变量的影响，式（9－9）为多重回归模型：

$$Y_i = \beta_0 + \beta_1 X_{1i +} \beta_2 X_{2i} + \varepsilon_i \qquad (9-9)$$

其中，β_0，β_1，β_2都是母体参数，参数β_1是当X_2固定时，X_1每增加一单位所引起的平均数对应值增量的变动；同样地，参数β_2是当X_1固定时，X_2每增加一单位所引起的平均数对应值增量的变动。倘若X_1对平均数对应值的影响不依赖X_2的水平或X_2对平均数对应值的影响不依赖X_1的水平，则此两变量称为无交互作用。

β_0，β_1，β_2都是参数且为未知数，称为偏回归系数（Partial Regression Coefficient）。因为模式中的某一独立变量是固定数量且对相依变量的影响只是来自另一个变量的变动，所以也可以微积分方式诠释回归系数意涵，分别对上式求X_1与X_2的偏微分：

$$\frac{\partial E(Y)}{\partial x_1} = \beta_1$$

$$\frac{\partial E(Y)}{\partial x_2} = \beta_2 \qquad (9-10)$$

即当某一独立变量为固定数量时，另一个独立变量每单位变动所引起 E（Y）变动的比例。

（四）共线性

独立变量间存在高度相关性，称为共线性或多重共线性（Multicollinearity)，可能导致回归方程式显著，但各自独立变量的回归系数估计存在偏差或不显著，使得回归分析结果难以解释。因此，应尽量消除共线性对数据分析和建模的影响。

共线性的检定方式可由方差膨胀因子（Variance Inflation Factor, VIF）的大小来衡量，衡量某一变量与其他变量是否相关的方式为将该独立变量视为其他变量的相依变量，定义R_i^2代表该独立变量可被其他独立变量解释变异的比例，则可定义容忍度（Tolerance）为$1-R_i^2$，代表该独立变量无法被其他独立变量解释的残差大小，所以若R_i^2越大，则其容忍度越小，VIF 值越大，表示该变量无法被解释的残差比例越低，共线性的程度越明显。实际上，VIF 值为容忍度的倒数，$VIF=1/tolerance=1/(1-R_i^2)$。一般而言，若容忍度小于 0.1，代表存在高度共线性问题。

处理共线性的方法除可利用逐步选取（Stepwise）的方式外，也可以采用主成分分析方法将数据转换为数个直交的主成分。

二、逻辑回归

假设有 k 个独立变量x_1，x_2，…，x_k与一个二元相依变数（0，1），逻辑回归主要用来描述独立变量与相依变量等于 1 的概率。其概率如式（9－11）所示，对应概率的值域落在 0 与 1 之间。

$$p=e^{f(x)}/(1+e^{f(x)}) \tag{9-11}$$

其中，f（x）为 x 的多项式函数。逻辑函数为非线性函数，适当转换后，可采用线性模式形态配适数据良好地描述 p 与x_1，x_2，…，x_k的关系，可令 p 表示某种事件成功的概率，受独立变量x_1，x_2，…，x_k的影响，若 p 与x_1，x_2，…，x_k的关系函数如式（9－11）所示，则该事件失败的概率为 1－p，如式（9－12）所示：

$$1-p=1/(1+e^{f(x)}) \tag{9-12}$$

故其胜算为成功的概率对失败概率的比值可由式（9－13）得到：

$$\frac{p}{1-p}=e^{f(x)} \tag{9-13}$$

将胜算取自然对数(ln)后得：$\ln\left[\frac{p}{1-p}\right]=f(x)=\beta_0+\beta_1x_1+\beta_2x_2+\cdots+\beta_kx_k$ （9－14）

如式（9－14）所示，将胜算取对数后，即可以多重回归分析进行数据配适及模式构建。

逻辑回归的概率 p 与独立变量间为非线性关系，ln（odds）与独立变量间为线性关系，因此逻辑回归所求得的回归系数是针对 ln（odds），并非对 p。逻辑回归中模式的参数估计利用的是最大似然估计法。

三、时间序列分析

时间序列分析的目的是经由分析时间序列数据的自相关，以及各种形态，如趋势、季节、介入事件等特性，归纳并估计能反映历史数据的时间序列模式。时间序列分析可依照单一变量历史数据的相关性建立模式，并假设单一变量相隔的时间越短，彼此的相关程度就越高。

（一）时间数列数据形态

按照观察值属于连续型还是离散型，又可将时间数列数据形态分为连续型时间序列与离散型时间序列。时间序列一般随机分布，即对序列未来的结果无法确定，只能以概率分配表示，称为未确定时间序列（Non－Deterministic Time Series）或随机性时间序列（Stochastic Time Series）；若时间序列随着数学函数而变化，预测未来的结果为固定的，则为确定性时间序列（Deterministic Time Series）。时间序列数据形态多为随机性时间序列，可依其序列特性及波动情况分为下列五种形态。

（1）平稳型时间序列（Stationary Time Series）的观测值在同一固定水平与固定区域之间变动，且这种特征不随时间变化而改变。在无特殊改变或离群值的情况下，可推断出此类序列未来的观察值仍在同一水平及区间内变动。此外，可借由连续观察值间的相依性来预测结果。例如，若连续观察值间趋向于负相关，那么在得到一正向观测值时，可推测序列的下一观测值为负向观测值的可能更大。若能以一概率函数来配适观察值间的相关性，则能得到有效的预测结果。

（2）无定向型时间序列或非平稳型时间序列（Non－Stationary Time Series）遇到干扰的时间序列会呈现波动无定向的状态。外在冲击对序列造成累积的效果，使得序列无法维持固定的水平，因此较难估计预测值。此型序列通常借差分方程（Difference Equation）将序列平稳化后再分析。

（3）趋势型时间序列（Trend Time Eeries）通常受到长期因素影响，导致序列的平均水平以固定趋势变化，但各时间点的数据散布变异固定。由于此型序列的平均水平随时间改变，因此可假设此长期因素将会持续且固定地影响序列，进而得到序列预测值。趋势型时间序列也可借由差分方程将序列平稳化后再分析。

（4）季节型时间序列（Seasonal Time Series）可以在固定的时间间隔内，观察到类似的波动。由于此型序列的平均水平有周期性的变动，因此可假设此周期因素将会持续且固定地影响序列，进而得到序列预测值。对季节型时间序列的预测，需要同时考虑观测值之间的相关性与周期性。

（5）介入事件时间序列（Interventions Time Series）受到单一的突发事件干扰后，序列中少数观测值的表现会异于其他观察值。由于此型序列的平均水平并不变动，且单一突发事件往往无法预测，因此可假设此序列将会维持平均水平变动，进而得到序列预测值。离群值时间序列模式需加入介入事件参数，以防止单一事件值造成模式的严重偏误。

（二）时间数据的分析步骤

时间序列分析法可分为时间定义域分析法（Analysis in Time Domain）和频率定义域分析法（Analysis in Frequency Domain）两大类。前者利用自相关函数（Autocorrelation Function，ACF）建立模式，着重于模式构建、参数估计和数据的拟合优度检定，其推导过程仅需适中的观测值；后者以频谱（Spectrun）为分析工具，着重于时间序列的频谱密度及频率范畴分解，其分析结果常被视为系统中基本的变动。以下主要讨论时间定义域分析法，其主要概念是将自相关函数与交叉相关函数（Ross Correlation Function）作为建立随机时间序列模式的依据，并应用所建立的模式进行预测分析。

博克斯和詹金斯提出时间序列模式构建的试误递归过程（Trial and Error Iterative Process）。如图 9－5 所示，第一步为了解问题的本质与分析目的，以提升解决问题的效果；第二步为数据准备，包括搜集与检查历史数据、处理遗漏值、转换数据形态、合并或分割数据集合；第三步为观察时间序列的形态，检查数据后依序排列，计算其自相关函数与偏自相关函数（Partial Autocorrelation Function，PACF），并参考图形的特性，提出各种所拟采用的候选模式；第四步寻找时间序列随时间变化的规律，以选取一个合适并精简的模式；第五步利用搜集的数据建立一个合适的时间序列模式，其中包含变量个数选取及估计。最后，在预测前，必须先诊断所建立的模式与数据拟合优度的检定结果。若检定结果不通过，则必须重新估计与诊断，直到能获得适当的模式为止。

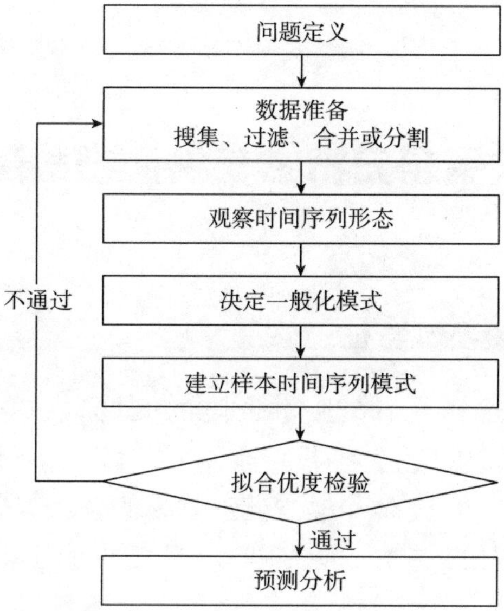

图9-5　时间序列试误递归过程

第十章　商业银行数据挖掘案例分析

第一节　决策树分析法在供应链融资中的应用

一、供应链融资及其特征

为了解决供应链上中小企业融资难的问题，供应链融资应运而生。供应链融资通过捆绑供应链上下游企业的信用，可以有效降低融资风险，提高融资效率，推进整个供应链健康发展。针对核心问题，即如何确定供应链融资中的信用，除了要分析企业传统财务报表数据之外，还需要应用数据分析和挖掘技术从企业自身运营状态等海量信息中寻找关键风险要素，以降低商业银行贷款风险。供应链融资是商业银行以整个产业链中处于核心地位的企业履约为风控关键，聚焦核心企业，通过提供产品或产品组合的方式，将银行提供的融资服务注入整个产业链上的上下游企业，联合提供授信服务的一种模式。在供应链融资中，商业银行改变了对单一中小企业主体的企业规模、固定资产价值、财务状况等因素的信用评价模式，转而关注供应链上企业间的交易背景和核心企业的实力水平。在这种模式下，商业银行评估的是整个供应链的状况，在一定程度上缓解了链条上的中小企业融资难问题。如表 10 - 1 所示，供应链融资与传统商业银行授信模式相比，在破解中小企业融资困境上具备一些明显的特征和优势。当然，作为一种金融服务模式，其优势的充分发挥还需要有效的贷前准入评估来与之匹配。

下文将引入数据挖掘中的决策树分析，用于供应链企业授信相关评估体系的建立。

表 10－1 供应链融资的特征和优势对比

相关要素	传统授信	供应链融资
授信主体	单家企业	多家企业
抵押物	不动产为主	应收账款、保兑仓、存货质押等
担保方	第三方担保人	供应链核心企业
信用评估范围	企业自身	企业所在供应链
银行参与方式及服务品种	静态、单一	动态、多样
银行风险承担	较高、风险集中于单家企业	较低、风险分散于整个供应链

二、决策树分析法的基本内涵

决策树分析法作为数据挖掘和分析中常用的技术手段之一，已经在商业银行的诸多领域得到广泛应用。它是在商业银行处在多个选择状态、面临多种风险决策等比较复杂的情况下，通过构造决策树模型，提取有价值的分类规则，来处理需要逐次进行决策的“多阶段决策问题”的。在对供应链企业融资信用风险的评估中，决策树分析按制定的分类原则将训练集一分为二，两个子集按分类原则再一分为二，在分类子集还未达到预期状态的情况下一直进行分类循环，直至达到预期。在供应链企业融资信用风险评估这棵决策树上，树的末端子集称为叶子，代表着被认为属于同一信用级别的企业集合。操作层面上，商业银行将待授信企业相关指标信息代入决策树分析模型，由决策树跟节点沿着分枝往下走，最后到达某个叶子的节点，该节点对应的分类属性就代表着该待授信企业的评估类别。决策树分析法流程如图 10－1 所示，决策树分析路径由根部决策点到样本预测的叶子节点，图中的状态节点代表测试点，将相关指标依据该点对应属性进行测试，测试后沿着不同分枝往下进行，表示一个测试结果的输出，每一个状态节点表示同一类集合。决策树分析的优势在于不仅可以对未知样本进行分类，而且可以帮助决策者在较为复杂的决策环境下直观地寻找到一条最优的决策路线。

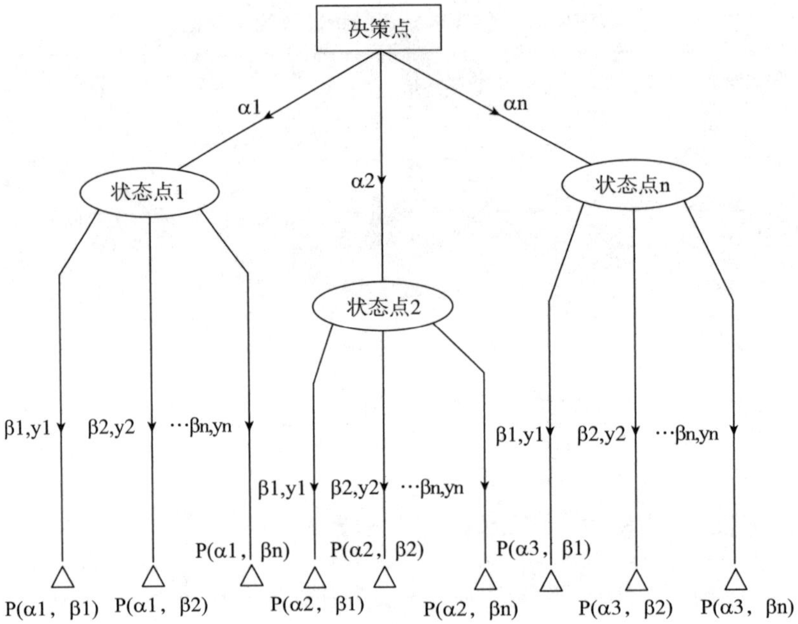

图 10－1 决策树分析法流程

三、供应链融资模式信用风险评估指标

信用风险指标的选取直接影响供应链融资风险评估的成效，相关指标关键要能满足三方面要求。一是要能契合供应链模式的特征。对于“1＋N”模式的供应链，“1”是核心，商业银行要牢牢把握住链条上规模大、效益好、处在核心地位的企业，以核心企业为出发点和着力点，为整个链条融资进行信贷产品设计。“N”是多数，指多数处在核心企业上下游的中小企业，这些企业是供应链融资模式想要达到的目标和重点。虽然企业规模小，但应具备经营规范、资信良好且与核心企业合作紧密的特点。二是减少财务指标要素占比。中小企业区别于大型的上市企业，财务报表未经严格审计把关，存在对不同外部相关主体提供不同版本财务报表的现象，报表反映财

务数据的质量较差，真实可信度较低，无法准确、客观地反映企业的经营状况。因此，要尽量减少财务指标要素占比。三是增加对中小企业法人的考察。与大企业相比，中小企业法人对企业的经营管理能力直接决定着企业经营发展的好坏，企业的各方面情况更多地依赖于企业法人的素质、能力和资信，考虑上述情况，在选取指标时应更加注重企业法人的相关要素考核。按照上述原则，选取如表10－2所示的指标集。

表10－2　供应链融资信用风险评估指标集

分类	细分	指标
供应链状况	核心企业状况	核心企业信用等级
		核心企业行业地位
		盈利能力
		偿债能力
	行业状况	行业环境
		行业前景
	上下游合作情况	交易时间
		交易频率
		与核心企业合作关系
供应链资产状况	质押物特征	价格波动性
		变现能力
		折损率
	应收账款特征	应收账款平均账期长短
		购买方退货情况
		应收账款坏账率
企业经营者状况	管理能力	管理层的社会声誉
		管理者信用水平
		管理者能力
	管理经验	从事管理工作年限
企业状况	运营能力	总资产周转水平
	盈利能力	净资产收益水平
	成长性	总资产增长水平

四、供应链融资模式信用风险评估模型

将决策树预测应用于供应链融资信用评估问题中，即根据已知的样本和原始信用评价状态，运用决策树发现贷款人信用状态与某些特征属性之间的关系，进而依据这些属性的观察值，对其信用状况进行预测。决策树上每个节点的测试属性都是使用信息增益度量方法选择的，通过比较信息增益度观察值，选取对应最高值的属性作为节点的测试属性，测试属性一定是在给定集合属性中具有最高的区分度。这种方法的优势在于可以实现待分类对象所需测试数达到最小的期望。

S 表示训练样本全集，个数为 s。

A 表示属性，$A=\{a_1, a_2\cdots, a_v\}$，$S_{aj}$表示它们在 A 上具有值$a_j$的样本数。

C 表示类别，$C=\{C_1, C_2, \cdots, C_M\}$，$S_i$为训练样本集中类$C_i$的样本数。

可用属性 A 将 S 划分为 V 个子集$\{S_1, S_2, \cdots, S_v\}$，$S_{ij}$是$S_j$中类$C_i$的样本数。

X 表示数据样本，由 n 维特征向量 $X=\{x_1, x_2, \cdots, x_m\}$来描述其 n 个属性$\{A_1, A_2, \cdots, A_m\}$的具体值。

p 表示概率，p_i是任意样本属于C_i的概率，$p_i=s_i/s$。p_{ij}表示S_j中的样本属于C_i的概率，$p_{ij}=s_{ij}/s_{aj}$。

$$I=I(S_1,S_2,\cdots,S_m)=-\sum_{i=1}^{m}p_i\log_2(p_i)=-\sum_{i=1}^{m}\frac{s_i}{s}\log_2\left(\frac{s_i}{s}\right)\quad(10-1)$$

$$I_j=I(S_{1j},S_{2j},\cdots,S_{mj})=-\sum_{i=1}^{m}p_{ij}\log_2(p_{ij})=-\sum_{i=1}^{m}\frac{s_{ij}}{s_j}\log_2\left(\frac{s_{ij}}{s_j}\right)\quad(10-2)$$

$$E(A)=-\sum_{j=1}^{v}\frac{S_{aj}}{S}I_j\quad(10-3)$$

得 $Gain(A)=I-E(A)$　　(10-4)

选取具有最高信息增益值的属性作为给定集合 S 的测试属性，建立生成决策树节点后，按照属性的取值再延伸创建生成分枝，并根据每个分枝对应属性取值划分样本。

在决策树模型实际运用中，将逾期 90 天的贷款记录（即拖欠银行

90 天以上的本金及利息）归类为高风险；将逾期在 60 天至 90 天的贷款记录归类为中等风险；将逾期在 30 天至 60 天的贷款记录归类为较低风险；将逾期 30 天之内的贷款记录归类为低风险。按照上述分类方式把小企业客户的信用划分为 4 类：C_1 = 高风险、C_2 = 中等风险、C_3 = 较低风险、C_4 = 低风险，抽取预处理后的 2000 份原始记录，4 个类别中分别有 116 条、228 条、1243 条、413 条记录，然后使用式(10－1)～式(10－4)计算每个属性的信息增益。

以属性"核心企业信用等级"为例将企业信用等级分为四类，即 AAA、AA、A，BBB、BB、B，CCC、CC、C，D 共十级。计算该属性的信息增益：基于训练样本数据求出 S_i（i＝1，2，3，4），S_{aj}（j＝1，2，3，4），S_{ij}（i＝1，2，3，4，j＝1，2，3，4），如表 10－3 所示。

表 10－3　信息增益计算信息

S_{aj} / S_i	AAA－AA	A－BBB	BB－B	CCC 以下
C_1 = 高风险	202	160	49	14
C_2 = 中等风险	605	397	180	60
C_3 = 较低风险	20	98	89	22
C_4 = 低风险	2	14	41	47

求得 I 后，可得到核心企业信用等级属性对应的 E 和 Gain 值，按照相同的方法可以得出供应链融资信用风险评估指标集中其他 22 个指标对应的 Gain 值。各属性信息增益值的大小决定该属性对分类的贡献大小，其内在逻辑是从每个属性中获得信息，信息的增益程度决定着各个属性的重要程度。

为得出各个属性影响决策的权重 Y，构建一个函数如式（10－5），函数关系中的因变量为各个属性对决策的影响程度，影响程度越大，Y 值就越大，自变量为影响供应链小企业信用状况的属性的信息增益。

$$Y = INT\left(\frac{\beta}{\sum_{N=1}^{22}\beta_N} \times 100\right), \beta = \begin{bmatrix}\beta_1 \\ \beta_2 \\ \vdots \\ \beta_N\end{bmatrix} \tag{10-5}$$

其中，β_1，β_2，…，β_{22}分别为供应链融资决策树模型指标集中指标信息的增益值。方程组的解对应22个指标值，选择其中属性信息增益值最大的为决策树的根节点。然后依据根节点的属性取值，将整体样本划分为不同的组，每组循环上述最大信息增益值的选取过程，确定好决策树的第二层节点，再依次循环选取剩余各层节点。整个流程分为两个层次，第一层次为选取各层节点对应的属性，可以看出各属性在决策中的重要程度，对决策的影响权重；第二层次为求得节点属性对应的取值对决策的影响权重。先将整体样本按照因变量对应的高风险、中等风险、较低风险、低风险分为四类，再分别求解四个分类出现不良贷款的比例。将这个比例作为对应每个属性取值中四类客户数的权重，与客户数相乘，再除以对应这个属性的客户总数，得到该属性取值对决策的影响权重。某个属性的某项取值对决策的影响权重公式为式（10－6）：

$$W_i = (w_1 \times x_{i1} + w_2 \times x_{i2} + w_3 \times x_{i3} + w_4 \times x_{i4}) / (x_{i1} + x_{i2} + x_{i3} + x_{i4}) \tag{10-6}$$

其中，变量x_{i1}，x_{i2}，x_{i3}，x_{i4}分别表示上述四类风险对应在决策树中某个取值为i时的客户数；w_1，w_2，w_3，w_4代表上述四个分类出现的不良贷款比例。计算出了某个属性的某个取值对决策的影响权重，再结合各个属性的影响决策权重，就可以得到最终的权重系数。

第二节 Logistic模型在个人住房贷款中的应用

一、个人住房贷款及其相关风险

个人住房贷款作为商业银行中的长期贷款，一般以所购房屋或已有房屋产权作为抵押担保，与其他个人贷款产品相比具有贷款期限长、可贷额度高、收益稳定的特点，其贷款期限最长可达30年，额度最高可达抵押房屋价值的70%。因其处在各个国家发展房地产经济的大背景下，又有实物按揭房产抵押为担保，所以被各商业银行普遍认为是安全性较高的信贷业务品种，甚至有些商业银行将住房贷款业务发展成为本行的支柱性业务。全国各地“购房热”的持续升温，不仅带动了经济的发展，更助推了个人住房贷款规模的不断扩大，信贷风险也随之逐渐加大。尤其是上升周期的贷款，越是热火朝天，越需居安思危。即使近些年国内商业银行个人住房贷款业务的违约率一直维持在万分之一左右的较低水平，但仍需要去考虑协调好一些金融收放矛盾，因为房地产政策一旦变化，就会引起房价异常波动，若借款人违约，将对商业银行造成严重影响。如美国次贷危机、日本住房金融案件、英国德比银行事件等，都跟房地产密切相关。虽然个人住房贷款相较于公司贷款金额偏小，担保方式较稳定，但是随着其规模的不断扩大，各类风险也在逐渐显现。同时，信贷资产的质量管控压力加大。如流动性风险，银行资金在来源短期化和运用长期化中的矛盾日益突出，造成短存长贷的现象；客户违约风险，若借款人家庭、工作、健康、收入等因素出现问题，就会导致借款人还款能力下降，无法按期还款；抵押品风险，在办理个人住房贷款时，未能及时办妥抵押登记手续，可能会造成抵押权落空，或抵押品被重复抵押的现象，贷款将不能得到保障；市场政策风险，是影响最大、效果最明显的风险，尤其是现在房价处于上升趋势，居高不下，房价发生波动，势必会对银行造成很大影响。Logistic 回归可用于个人住房贷款数据分析和风险预警模型的建立，在贷前或贷中环节筛选优质客户，帮助商业银行防控信贷风险。

二、Logistic 回归分析的基本内涵

Logistic 模型作为可实现二分类或者多分类结果的非线性概率模型，通过取值为 0 或 1 的因变量函数来模拟分类。相较其他模型，它的特点在于分析灵活、对数据分布要求不高、不需要数据满足正态分布和线性关系，正好适合笔数多、数据量大、情况较复杂的商业银行个人住房贷款业务的情况分析。因此，利用 Logistic 模型能够很好地解决非线性问题及多个自变量问题，确定各自变量对因变量的影响强度，来测算个人住房贷款客户的违约概率（PD）及预警业务风险状况。将 y_i 用来表示个人客户违约情况，它是一个二分变量，个人违约认为 $y_i=0$。$p_i=P(y_i=1)$ 是要测算的违约概率，y_i 服从二项分布，即 $y_i \sim B(1, p_i)$，具体模型函数如式(10－7)所示：

$$p_i = \frac{e^{(\beta_0+\beta_1x_{1i}+\cdots+\beta_kx_{ki})}}{1+e^{(\beta_0+\beta_1x_{1i}+\cdots+\beta_kx_{ki})}} = \frac{1}{1+e^{-(\beta_0+\beta_1x_{1i}+\cdots+\beta_kx_{ki})}} \tag{10-7}$$

$$S = \beta_0 + \beta_1 x_{1i} + \cdots + \beta_k x_{ki}$$

其中，β_0，β_1，β_2，…，β_k 是它的常数项和自变量系数；x_{1i}，x_{2i}，…，x_{ki}为自变量。所以 Logistic 回归函数可写为式(10－8)：

$$\text{Logistic}(P) = \ln\frac{p_i}{1-p_i} = \beta_0 + \beta_1 x_{1i} + \cdots + \beta_k x_{ki} \tag{10-8}$$

其中，β_0为模型的截距项，x_{1i}表示影响个人住房贷款违约因素的变量，通过这些重要的变量来解释贷款违约问题。P 为个人违约的概率，取值为 0～1。函数满足 S 的取值范围为(－∞，＋∞)。Logistic 模型的函数图像呈曲线 S 形分布(见图 10－2)，函数满足式(10－9)所示的要求：

$$\lim_{s\to-\infty} P = \lim_{s\to-\infty}\frac{1}{1+e^{-S}} = 0 \qquad \lim_{s\to+\infty} P = \lim_{s\to+\infty}\frac{1}{1+e^{-S}} = 1 \tag{10-9}$$

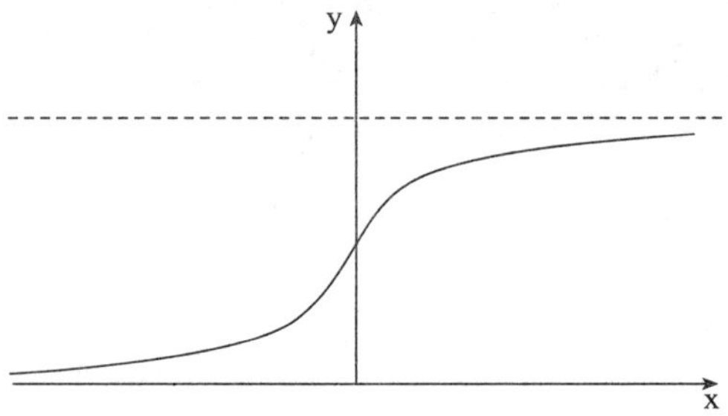

图 10－2　Logistic 模型曲线

三、个人住房贷款风险评估指标

在实际操作中，个人住房贷款由于有按揭房产作为抵押，所以客户经理容易轻视贷前、贷中对业务的把控，更加注重抵押物的贷后管理。如果个人住房贷款逾期，贷款出现劣变，无法收回本息，商业银行将有遭受损失的可能。综合考虑引发贷款风险的因素，因市场环境、抵押品价值波动等外因不容易准确把握，所以应聚焦客户，重视客户的基本信息、在贷款行的资产、交易等因素，选取包含客户基本信息、经济状况、个人征信情况、贷款信息和其他信息的指标，如表 10－4 所示。

表 10-4　个人住房贷款风险评估指标

分类	指标
基本信息	年龄
	文化程度
	婚姻状况
	子女状况
	工作年限
	所属行业
经济状况	个人月平均收入
	拥有其他房产状况
	月偿付贷款占收入比
征信和其他	是否有存量违约债务
	是否有违约记录
	是否涉诉
	身体健康状况
贷款信息	贷款金额
	贷款期限
	按揭住房抵押率

使用信息增益法计算上述指标对应的信息增益值，筛选出显著性水平高、对个人住房贷款履约影响较大的指标，进而建立评估模型，将样本数据代入进行实证检验。为简化模型指标数量，根据信息增益值的计算结果（上节已涉及，在此不再赘述），去除部分影响较小的指标，保留表 10-5 中列出的指标作为模型的研究变量。

表 10-5　模型研究变量

分类	指标
基本信息	文化程度
	工作年限
	所属行业
经济状况	个人月平均收入 月偿付贷款占收入比

续表

分类	指标
征信和其他	是否有存量违约债务
贷款信息	按揭住房抵押率

四、个人住房贷款风险评估模型

选取两类样本，即训练样本和测试样本。训练样本用于模型的建立，含3500例客户信息数据，其中出现违约记录的客户500例，正常客户3000例。测试样本容量1000例，含出现违约记录的客户200例，正常客户800例。对经过筛选的7个指标用woe方法进行分类赋值处理，对应的值 $w=\ln\frac{\frac{正常客户占分类中}{所有正常客户之比}}{\frac{违约客户占分类中}{所有违约客户之比}}$。表10－6是以个人月偿付贷款占收入比的w值计算结果。

表10－6　个人月偿付贷款占收入比指标的分类赋值计算基础

	指标分类	正常客户	违约客户	w值
月偿付贷款占收入比F1	<20%	1269	137	0.434244
	20%～50%	1113	152	0.199174
	>50%	618	211	－0.71713

计算过程如下：

$$w_1=\ln\frac{1269/3000}{137/500}=0.434244$$

$$w_2=\ln\frac{1113/3000}{152/500}=0.199174$$

$$w_3=\ln\frac{618/3000}{211/500}=-0.71713$$

其他指标分类赋值计算结果如表10－7所示。

表 10-7　模型选定指标分类赋值

指标	指标分类	正常客户	违约客户	W 值
文化程度 F2	研究生及以上	298	24	0.72728
	本科	1405	147	0.465601
	专科	851	143	-0.00819
	高中及以下	446	186	-0.91719
工作年限 F3	5 年以下	709	249	-0.74536
	5~10 年	936	157	-0.00639
	10 年以上	1355	94	0.876502
所属行业 F4	农、林、牧、渔	1382	217	0.05963
	制造业、建筑业、交通运输等	1214	237	-0.15814
	金融业、科学、教育、文化、卫生等	404	46	0.381014
个人月平均收入 F5	6000 元以上	568	27	1.254525
	3500~6000 元	1957	287	0.127926
	3500 元以下	475	186	-0.85419
是否有存量违约债务 F6	无	2312	131	1.078911
	有	688	369	-1.16877
按揭住房抵押率 F7	<30%	1676	83	1.213565
	30%~70%	783	141	-0.07739
	>70%	541	276	-1.11874

通过 SPSS 软件运行训练集的样本数据建立回归模型，回归结果如表 10-8 所示。

表 10-8　最大似然估计统计分析

Parameter	B	Standard Error	Wald Chi-Square	DF	Pr > ChiSq
F1	-5.5312	0.4503	189.9621	1	<0.0001
F2	-5.4910	0.4320	126.6572	1	<0.0001
F3	-7.3146	0.3762	130.4519	1	<0.0001
F4	-5.1598	0.3078	173.3413	1	<0.0001
DF5	-6.0231	0.6539	43.8923	1	<0.0001
F6	-5.7524	0.5314	231.5462	1	<0.0001

续表

Parameter	B	Standard Error	Wald Chi - Square	DF	Pr > ChiSq
F7	-5.6679	0.3875	172.6734	1	<0.0001
Intercept	-5.8058	0.3325	256.1873	1	<0.0001

由上可得到下列模型：

$$\text{Logistic}(P) = \ln\left(\frac{p_i}{1-p_i}\right) = M = -5.58058 - 5.5312 \times (\text{F1w 值}) - 5.4910 \times (\text{F2w 值}) - 7.3146 \times (\text{F3w 值}) - 5.1598 \times (\text{F4w 值}) - 6.0231 \times (\text{F5w 值}) - 5.7524 \times (\text{F6w 值}) - 5.6679 \times (\text{F7w 值})$$

$$P = \frac{e^M}{1+e^M}$$

第三节　聚类分析在客户细分中的应用

一、客户细分的相关概念

随着金融业务的发展，商业银行“以客户为中心”的新型商业竞争模式逐渐取代了“以产品为中心”的模式。互联网技术的高速发展，也催生了一些互联网金融、支付、理财产品，如支付宝、余额宝、百度钱包、微信支付等，给传统的银行业务带来巨大冲击，也加剧了银行业对客户资源的争夺。除了来自互联网的挑战，大数据方面的挑战也日益严峻。传统银行业通过各种技术手段采集和储存了大量的客户信息，如何从大量的信息中找出有价值的信息，根据差异化的需求细分不同的客户群体，然后针对每个不同的客户群体结合自身的资源优势制定不同的营销策略，从而为银行的产品设计、精准营销、风险管控等提供强有力的支持至关重要。传统的客户细分一般都是依据客户的某些行为特征进行的，大多数商业银行目前也是依据客户在银行办理业务时所填写的客户资料和账户中的存款贷款金额进行客户分类的。这种客户分类方法在一定程度上虽可区分客户的消费水平和购买能力，但还比较初级，准确性还不是很高，依据这种方法所制定的营销策略在很多时候使市场营销人员产生了误判，有些被认为是高价值的客户却一直没有给银行带来什么收益，耗费了银行的财力物力，也消耗了客户经理的精力。聚类分析作为一种商业信息数据挖掘处理技术，越来越多地被商业银行利用在客户细分上，其主要特点是对银行里大量的业务数据进行多种模式的处理，从而提取有价值的关键数据，给银行管理层制定战略决策、管理客户和营销分析等多个方面提供强有力的支持。

二、聚类分析的基本内涵

聚类是对商业银行客户按照一定的标准进行相似性区分和分类的过程，“标准”的一个原则是使聚到同一类中的客户特征彼此地相似最大化，不同类客户相似最小化。与分类分析相比，聚类分析的特征突出表现为两个未知。一是分析前所有个体或样本所属的类别是未知的，事先没有任何关于客户类别的信息可参考，唯一的依据就是原始数据；二是类别个数一般也是未知的，之前并不知道要将客户数据集划分为几类和什么样的类，仅仅是依靠对象间的相似性作为类别划分的准则，因此聚类分析可以从商业银行客户信息数据中挖掘出一定的信息和规则。聚类分析的过程：首先是输入商业银行客户信息数据对象集合，对数据对象的特征向量进行预处理，通过特征的提取，根据需聚类分析的要求，形成目标数据对象；其次根据客户数据样本间的相似性进行分组聚类。总而言之，聚类是一个循序渐进的过程，最终目的就是实现同组数据对象的特征彼此尽可能相似，不同类的数据对象尽可能地相异，最后得到聚类算法的分类结果，过程如图 10－3 所示。

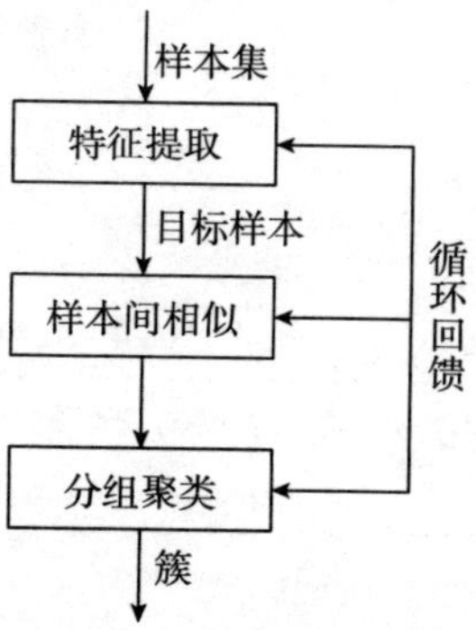

图 10－3 聚类分析流程

三、客户细分的总体设计

根据客户价值细分的两个维度：银行收益和客户活动强度，建立聚类分析的客户类数据模型，细分的数据属性及类型如表 10－9 所示。

表 10－9　银行收益数据的属性及含义

序号	属性名	属性含义
1	第一季度收益	客户在第一季度为银行带来的收益额，主要包括存款收益、POS 消费收益、缴费收益等
2	第二季度收益	客户在第二季度为银行带来的收益额，主要包括存款收益、POS 消费收益、缴费收益等
3	第三季度收益	客户在第三季度为银行带来的收益额，主要包括存款收益、POS 消费收益、缴费收益等
4	第四季度收益	客户在第四季度为银行带来的收益额，主要包括存款收益、POS 消费收益、缴费收益等

数据模型用来体现每季度客户各类交易活动给银行带来的收益，其中属性“客户代码”是一定期间内银行随机抽取出的客户代号；属性“收益”表示客户各类交易活动给银行带来的收益，包括存款收益、POS 消费收益、缴费收益、网上消费收益等（见表 10－10）。

表 10－10　客户活动强度的属性及含义

序号	属性名	属性含义
1	第一季度活动强度	客户第一季度在银行交易的次数合计，主要包括存款次数、取款次数、POS 消费次数等
2	第二季度活动强度	客户第二季度在银行交易的次数合计，主要包括存款次数、取款次数、POS 消费次数等
3	第三季度活动强度	客户第三季度在银行交易的次数合计，主要包括存款次数、取款次数、POS 消费次数等
4	第四季度活动强度	客户第四季度在银行交易的次数合计，主要包括存款次数、取款次数、POS 消费次数等

数据模型用来描述每季度客户在银行发生的交易次数，反映客户

在银行的活跃程度。属性“活动强度”表示某客户在银行发生的交易次数合计，主要包括存款次数、取款次数、POS 消费次数等。根据分析需要，以客户名和客户每季为银行带来的收益共 5 个属性，选取相关原始数据和对应的客户交易记录，对原始数据进行预处理，形成模型初步的目标数据集。数据模型包含观测值共 n 个客户，5 种属性。进一步整理选择后的数据，将数据转换成适合聚类挖掘的形式。两个数据模型的预处理流程如图 10－4 所示。

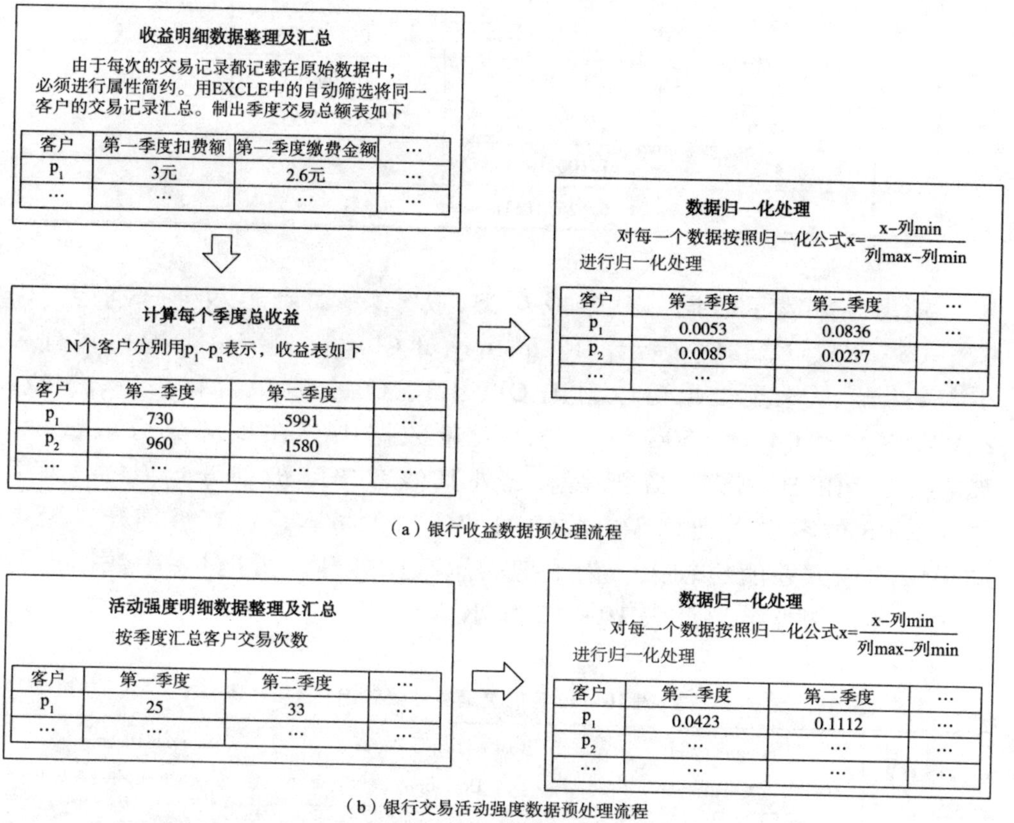

图 10－4　银行收益和交易活动强度数据预处理流程

四、客户细分的聚类分析

使用 SAS 工具，将处理好的数据导入 SAS 数据库，建立模型。在模型中使用 5 个属性，选取 6000 个客户数据进行聚类，得到性能较好的模型，最后输出模型结果并进行分析和解释。

（1）先基于银行收益数据进行聚类分析，将数据导入，经过建立流程图和数据标准化操作，运行数据，得到输出结果如表 10－11 所示。

表 10－11　一次聚类结果输出

CLUSTER	Frequency of Cluster	Root – Mean – Power Deviation	Maximum Distance from Cluster Seed	Nearest Cluster
1	7	12.047231246	37.512448622	2
2	59	3.121403534	16.015742123	5
3	3	3.141303744	4.315788647	2
4	5506	1.559356876	2.520013155	5
5	423	1.100216549	6.292452136	4
6	2	6.625841231	9.121564565	2

输出结果表示数据一共聚成 6 类，从第一类到第六类分别用 C1、C2、C3、C4、C5、C6 表示。Frequency of Cluster 表示每类中一共有多少条数据。从聚类结果可以看出 C1、C3、C6 分别只含有 7 位、3 位、2 位客户，而 C4 含 5506 位客户。大量数据中存在少部分分散数据，孤立点之间的距离大，除孤立点之外其他客户就被划分到 C4，C4 中包含 5506 位客户占到总客户数的 91.7%，大量客户没有被划开，聚类结果中的均方差值也较大。为了把大量数据分开，可把 C4 中数据进行二次聚类，聚类结果如表 10－12 所示。

表 10－12　二次聚类结果输出

CLUSTER	Frequency of Cluster	Root – Mean – Power Deviation	Maximum Distance from Cluster Seed
1	52	1.6346549856	8.798854523
2	3893	0.2354653548	2.201457896
3	89	1.5687754771	11.379855412
4	81	1.4065478974	8.398752154
5	1062	0.7312210248	3.701458632
6	329	1.2045763212	6.292452136

二次聚类把 C4 聚成 6 类，从第一类到第六类分别用 C4－1、C4－2、C4－3、C4－4、C4－5、C4－6 表示。就两次聚类的结果来看，符合实际银行的客户划分需求（20% 高端客户、20% 中端客户、60% 一般客户）。二次聚类均方差值明显减小，聚类结果也符合实际需求，可以接受。基于两次聚类可以把样本客户分为 11 类，分别为 C1、C2、C3、C5、C6、C4－1、C4－2、C4－3、C4－4、C4－5、C4－6。

（2）基于客户活动强度的聚类分析采用同样的方法，最后的实验输出结果如表 10－13 所示。

表 10－13　聚类结果输出

CLUSTER	Frequency of Cluster	Root－Mean－Power Deviation	Maximum Distance from Cluster Seed	Nearest Cluster
1	22	2.4583658514	9.2478899362	11
2	4	11.1452358874	25.2841256877	2
3	309	0.4145489653	2.1875412358	14
4	19	2.7012110268	16.9752358425	13
5	2241	0.1021458974	0.5689714320	6
6	198	0.6101134897	4.2134485632	16
7	1106	0.1534789579	1.2258873612	6
8	2	0.2289874523	23.1514474458	4
9	738	0.7300144872	1.5812457896	7
10	169	0.7234669549	4.2014148896	7
11	106	1.0244899721	4.5874521365	11
12	491	0.2875423695	1.3784752412	6
13	105	0.5689512311	2.5932546888	14
14	25	1.1687521475	3.6812254478	14
15	465	0.3141478812	1.7014587763	9

根据输出结果可知数据一共被聚成 15 类，看孤立点上每类客户的数量，发现只有第 2 类和第 8 类分别含有 4 位和 2 位客户的数据。其

他类较为均衡，此分类可以把银行客户划分为 20% 高度活跃客户、20% 中度活跃客户、60% 低度活跃客户，聚类结果也符合实际需求，可以接受。

（3）以依据客户价值划分的三大类客户为横坐标，依据活动强度划分的三大类客户为纵坐标构建基于客户价值和活跃强度的二维分类图，如图 10－5 所示。

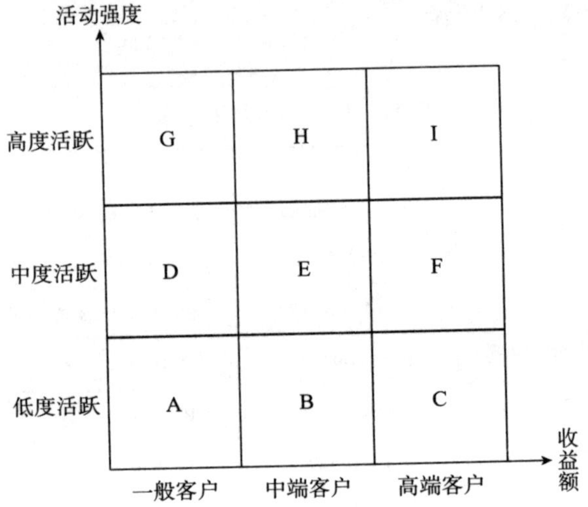

图 10－5　客户二维分类

图 10－5 中，A 类客户表示价值一般且活跃度低的客户；B 类表示中端价值活跃度低的客户，根据对应坐标 C－I 类表示具有双重特点属性的客户类型，在此不一一赘述。

（4）对由聚类分析得到的客户分类与银行现有的分类情况进行对比分析，商业银行可能根据客户的工作性质或在该行的存款情况将其归为该行的 VIP 客户，但这些 VIP 客户可能和聚类分析的结果分类存在一定差异，如表 10－14 所示。

根据客户给银行带来的收益和活跃强度进行聚类分析所获取的客户分类更加细致地分析了客户特征，便于商业银行更有针对性地提供金融服务，开展营销。

表 10－14 聚类客户分类与银行现行分类对比

	商业银行分类	聚类分析分类	聚类情况
样本客户 6000 人	VIP 客户 1261 人	高端客户 632 人占 50.1%	高端高度活跃 218 人占 17.3%
			高端中度活跃 96 人占 7.6%
			高端低度活跃 318 人占 25.2%
		中端客户 257 人占 20.4%	中端高活跃 76 人占 6.1%
			中端中度活跃 42 人占 3.3%
			中端低度活跃 139 人占 11%
		一般客户 372 占 29.5%	一般高活跃 101 人占 8%
			一般中度活跃 75 人占 6%
			一般低度活跃 196 人占 15.5%
	普通客户 4739 人	高端客户 667 占 14.1%	高端高度活跃 120 人占 2.6%
			高端中度活跃 81 人占 1.7%
			高端低度活跃 466 人占 9.8%
		中端客户 1019 占 21.5%	中端高活跃 178 人占 3.8%
			中端中度活跃 119 人占 2.5%
			中端低度活跃 722 人占 15.2%
		一般客户 3053 占 64.4%	一般高活跃 546 人占 11.5%
			一般中度活跃 735 人占 15.5%
			一般低度活跃 1772 人占 37.4%

第四节 关联规则在银行产品交叉营销中的应用

一、银行产品交叉营销及特征

客户资源是商业银行生存的根基，客户的消费需求是商业银行经营发展的导向和依据，想要获取客户资源并在市场上占有一席之地，必须以满足客户需求为前提。在新客户开发方面，充分调研市场需求，通过产品营销和推广，开拓新客户源；在已有客户群的维护方面，通过提供客户感兴趣的产品并积极进行客户沟通，持续维护客户群的稳定。以往，商业银行产品销售更多地关心金融产品的特性、银行营销人员的形象及销售技巧等，而现在，找准和关联客户多元化的需求才是吸引和留住资源的最佳途径。商业银行想要尽可能多地拓展新客户群同时避免存量客户流失，必然需要去关联客户群的多元化消费需求，交叉营销本行的金融产品。营销人员在销售理财产品时，可以借助后台数据对客户群的消费行为进行关联规则分析，挑选出关联度高的群体进行产品交叉营销，如销售理财产品的同时向客户介绍基金、外汇等业务，不仅可最大限度地降低获取客户信息的时间成本和人力成本，而且提高了新业务的获客成功率，缩短了新产品营销周期。按照交叉营销的原则，对于银行某项产品的存量客户，可以分析他们对其他相关产品的偏好程度，为营销人员进行相关产品的关联捆绑营销提供参考，力争将本行金融产品充分渗透到客户群中。

二、关联规则的基本内涵

关联规则的运用不仅能够更有效地挖掘客户的潜在购买能力，为银行创造更大的经济效益，而且能尽量减少银行销售人员主观经验的不足，用科学的数据指导银行的产品宣传，使其在产品营销时做到有的放矢，针对不同的客户群推荐不同的产品，直接提高商业银行的整体产品收益。设 $I=\{i_1, i_2, \cdots, i_m\}$ 是项目的集合，任务相关数据库 D 是事务的集合，其中每个事务 T 是项的集合，且有 $T\subseteq I$。每一个事务有一个标识符，称作 TID。设 A 是一个项集，事务 T 包含 A，当且仅当 $A\subseteq T$，规则 $A\Rightarrow B$ 在事务数据集 D 中成立，具有支持度 s，其中 s 是 D 中事务包含 $A\cup B$ 的百分比，也是概率 $P(A\cup B)$。规则 $A\Rightarrow B$ 在事务集 D 中具有置信度 c，如果 D 中包含 A 的事务同时也包含 B 的百分比是 c，即为条件概率 $P(B|A)$。如果项集满足用户指定的最小支持度，则称它为频繁项集。频繁项集是一组项目的集合，这些项目在事务数据库中通常是伴随出现的，揭示了事务数据的一些特征及数据项目间隐藏的关系。频繁项集具有以下两个主要性质，称之为 Apriori 性质：①一个频繁项集的任一子集也应是频繁项集；②若一个项集是非频繁的，则该项集的所有超集都是非频繁的。

关联规则是如下形式的蕴涵式：$A\Rightarrow B$，其中 $A\subset I$，$B\subset I$，并且 $A\cap B\neq\phi$。关联规则具有如下两个重要的属性：支持度 support（$A\Rightarrow$

B）= P（A∪B），即 A 和 B 这两个项集在事务集 D 中同时出现的概率；置信度 confidence（A⇒B）= P（B | A），即在出现项集 A 的事务集 D 中，项集 B 也同时出现的概率。规则的支持度和置信度是两个规则兴趣度的度量，分别反映发现规则的有效性和确定性。如果它满足最小支持度阈值和最小置信度阈值，则关联规则被认为是有趣的。同时满足最小支持度阈值和最小置信度阈值的规则称为强关联规则，这些阈值可以由用户或领域专家设定。给定一个事务集 D，挖掘关联规则问题就是产生支持度和可信度分别大于用户给定的最小支持度和最小可信度的关联规则，也就是产生强关联规则的问题。

三、关联规则的数据库设计

商业银行借助关联规则分析，测算出产品间的关联程度，进而预测某种产品的存量客户及其购买其他产品的可能性，以让营销部门的客户经理在进行产品营销时，有的放矢，提高营销的准确度和成功率。实际应用过程中主要解决以下问题：不考虑客户相关基本信息情况，从宏观上预测未来市场需要的金融产品，通过对一段时间市场消费情况的分析，预测消费趋势；对接本行主流客户群体消费需求，分析消费行为并主动开发和营销适当产品；拓展新客源，向非本行的新客户推荐产品。

关联规则挖掘客户在商业银行购买的金融产品，交易记录进入相关基础数据库，对数据库采用关联规则算法，找出业务关联，进入业务关联库。业务关联库中存储客户的自然属性、社会属性同产品购买之间的关联，客户消费行为同产品购买之间的关联，以及产品与产品之间绑定购买的关联等。图 10 – 6 中的银行需求指在不同历史时期、不同经济发展环境下，商业银行对各种业务发展的价值取向也在很大程度上影响业务关联库中的关联规则。

关联规则基础数据库的结构如图 10 – 7 所示，主要包含下列信息：

交易明细表：是关联规则挖掘的主表，用于关联规则挖掘数据存储表；

客户信息表：用于存储客户的基本信息；

业务种类表：用于记录业务的详细信息；

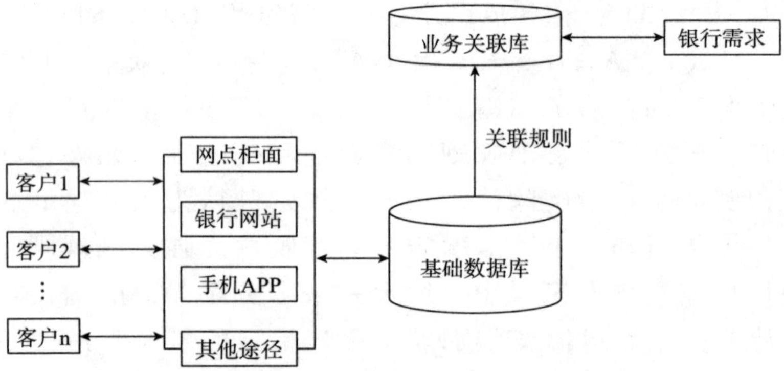

图 10－6　基于关联规则设计客户资源的挖掘框架

交易关联表：用于记录同一客户在一天内相近时间的交易情况。

交易明细表

序号	字段名	数据类型	备注
1	日期		
2	时间		
3	客户号		
4	交易额		
5	业务号		

业务种类表

序号	字段名	数据类型	备注
1	业务号		
2	类别		
3	子类		
4	性质		
5	优先级		

客户信息表

序号	字段名	数据类型	备注
1	客户号		
2	信用等级		
3	性别		
4	年龄		
5	收入		

交易关联表

序号	字段名	数据类型	备注
1	日期		
2	客户号		
3	交易额		
4	业务号1		
5	业务号2		
⋮	⋮	⋮	⋮

图 10－7　基础数据库结构

四、关联规则在交叉营销中的应用

在对金融业务进行关联规则分析时，可选择需要进行分析的若干产品。虽然这些产品可能在表现形式、业务功能、客户群体等方面存在较大差别，但在营销过程中仍可以寻找归纳其中的共同点。通过对交易关联表进行挖掘，得出不同产品间的购买关联，即通过客户目前已购买的产品，预测客户还将购买其他产品的可能性。如代发工资业务、信用卡业务、理财业务、基金业务、个人消费贷款业务等，将其确定为关联规则算法中的项，即个人住房按揭贷款 =1、信用卡业务 =2、理财业务 =3、基金业务 =4、个人消费贷款业务 =5，设定最小置信度 = 30%，最小支持计数 = 1.8。通过关联规则挖掘，得到以下规则：

1⇒2，置信度 =86%；2⇒1，置信度 =51%；

2⇒3，置信度 =53%；3⇒2，置信度 =76%；

2⇒4，置信度 =47%；4⇒2，置信度 =73%；

2⇒5，置信度 =67%；5⇒2，置信度 =91%。

结合上述关联规则算法中的业务设定，得到以下相关结论：

（1）个人住房按揭贷款客户中 86% 的人会办理信用卡业务，信用卡业务客户中 51% 的人会办理住房按揭贷款业务；

（2）信用卡客户中 53% 的人会办理理财业务，理财客户中 76% 的人会办理信用卡业务；

（3）信用卡客户中 47% 的人会办理基金业务，基金客户中 73% 的人会办理信用卡业务；

（4）信用卡客户中 67% 的人会办理个人消费贷款业务，个人消费贷款客户中 91% 的人会办理信用卡业务。

通过以上对相关业务关联规则的分析，可以判断各产品相互之间的影响程度和关联程度，不仅能帮助营销人员判断向某一产品客户营销另一种产品成功的概率，还可以使其了解某一产品客户对于其他产品的接受程度。因此，关联规则不仅可以帮助商业银行提高客户群体选择的准确性，又可以使其有的放矢地开展客户服务和营销活动，进而提高客户对银行的忠实度和满意度。

附　录

银行业金融机构数据治理指引

第一章　总则

第一条　为指导银行业金融机构加强数据治理，提高数据质量，发挥数据价值，提升经营管理能力，根据《中华人民共和国银行业监督管理法》等法律法规，制定本指引。

第二条　本指引适用于中华人民共和国境内经银行业监督管理机构批准设立的银行业金融机构。

本指引所称银行业金融机构，是指在中华人民共和国境内设立的商业银行、农村信用合作社等吸收公众存款的金融机构、政策性银行以及国家开发银行。

第三条　数据治理是指银行业金融机构通过建立组织架构，明确董事会、监事会、高级管理层及内设部门等职责要求，制定和实施系统化的制度、流程和方法，确保数据统一管理、高效运行，并在经营管理中充分发挥价值的动态过程。

第四条　银行业金融机构应当将数据治理纳入公司治理范畴，建立自上而下、协调一致的数据治理体系。

第五条　银行业金融机构数据治理应当遵循以下基本原则：

（一）全覆盖原则。数据治理应当覆盖数据的全生命周期，覆盖业务经营、风险管理和内部控制流程中的全部数据，覆盖内部数据和外部数据，覆盖监管数据，覆盖所有分支机构和附属机构。

（二）匹配性原则。数据治理应当与管理模式、业务规模、风险状况等相适应，并根据情况变化进行调整。

（三）持续性原则。数据治理应当持续开展，建立长效机制。

（四）有效性原则。数据治理应当推动数据真实、准确、客观反映银行业金融机构实际情况，并有效应用于经营管理。

第六条 银行业金融机构应当将监管数据纳入数据治理，建立工作机制和流程，确保监管数据报送工作有效组织开展，监管数据质量持续提升。

法定代表人或主要负责人对监管数据质量承担最终责任。

第七条 银行业监督管理机构依据本指引对银行业金融机构数据治理情况实施监管。

第二章 数据治理架构

第八条 银行业金融机构应当建立组织架构健全、职责边界清晰的数据治理架构，明确董事会、监事会、高级管理层和相关部门的职责分工，建立多层次、相互衔接的运行机制。

第九条 银行业金融机构董事会应当制定数据战略，审批或授权审批与数据治理相关的重大事项，督促高级管理层提升数据治理有效性，对数据治理承担最终责任。

第十条 银行业金融机构监事会负责对董事会和高级管理层在数据治理方面的履职尽责情况进行监督评价。

第十一条 银行业金融机构高级管理层负责建立数据治理体系，确保数据治理资源配置，制定和实施问责和激励机制，建立数据质量控制机制，组织评估数据治理的有效性和执行情况，并定期向董事会报告。

银行业金融机构可根据实际情况设立首席数据官。首席数据官是否纳入高级管理人员由银行业金融机构根据经营状况确定；纳入高级管理人员管理的，应当符合相关行政许可事项的要求。

第十二条 银行业金融机构应当确定并授权归口管理部门牵头负责实施数据治理体系建设，协调落实数据管理运行机制，组织推动数据在经营管理流程中发挥作用，负责监管数据相关工作，设置监管数据相关工作专职岗位。

第十三条 业务部门应当负责本业务领域的数据治理，管理业务条线数据源，确保准确记录和及时维护，落实数据质量控制机制，执行监管数据相关工作要求，加强数据应用，实现数据价值。

第十四条 银行业金融机构应当在数据治理归口管理部门设立满足工作需要的专职岗位，在其他相关业务部门设置专职或兼职岗位。

第十五条 银行业金融机构应当建立一支满足数据治理工作需要的专业队伍，至少按年度对人员进行系统培训，科学规划职业成长通道，确定合理薪酬水平。

第十六条 银行业金融机构应当建立良好的数据文化，树立数据是重要资产和数据应真实客观的理念与准则，强化用数意识，遵循依规用数、科学用数的职业操守。

第三章 数据管理

第十七条 银行业金融机构应当结合自身发展战略、监管要求等，制定数据战略并确保有效执行和修订。

第十八条 银行业金融机构应当制定全面、科学、有效的数据管理制度，包括但不限于组织管理、部门职责、协调机制、安全管控、系统保障、监督检查和数据质量控制等方面。

银行业金融机构应当根据监管要求和实际需要，持续评价更新数据管理制度。

第十九条 银行业金融机构应当制定与监管数据相关的监管统计管理制度和业务制度，及时发布并定期评价和更新，报银行业监督管理机构备案。制度出现重大变化的，应当及时向银行业监督管理机构报告。

第二十条 银行业金融机构应当建立覆盖全部数据的标准化规划，遵循统一的业务规范和技术标准。数据标准应当符合国家标准化政策及监管规定，并确保被有效执行。

第二十一条 银行业金融机构应当持续完善信息系统，覆盖各项业务和管理数据。信息系统应当有完备的数据字典和维护流程，并具有可拓展性。

第二十二条 银行业金融机构应当建立适应监管数据报送工作需要的信息系统，实现流程控制的程序化，提高监管数据加工的自动化程度。

第二十三条 银行业金融机构应当加强数据采集的统一管理，明确系统间数据交换流程和标准，实现各类数据有效共享。

第二十四条 银行业金融机构应当建立数据安全策略与标准，依法合规采集、应用数据，依法保护客户隐私，划分数据安全等级，明确访问和拷贝等权限，监控访问和拷贝等行为，完善数据安全技术，定期审计数据安全。

银行业金融机构采集、应用数据涉及个人信息的，应遵循国家个人信息保护法律法规要求，符合与个人信息安全相关的国家标准。

第二十五条 银行业金融机构应当加强数据资料统一管理，建立全面严密的管理流程、归档制度，明确存档交接、口径梳理等要求，保证数据可比性。

第二十六条 银行业金融机构应当建立数据应急预案，根据业务影响分析，组织开展应急演练，完善处置流程，保证在系统服务异常以及危机等情景下数据的完整、准确和连续。

第二十七条 银行业金融机构应当建立数据治理自我评估机制，明确评估周期、流程、结果应用、组织保障等要素的相关要求。

评估内容应覆盖数据治理架构、数据管理、数据安全、数据质量和数据价值实现等方面，并按年度向银行业监督管理机构报送。

第二十八条 银行业金融机构应当建立问责机制，定期排查数据管理、数据质量控制、数据价值实现等方面问题，依据有关规定对高级管理层和相关部门及责任人进行问责。

银行业金融机构应结合实际情况，建立激励机制，保障数据治理工作有效推进。

第四章 数据质量控制

第二十九条 银行业金融机构应当确立数据质量管理目标，建立控制机制，确保数据的真实性、准确性、连续性、完整性和及时性。

第三十条 银行业金融机构各项业务制度应当充分考虑数据质量管理需要，涉及指标含义清晰明确，取数规则统一，并根据业务变化及时更新。

第三十一条 银行业金融机构应当加强数据源头管理，确保将业务信息全面准确及时录入信息系统。信息系统应当能自动提示异常变动及错误情况。

第三十二条 银行业金融机构应当建立数据质量监控体系，覆盖数据全生命周期，对数据质量持续监测、分析、反馈和纠正。

第三十三条 银行业金融机构应当建立数据质量现场检查制度，定期组织实施，原则上不低于每年一次，对重大问题要按照既定的报告路径提交，并按流程实施整改。

第三十四条 银行业金融机构应当建立数据质量考核评价体系，考核结果纳入本机构绩效考核体系，实现数据质量持续提升。

第三十五条 银行业金融机构应当建立数据质量整改机制，对日常监控、检查和考核评价过程中发现的问题，及时组织整改，并对整改情况跟踪评价，确保整改落实到位。

第三十六条 银行业金融机构应当按照监管要求报送法人和集团的相关数据，保证同一监管指标在监管报送与对外披露之间的一致性。如有重大差异，应当及时向银行业监督管理机构解释说明。

第三十七条 银行业金融机构应当建立监管数据质量管控制度，包括但不限于：关键监管指标数据质量承诺、数据异常变动分析和报告、重大差错通报以及问责等。

第五章　数据价值实现

第三十八条 银行业金融机构应当在风险管理、业务经营与内部控制中加强数据应用，实现数据驱动，提高管理精细化程度，发挥数据价值。

第三十九条 银行业金融机构应当充分运用数据分析，合理制定风险管理策略、风险偏好、风险限额以及风险管理政策和程序，监控执行情况并适时优化调整，提升风险管理体系的有效性。

全球系统重要性银行应遵循更高的标准，对照有效风险数据加总与风险报告评估要点的相关要求，强化风险管理。

第四十条 银行业金融机构应当加强数据应用，持续改善风险管理方法，有效识别、计量、评估、监测、报告和控制各类风险。

第四十一条 银行业金融机构应当提高数据加总能力，明确数据加总范围、方法、流程和加总结果要求等，满足在正常经营、压力情景以及危机状况下风险管理的数据需要。

加总内容包括但不限于交易对手、产品、地域、行业、客户以及其他相关的分类。加总技术应当主要采取自动化方式。

第四十二条 银行业金融机构应当加强数据分析应用能力，提高风险报告质量，明确风险报告数据准确性保障措施，覆盖重要风险领域和新风险，提供风险处置的决策与建议以及未来风险发展趋势。

第四十三条 银行业金融机构应当加强数据积累，优化风险计量，持续完善风险定价模型，优化风险定价体系。

第四十四条 银行业金融机构应当充分评估兼并收购、资产剥离等业务对自身数据治理能力的影响。有重大影响的，应当明确整改计划和时间表，满足银行集团风险管理要求。

第四十五条 银行业金融机构应当明确新产品、新服务的数据管理相关要求，确保清晰评估成本、风险和收益，并作为准入标准。

第四十六条 银行业金融机构应当通过数据分析挖掘，准确理解客户需求，提供精准产品服务，提升客户服务质量和服务水平。

第四十七条 银行业金融机构应当通过量化分析业务流程，减少管理冗余，提高经营效率，降低经营成本。

第四十八条 银行业金融机构应当充分运用大数据技术，实现业务创新、产品创新和服务创新。

第四十九条 银行业金融机构应当按照可量化导向，完善内部控制评价制度和内部控制评价质量控制机制，前瞻性识别内部控制流程的缺陷，评估影响程度并及时处理，持续提升内部控制的有效性。

第六章 监督管理

第五十条 银行业监督管理机构应当通过非现场监管和现场检查对银行业金融机构数据治理情况进行持续监管。

第五十一条 银行业监督管理机构可根据需要，要求银行业金融机构通过内部审计机构或委托外部审计机构对其数据治理情况进行审计，并及时报送审计报告。

第五十二条 对数据治理不满足《中华人民共和国银行业监督管理法》等法律法规及国务院银行业监督管理机构审慎经营规则要求的银行业金融机构，银行业监督管理机构可采取相应措施：

（一）要求其制定整改方案，责令限期改正；

（二）与公司治理评价结果或监管评级挂钩；

（三）依法采取监管措施及实施行政处罚。

第七章 附则

第五十三条 外国银行分行以及银行业监督管理机构负责监管的其他金融机构参照执行本指引。

第五十四条 本指引由国务院银行业监督管理机构负责解释。

第五十五条 本指引自印发之日起施行。《银行监管统计数据质量管理良好标准（试行）》（银监发〔2011〕63号）同时废止。

参考文献

[1] Agrawal R, Gehrke J, Gunopulos D, et al. Automatic Subspace Clustering of High Dimensional Data for Data Mining Applications [M]. New York: ACM Press, 1998: 94-103.

[2] Andrea Macarulla Rodriguez, Christian Tiberius, Roel van Bree, et al. Google timeline accuracy assessment and error prediction [J]. Forensic Sciences Research, 2018, 3 (3): 240-255.

[3] Buzzi M C, Buzzi M, Franchi D, et al. Facebook: A new tool for collecting health data? [J]. Multimedia Tools and Applications, 2017, 76 (8): 10677-10700.

[4] Devore J L. Probability and Statistics for Engineering and Sciences [M]. 4th ed. New York: Duxbury Press, 1995.

[5] Glenn Marshall. CRM shifts to data Mining to keep customers [J]. Global Finance, 2001, 15 (11): 97-98.

[6] Guha S, Rastogi R, Shim K. CURE An Efficient Clustering Algorithm for Large Databases [M]. New Yord: ACM Press, 1998: 173-84.

[7] Hand D J, Mannila H, Smyth P. Principles of Data Mining [M]. Massachusetts: Institute of Technology, 2001.

[8] John. S. Zdanowicz. Detecting money laundering and terrorist financing via data mining [J]. Communications of The CAN, 2004, 47 (5): 53-55.

[9] Kaufman L, Rousseeuw P J. Finding Groups in Data, An Introduction to Cluster Analysis [M]. New York: John Wiley & Sons, 1990.

[10] Liu Xiaohui, Cheng Gongxian, Wu John X. Analyzing outliers

cautiously [J]. IEEE Transactions on Knowledge and Data Engineering, 2002, 11 (2): 432 -437.

[11] Sameera G, Vardhan R V, Sarma K. Binary classification using multivariate receiver operating characteristic curve for continuous data [J]. Journal of Biopharmaceutical Statistics, 2016, 26 (3): 421.

[12] Sohangir S, Wang D, Pomeranets A, et al. Big data: Deep learning for financial sentiment analysis [J]. Journal of Big Data, 2018, 5 (1): 1 -25.

[13] WEFore. 浅析商业银行大数据技术应用探索 [EB/OL]. (2017 - 11 - 10) [2018 - 10 - 15]. http://www.sohu.com/a/202878179_530801.

[14] Zhang J R, Zhang J, Lok T M. A hybird particle swarm optimization - back - propagation algorithm for feed forward neural network training [J]. Applied Mathematics and Computation, 2007, 185 (2): 1026 - 1037.

[15] 艾伯特—拉斯洛·巴拉巴西. 爆发：大数据时代预见未来的新思维 [M]. 马慧译. 北京：北京联合出版有限公司，2017.

[16] 巴曙松. 新周期与新金融 [M]. 厦门：厦门大学出版社，2018.

[17] 卞雨茗. 商业银行数字化转型下的数据治理 [J]. 银行家，2018 (4): 76 -78.

[18] 蔡伟杰，张晓辉. 关联规则挖掘综述 [J]. 计算机工程，2001, 27 (5): 31 -33.

[19] 蔡钊，张方，陈典友等. 商业银行信息系统研发风险管控 [M]. 北京：机械工业出版社，2016.

[20] 曹国岭，陈晓华. 互联网金融风险控制 [M]. 北京：人民邮电出版社，2016.

[21] 曹红辉，李汉. 中国第三方支付行业发展蓝皮书 (2011) [M]. 北京：中国金融出版，2012.

[22] 车凯龙，铁茜. 国内外社交网络 (SNS) 大数据应用比较研究——以 Facebook 和腾讯为例 [J]. 图书馆学研究，2014 (18): 18 -23.

［23］ 车思琪．大数据时代亚马逊所面临的困境 ［J］．经济研究导刊，2017 （6）：147 －149.

［24］ 陈卉馨．浅析互联网金融产品——Chase QuickPay 与支付宝 ［J］．时代金融，2016 （12）：40，45.

［25］ 陈军．大数据背景下国有商业银行的竞争态势分析 ［J］．北方经贸，2018 （9）：93 －95.

［26］ 陈俊．互联网背景下商业银行消费金融创新研究 ［D］．杭州：浙江大学，2018.

［27］ 陈婷婷，姜红波．第三方支付企业与商业银行的竞争与合作分析——以支付宝为例 ［J］．电子商务，2015 （5）：27 －28，65.

［28］ 陈一帆．谷歌将大数据引入环保———种基于数据处理的森林地图新工具 ［J］．世界科学，2014 （7）：27 －28.

［29］ 陈游．美国 CapitalOne 大数据战略对我国商业银行大数据应用的启示 ［J］．中国内部审计，2018 （6）：83 －88.

［30］ 陈云．金融大数据 ［M］．上海：上海科学技术出版社，2015.

［31］ 程一楠．对互联网金融大数据的几点思考 ［J］．经济师，2018 （10）：168，170.

［32］ 大河原克行．图解大数据 ［M］．苏小楠，栗烨译．海口：南方出版社，2015.

［33］ 戴光伟．互联网金融环境下商业银行转型升级对策分析 ［J］．经济师，2018 （11）：174 －175.

［34］ 戴文化．基于遗传算法的文本分类及类研究 ［M］．北京：科学出版社，2008.

［35］ 邓仲华，宋秀芬．基于知识图谱的国内外大数据研究对比分析 ［J］．信息资源管理学报，2015，5 （4）：89 －97.

［36］ 樊仙仙．基于聚类分析的 H 银行客户细分及营销策略研究 ［D］．上海：华东理工大学，2015.

［37］ 范文兰．日本信息公开立法对隐私权的保护及其启示［J］．档案，2007 （4）：41 －43.

［38］ 龚伟华．银行数据中心基础设施建设与运维管理 ［M］．北京：机械工业出版社，2015.

[39] 郭晨昕．大数据背景下的银行经济预测和金融统计 [J]．时代金融，2017（30）：61.

[40] 郭培霖．互联网金融经济学解析——基于阿里巴巴的案例分析 [J]．中国市场，2018（33）：50－51.

[41] 郭炎兴．“数据先生”谈数据——访全国政协委员、中国银监会特邀顾问、工商银行原行长杨凯生 [J]．中国金融家，2016（3）：49－50.

[42] 国家工业信息安全发展研究中心．大数据优秀产品、服务和应用解决方案案例集 [M]．北京：电子工业出版社，2017.

[43] 韩雪峰，朱青，马文捷等．商业银行应用大数据的安全风险防范研究 [J]．江苏商论，2017（11）：86－90.

[44] 何波．英国新数据保护法案介绍与评析 [J]．中国电信业，2017（11）：74－75.

[45] 何文茜，王颜波．基于大数据平台的互联网小微企业贷款——以阿里小贷为例 [J]．现代经济信息，2014（13）：358，375.

[46] 何志康．大数据崛起：马云与阿里的大数据帝国 [M]．北京：人民邮电出版社，2016.

[47] 侯宾．甘肃银监局非现场监管有效性问题研究 [D]．兰州：兰州大学，2014.

[48] 胡刃锋，王一凡．美英政府大数据建设应用研究及启示 [J]．前沿，2016（7）：78－83.

[49] 黄新华．整合与创新：大数据时代的政府治理变革 [J]．中共福建省委党校学报，2015（6）：4－10.

[50] 简祯富，许嘉裕．大数据分析与数据挖掘 [M]．北京：清华大学出版社，2016.

[51] 蒋艳丽．互联网金融对商业银行的影响及对策研究 [J]．黑龙江科学，2018（19）：130－131.

[52] 金融时代网．农商银行：大数据平台建设案例分享 [EB/OL]．（2018－05－16） [2018－10－27]．https：//www.sohu.com/a/231836041_499199.

[53] 靳风．信息自由法 [J]．当代美国评论，2017，1（1）：115－117.

[54] 九次方大数据研究院. 全球大数据案例汇编——行业篇 [EB/OL]. (2016-06-03) [2018-09-20]. http://www.cbdio.com/BigData/2016-06/03/content_4966794.htm.

[55] 蓝云. 从1到π：大数据与治理现代化 [M]. 广州：南方日报出版社，2017.

[56] 黎阳. 拾级而上——深圳银监局十年监管实践与经验 [J]. 中国金融家，2013 (11)：62-66.

[57] 李春雷. 基于关联规则的电子银行产品推荐研究 [D]. 长春：东北师范大学，2010.

[58] 李富. 大数据时代消费者行为变迁及对商业模式变革的影响 [J]. 中国流通经济，2014，28 (10)：87-91.

[59] 李海峰. 智慧银行：银行互联网+ [M]. 北京：中国经济出版社，2016.

[60] 李平，陈林，李强. 互联网金融：实践、研究、监管 [M]. 北京：科学出版社，2018.

[61] 李仁璞. 分类数据挖掘方法的研究 [D]. 天津：天津大学，2003.

[62] 李文豪. 数据挖掘在国内银行业应用领域的技术探究 [J]. 江苏科技信息，2018 (15)：45-47.

[63] 李小庆. 大数据挖掘在银行业务领域的应用 [J]. 金融科技时代，2017 (5)：15-19.

[64] 李炎. 大数据时代银行业监管手段的探索——以四川银监局MAST项目为例 [D]. 成都：西南财经大学，2014.

[65] 李智勇，李蒙，周悦等. 大数据时代的云安全 [M]. 北京：化学工业出版社，2016.

[66] 廉薇，边慧，苏向辉等. 蚂蚁金服：从支付宝到新金融生态圈 [M]. 北京：中国人民大学出版社，2017.

[67] 梁丽雯. Facebook "泄露门"：大数据零隐私？ [J]. 金融科技时代，2018 (5)：92.

[68] 林锋华. 大数据时代金融信息保护的法律制度设想 [J]. 法制博览，2018 (28)：174.

[69] 刘邦凡，马金莲，贾丽洁. 论大数据时代下我国个人信息的

保护［J］. 中国集体经济，2018（34）：129－130.

［70］刘驰，胡柏青，谢一等. 大数据治理与安全：从理论到开源实践［M］. 北京：机械工业出版社，2017.

［71］刘飞虎，罗晓光. 基于 PCA－RBF 神经网络的商业银行财务风险评价研究［J］. 投资研究，2013（3）：88－97.

［72］刘红岩，陈剑. 数据挖掘中的数据分类算法综述［J］. 清华大学学报（自然科学版），2002，42（6）：727－730.

［73］刘世平. 大数据在金融行业实用案例剖析：系列之二［M］. 北京：经济科学出版社，2017.

［74］刘曦子，王彦博，陈进. 大数据时代商业银行小微金融客户"续贷"优势研究［J］. 现代管理科学，2017（3）：24－26.

［75］刘小刚. 国外大数据产业的发展及启示［J］. 金融经济，2013（18）：224－226.

［76］刘雅惠，季蓓慧，傅敏. 大数据时代下搜索行业的营销传播变革——以谷歌、百度和大众点评为例［J］. 现代营销，2016（6）：78－79.

［77］卢芮欣. 大数据时代中国征信的机遇与挑战［J］. 金融理论与实践，2015（2）：103－107.

［78］陆岷峰，沈黎怡. 大数据背景下银行业发展新隐患与新对策［J］. 银行家，2017（8）：57－59.

［79］吕明育. Hadoop 架构下数据挖掘与数据迁移系统的设计与实现［D］. 上海：上海交通大学，2013.

［80］罗方科，陈晓红. 基于 Logistic 回归模型的个人小额贷款信用风险评估及应用［J］. 财经理论与实践，2017（1）：30－35.

［81］罗圣美，戚晨，王敏等. 大数据平台在金融行业的典型应用［J］. 大数据，2018，4（2）：107－114.

［82］罗素文，韩璐，许勤等. 探索商业银行在大数据挖掘技术领域的应用［J］. 计算机应用与软件，2017（9）：43－45.

［83］农发行总行信息科技部课题组，陈晓东，杨建华. 农发行数据治理的思考［J］. 农业发展与金融，2017（2）：102－105.

［84］欧阳为民，蔡庆生. 数据库中的时态数据发掘研究［J］. 计算机科学，1998，25（4）：60－63.

［85］齐爱民，盘佳．大数据安全法律保障机制研究［J］．重庆邮电大学学报，2015，27（3）：24－29．

［86］齐爱民，盘佳．数据权、数据主权的确立与大数据保护的基本原则［J］．苏州大学学报（哲学社会科学版），2015（1）：65．

［87］乔小燕．苏州互联网金融支持中小微企业融资现状及对策分析——以吴江地区为例［J］．时代金融，2017（36）：39－41．

［88］乔治·吉尔德．后谷歌时代：大数据的没落及区块链经济的崛起［M］．周笃双译．北京：现代出版社，2018．

［89］任保平，辛伟．大数据时代中国新常态经济增长路径与政策的转型［J］．人文杂志，2015（4）：29－35．

［90］沙原．我国商业银行监管体制改革研究［D］．南京：南京大学，2012．

［91］舒炜，唐磊，祁奇．基于聚类分析的小微客户经理绩效评价及分类［J］．中国金融电脑，2017（3）：46－51．

［92］数联寻英．全国首份大数据人才报告［R］．成都：成都数联寻英科技有限公司，2016．

［93］孙佳琪．国内外险企大数据应用案例对比分析与启示［D］．广州：广东财经大学硕士学位论文，2016．

［94］孙杰，贺晨．大数据时代的互联网金融创新及传统银行转型［J］．财经科学，2015（1）：11－16．

［95］唐玮杰，黄文明．大数据时代下的数据安全管理体系探讨［J］．信息安全与技术，2016，7（7）：58－61．

［96］陶源．论互联网金融背景下商业银行渠道转型发展路径［J］．现代金融，2018（10）：17－19．

［97］天善智能．数据实践之美：31位大数据专家的方法、技术与思想［M］．北京：机械工业出版社，2016．

［98］田维琳．公共大数据信息安全立法的内涵、现状与依据［J］．河南社会科学，2018，26（7）：86－91．

［99］王汉明．银行信息系统架构［M］．北京：机械工业出版社，2015．

［100］王华，张彰．国有商业银行人才流失问题及对策探讨［J］．时代金融，2017（33）：60－61，66．

［101］王明斌．基于国产数据库构建银行大数据平台应用研究［D］．天津：天津工业大学，2017.

［102］王琪．基于决策树的供应链金融模式信用风险评估［J］．风险管理，2010（4）：38－41.

［103］王彤．基于微信平台的JH邮储银行个人金融业务创新拓展策略研究［D］．南昌：南昌大学，2015.

［104］王向民．大数据时代的国家治理转型［J］．探索与争鸣，2014（10）：59－62.

［105］王小妮．数据挖掘技术［M］．北京：北京航空航天大学出版社，2014.

［106］王晓华．时间序列数据分类方法的研究［D］．天津：天津大学，2003.

［107］王晓娟．从"微信"红包疯转看传统营销模式的颠覆［J］．商场现代化，2015（13）：42.

［108］王燕平．BP人工神经网络在信用卡评估中的应用［J］．海峡科学，2017（4）：43－46，75.

［109］王应爽．大数据背景下互联网金融对中小企业融资的影响［J］．中外企业家，2017（29）：75，77.

［110］魏红江，李彬，祝慧琳．制定我国大数据战略与开放数据战略：日本的经验与启示［J］．东北亚学刊，2016（6）：32－39.

［111］魏雄国．大数据与商业银行风险管理［J］．中国金融，2014（15）：25－27.

［112］邬贺铨．大数据时代的机遇与挑战［J］．求是，2013（4）：47－49.

［113］吴凡．基于大数据的互联网信息在银行辅助征信中的应用［J］．金融科技时代，2018（3）：32－35.

［114］吴敬龙．金融大数据平台部分模块的设计与实现［D］．北京：北京交通大学，2015.

［115］吴力波．多"源"异"构"培养大数据创新型人才［J］．大数据，2016，2（5）：89－94.

［116］吴芊惠．互联网金融对商业银行活期存款影响的实证研究［J］．中国市场，2018（31）：49，53.

［117］吴瑞．不确定理论与 Web 挖掘［M］．北京：电子工业出版社，2011.

［118］武思思．微信使用对个人社会资本构建的影响［D］．南京：南京大学，2015.

［119］肖凡，梁晶．银联“云闪付”与支付宝之争——移动支付当前格局与未来发展趋势研究［J］．现代商贸工业，2017（15）：84－85.

［120］谢清河．大数据时代我国商业银行发展问题研究［J］．南方金融，2014（11）：12－17.

［121］徐兴绕．信息时代银行亟须建立“大数据”平台［N］．中国城乡金融报，2013－08－07（A02）.

［122］许荻迪．基于关联规则挖掘的商业银行信贷产品交叉销售研究［J］．商业经济，2017（3）：103－106.

［123］薛锋，柯孔林．粗糙集——神经网络系统在商业银行贷款五级分类中的应用［J］．系统工程理论与实践，2008（1）：40－46.

［124］闫倩，马海群．我国开放数据政策与数据安全政策的协同探究［J］．图书馆理论与实践，2018（5）：1－6.

［125］杨彬，田甜．客户分类与银行理财——关联分类算法在银行理财营销中的应用研究［J］．金融论坛，2011（2）：57－64.

［126］杨国英．宜辩证看待趣店风波［J］．金融经济，2017（23）：40－41.

［127］杨健．降维打击：“互联网＋”大数据时代颠覆性变革的力量［M］．北京：北京时代华文书局，2016.

［128］杨凯生．大数据在银行风险管理中的应用［J］．经济导刊，2016（3）：40－45.

［129］杨敏．金融科技是地方商业银行差异化发展的核心动力［J］．银行家，2017（12）：36－38.

［130］杨现民．教学大数据：推动教育的科学变革［N］．中国信息化周报，2018－10－22（14）.

［131］于鑫芳．大数据下商业银行发展研究：现状、影响及路径选择［J］．债券，2018（9）：63－68.

［132］余丰慧．金融科技：大数据、区块链和人工智能的应用与未来［M］．杭州：浙江大学出版社，2018.

[133] 余颖玲．“量身订做”的监管新模式——浙江银监局 EAST 系统应用“四级联动”新模式获成效 [J]. 中国农村金融，2012 (13)：42－43.

[134] 张冲．80 万保险客户信息泄露引担忧：法院判保监会公开信息 [EB/OL].（2013－10－17）[2018－10－11]. http：//news. xinhuanet. com/legal/2013－10/17/c_125552917. htm.

[135] 张凤，吴平，林巧．农村信用体系的重构：大数据平台 + 传统信用文化创新 [J]. 西南金融，2016 (11)：56－61.

[136] 张公让．商务智能与数据挖掘 [M]. 北京：北京大学出版社，2010.

[137] 张浩然．浅谈微信支付对金融消费者的影响及存在的问题 [J]. 中国商论，2015 (7)：78－79.

[138] 张俊攀．个人数据安全法律保护研究 [D]. 成都：四川省社会科学院硕士研究生论文，2017.

[139] 张茂月．大数据时代个人信息数据安全的新威胁及其保护 [J]. 中国科技论坛，2015 (7)：117－122.

[140] 张伊雪．大数据时代个人数据安全监管法律问题研究[D]. 成都：四川省社会科学院，2017.

[141] 浙江银监局现场四处．浙江银监局持续应用 EAST 系统有效查控农合机构“黑名单”[J]. 中国农村金融，2012 (1)：53.

[142] 郑艺．社交金融：互联网金融新阵地 [J]. 金融电子化，2015 (3)：34－35.

[143] 郑志明，缪绍日，荆丽丽．金融数据挖掘与分析 [M]. 北京：机械工业出版社，2015.

[144] 中国支付清算协会金融大数据研究组．金融大数据创新应用 [M]. 北京：中国金融出版社，2018.

[145] 周季礼，李德斌．国外大数据安全发展的主要经验及启示 [J]. 信息安全与通信保密，2015 (6)：40－45.

[146] 周继述，王雪松．大数据助推银行全面风险管理 [J]. 中国金融，2013 (14)：69－70.

[147] 朱丽敏．分析互联网金融与商业银行的共生关系及其互动发展 [J]. 中国商论，2017 (33)：33－34.